高等院校通识教育

# 大学生创新创业基础

## 项目式

姚波 吉家文 ◉ 主编

周玉丰 杨育箐 谭继成 ◉ 副主编

人民邮电出版社

北 京

**图书在版编目（CIP）数据**

　　大学生创新创业基础：项目式 / 姚波，吉家文主编
. —— 北京 ：人民邮电出版社，2020.7
　　高等院校通识教育"十三五"规划教材
　　ISBN 978-7-115-53961-8

　　Ⅰ．①大… Ⅱ．①姚… ②吉… Ⅲ．①大学生－创业
－高等学校－教材 Ⅳ．①G647.38

　　中国版本图书馆CIP数据核字(2020)第077780号

## 内 容 提 要

　　本书以大学生创新创业需要具备的知识、能力和素养为基础进行编写，对参加创新创业大赛的高校师生、社会创业人士具有很强的指导意义。全书共11个模块，其中，模块一至模块五讲解创新的相关知识；模块六至模块十讲解创业的相关知识；模块十一以实际案例为基础，分析各种创新创业大赛中的优秀作品，为大学生创新创业提供参考。每个模块均设有"案例导入"栏目，每个项目中间穿插大量阅读材料，并设置课堂活动，最后通过"课后思考与练习"来帮助读者巩固相关知识。

　　本书不仅知识讲解全面，还提供大量的案例可供学习、参考，有利于引导大学生树立正确的创新意识，培养大学生创新创业的能力，帮助大学生合理规划自己的创业梦想。

　　本书可作为高职院校"大学生创新创业"课程的教材，也可供有志于创业的社会人士参考。

◆ 主　　编　姚　波　吉家文
　　副 主 编　周玉丰　杨育箐　谭继成
　　责任编辑　刘海溧
　　责任印制　王　郁　焦志炜
◆ 人民邮电出版社出版发行　　北京市丰台区成寿寺路 11 号
　　邮编　100164　　电子邮件　315@ptpress.com.cn
　　网址　https://www.ptpress.com.cn
　　北京隆昌伟业印刷有限公司印刷
◆ 开本：787×1092　1/16
　　印张：13　　　　　　　　2020 年 7 月第 1 版
　　字数：331 千字　　　　　 2024 年 7 月北京第 8 次印刷

定价：45.00 元

读者服务热线：(010)81055256　印装质量热线：(010)81055316
反盗版热线：(010)81055315
广告经营许可证：京东市监广登字 20170147 号

# 前　言

随着竞争压力的不断加大，大学毕业生的就业压力也日益增大。当代大学生为了迎接未来的挑战，必须提前做好准备和规划，充分利用自身的优势来选择未来的职业发展方向，为社会做出贡献，为自己和他人增加就业机会。因此，加强大学生的创新创业意识，对大学生进行创业指导，对于提升大学生的个人竞争实力、促进社会发展具有十分重要的作用。

大学生创业者群体的创业成功率普遍不高。针对这一情况，我国政府采取了很多措施来扶持大学生创业，一些高校也开设了"大学生创新创业"课程。为了更好地帮助大学生创业，帮助高等职业院校开展相应课程，我们编写了本书。

## 一、本书内容

本书希望能帮助大学生培养创新思维、树立正确的创业意识，实现企业构思、项目发掘、启动资金预测和款项筹集，并进行适时的风险规避，最终使大学生通过学习本书而切实提高自身的创新能力和创业能力，能成功建立并运营一个创业企业，实现盈利。本书的内容安排如下。

- 模块一（了解创新创业与创业精神）：重点介绍当前创新创业的形势、创新与创业的关系、创业精神的培养。
- 模块二（培养创新意识）：主要介绍创新意识的相关知识及培养创新意识的方法，创新意识包括求新求异意识、求真务实意识、求变意识和问题意识等。
- 模块三（开拓创新思维）：主要对有益于创新活动的思维方式进行讲解，以及对开拓创新思维的方法进行讲解，如托兰斯创造性思维测验、设计思维、六顶思考帽、思维导图等。
- 模块四（创新方法与创新能力）：主要介绍具体的创新方法，如头脑风暴法、试错法、设问法、奥斯本检核表法、属性列举法、综摄法、形态分析法、TRIZ 理论法等，同时对创新能力及提高创新能力的方法进行讲解。
- 模块五（保护与转化创新成果）：主要介绍各种创新成果、知识产权的法律保护及创新成果转化的方式。
- 模块六（组建创业团队）：主要帮助大学生创业者在创业初期组建自己的创业团队。
- 模块七（识别创业机会与风险）：主要介绍大学生创业的环境和对创业机会的识别与把握，其次介绍创业风险的评估和规避方法。
- 模块八（整合创业资源）：主要帮助大学生创业者更好地进行资源整合及创业融资。
- 模块九（设计商业模式与创业计划）：主要介绍商业模式的设计、《创业计划书》的编写及路演创业计划的相关知识。
- 模块十（设立与管理新创企业）：主要介绍创办企业的流程和企业的管理基础。
- 模块十一（大学生创新创业大赛及案例分析）：主要通过对创新创业大赛的介绍和对

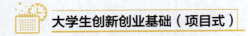

以往优秀参赛项目的分析，来帮助大学生进一步认识创新创业。

### 二、本书特色

作为大学生创新创业的指导教材，本书具有以下特点。

（1）内容紧贴实际。本书从当前大学生就业与创业形势较为严峻的大背景出发，对大学生的创新思维、创新方法、创业能力、创业项目的选择、创业融资等知识进行全面阐述，引导大学生树立创新意识，培养创业能力。

（2）知识结构合理。本书内容安排合理且条理性强：模块一至模块五对创新的相关知识进行了详细讲解，可以帮助大学生提升自己的创新能力；模块六至模块十对创业的相关知识进行了详细讲解，可以激发大学生创业的意愿，鼓励大学生开拓进取、自立自强；模块十一介绍了创新创业大赛的相关知识，帮助参赛者了解大赛的评审要点和评审内容，助其在大赛中取得不错的成绩。

（3）案例材料丰富。本书附有大量案例材料，包括精彩的创新故事、大学生创业案例、优秀创业者的创业故事等。这些案例材料生动有趣，具有很强的可读性和参考性，大学生可以从中得到感悟和启发。

（4）课堂活动多样。本书每一项目后都附有一个课堂活动，课堂活动多为小组活动或班级活动，形式丰富，内容有趣，能够引起大学生的兴趣，锻炼大学生的能力。

（5）真实比赛案例分析。本书还配有在中国"互联网+"大学生创新创业大赛等赛事中获得银奖和铜奖的真实案例，并对这些案例进行具体分析，使读者能学以致用。

（6）配套资源全面。本书配有丰富的教学资源，包括《创业计划书》范文、托兰斯创造性思维测验的部分试题等，读者可以通过扫描书中的二维码来获取。此外，本书还提供 PPT、教学大纲、教学教案等配套资源，读者可在人邮教育社区（www.ryjiaoyu.com）搜索书名，在对应页面下载。

### 三、致谢

本书由姚波、吉家文担任主编，由周玉丰、杨育箐、谭继成担任副主编。本书在编写过程中参考和使用了一些材料，在此谨向这些材料的作者致以诚挚的谢意。

编者

2020 年 3 月

# 目　录

3

4

# 模块一

## 了解创新创业与创业精神

当代大学生正处在创新创业的有利历史时期，大学生要想投身创新创业，首先需要对当前的经济形势有一定的了解，然后了解创新创业的基础知识，着手培养自己的创业精神。本模块将首先介绍经济发展与创新创业的关系，然后介绍创新创业的基础知识以及培养创业精神的方法等内容，以帮助大学生对创新创业有一个整体的认识。

**学习目标**

- 了解经济发展与创新创业的关系
- 了解创新创业的基础知识
- 掌握培养创业精神的方法

**案例导入**

小杨是一名普通的大学生，由于其家境并不富裕，为了赚取生活费，减轻家庭的负担，小杨在学校附近兼职做家教。这份普通的兼职成了小杨创业的契机，由于小杨知识水平较高，讲课耐心、细心，他辅导的几个学生成绩都得到了提升。

很多家长慕名而来，小杨的课余时间就这样被家教工作占满了，他自己的学习也因此受到了影响。万般无奈的小杨向辅导员寻求帮助。

辅导员知道学校里有不少兼职做家教的同学，于是将大家召集到一起，组成创业团队，并且以团队的名义向学校申请了专门的大学生创业基金和大学生孵化园的场地，这个补习班成了学校的创业帮扶对象。获得了这些帮助，补习班顺利地开办了，有不少同校学生都在这里兼职。回想起当初，小杨还觉得有些不可思议，她说："没想到学校有这些创新创业帮扶政策，现在我们办起这个补习班，一定要真心实意地把学生教好，回报社会。"

思考

1. 小杨的补习班成功开办依赖于哪些条件？
2. 小杨的补习班产生了哪些社会效益？

## 经济发展与创新创业

要讨论创新和创业的问题，就有必要讨论当前的经济环境和经济发展趋势，明晰社会经济的发展趋势能够使大学生对于创新创业环境有清醒的认识，为创新创业成功打下基础。下面将对"大众创业、万众创新"政策、知识经济时代的创业热潮以及创新和社会经济的关系等知识进行介绍。

### 任务一　大众创业、万众创新

近年来，"大众创业、万众创新（双创）"引起了人们的高度关注，越来越多的人投身到大众创业、万众创新的风潮之中，那么什么是大众创业、万众创新？它对大学生的创新创业有什么影响？下面进行具体介绍。

#### 1. 什么是大众创业、万众创新

2014 年 9 月，在天津召开的世界经济论坛新领军者年会上，"大众创业、万众创新"这一概念被首次提出。世界经济论坛新领军者年会又称经济论坛全球行业峰会暨全球成长型企业年会，主要针对世界 501 强到 1 000 强的企业，也是世界 500 强企业同最具发展潜力的增长型企业、同各国和各地区对话的平台。因其与每年年初在瑞士达沃斯举办的世界经济论坛年会（冬季达沃斯论坛）相辅相成，所以也被誉为"夏季达沃斯论坛"。"夏季达沃斯论坛"是高规格的经济论坛，受到各国政府与经济界的广泛关注，"大众创业、万众创新"一经提出，迅速产生了巨大反响。

**知识拓展**

世界经济论坛（World Economic Forum，WEF）是以研究和探讨世界经济领域存在的问题、促进国际经济合作与交流为宗旨的非官方国际性机构，是具有较大影响力的国际机构之一。其影响力在于成员的实力，世界经济论坛基金会的成员是位居全球前 1 000 名之列、引领世界经济潮流的跨国公司，各个成员在各自的领域内具有较大的影响力，是行业的引领者。

#### 2. 大众创业、万众创新的相关政策

"大众创业、万众创新"是指全民的创业和创新，为了实现这一宏伟蓝图，我国出台了一系列政策，下面就对相关政策进行具体介绍，以帮助大学生更好地认识"大众创业、万众创新"。

- 创新体制机制，实现创业便利化。"创新体制机制，实现创业便利化"是指通过调整相关的体制机制来为创新创业提供便利，具体分为 4 个方面：一是增加公共产品的服务供给，打破地方保护主义，消除不正当竞争行为，完善创新创业监管模式，以完善公平竞争市场环境；二是深化商事制度改革，结合实际放宽新注册企业场所登记条件限制，为创业创新提供便利的工商登记服务；三是积极推进知识产权交易，完善知识产权快速维权与维权援助机制，完善权利人维权机制，加强创业知识产权保护；四是把创业精神培育和创业素质教育纳入国民教育体系，实现全社会创业教育和培训制度化、体系化，健全创

业人才培养与流动机制。

- **优化财税政策，强化创业扶持。** "优化财税政策，强化创业扶持"是指通过财政政策助力创新企业成长，主要包括3个方面内容：一是加大对创新企业的财政资金支持和统筹力度，不仅要统筹安排各类支持小微企业和创新创业的资金，扶持创新创业发展，也要对创业孵化机构的相关费用进行减免，切实减轻创业者的负担；二是落实扶持小微企业、科技企业孵化器、大学科技园、高新技术企业等发展的各项税收优惠政策，落实对高校毕业生创业的税收优惠，完善普惠性税收措施；三是发挥政府采购支持作用，加大创新产品和服务的采购力度，增强政府采购政策对小微企业发展的支持效果。

- **搞活金融市场，实现便捷融资。** "搞活金融市场，实现便捷融资"是指通过对金融市场规则的调整，让创新企业能够更加便捷地融资，主要包括3个方面内容：一是方便企业进入资本市场融资，支持有条件的企业上市、发行票据或债券融资，推动和完善各类面向小微企业的金融市场规则；二是通过银行以多种方式支持创新企业，推动银行等金融机构对创业创新活动给予有针对性的股权和债权融资支持，鼓励银行业为创新企业提供结算、融资、理财、咨询等一站式系统化的金融服务；三是丰富创业融资模式，通过引导和鼓励互联网金融发展、丰富完善创业担保贷款政策、发展相互保险等新业务、支持知识产权金融发展等方式增加创新企业的融资渠道。

- **发展创业服务，构建创业生态。** "发展创业服务，构建创业生态"是指为创业者提供更好的创业服务，主要包括4个方面内容：一是大力发展创业孵化服务，如众创空间、创新工场、车库咖啡等孵化器，并引导孵化器和金融机构、高校以及科研院所合作，为创新企业提供资金和技术等支持；二是大力发展第三方专业服务，如企业管理、财务咨询、市场营销、人力资源、法律顾问、知识产权、检验检测、现代物流等；三是发展"互联网+"创业服务，加强政府数据开放共享，推动大型互联网企业和基础电信企业向创业者开放计算、存储和数据资源，降低全社会创业门槛和成本；四是研究探索创业券、创新券等公共服务新模式，建立和规范相关管理制度和运行机制。

- **建设创业创新平台，增强支撑作用。** "建设创业创新平台，增强支撑作用"是指要打造、使用并进一步发展创新创业公共平台，充分发挥创新创业平台对创新企业在场地、物流、人才、信息、资金、技术和服务上的支撑作用。

- **促进多种人群创业。** 促进多种人群创业，支持科研人员、大学生、境外人士创业并对其提供相应的政策扶持。

- **拓展城乡创业渠道。** 拓展城乡创业渠道主要包括3点：一是支持电子商务向基层延伸，支持其开拓农村市场并带动城乡基层创业人员依托其平台和经营网络开展创业；二是鼓励返乡创业，打造具有区域特点的创业集群和优势产业集群；三是完善基层创业支撑服务，完善城乡基础公共服务体系，加强职业培训等。

**知识拓展**

　　要想更好地认识和了解"大众创业、万众创新"的相关政策，大学生可以登录中国政府网双创政策汇集发布解读平台，即可搜索并查看国务院、各部委、各地方所发布的全部双创政策文件，该平台附有"权威解读""媒体解读""双创动态""办事指南"等版块，通过这些版块，大学生可以进一步认识双创政策。

3

**阅读材料**

### 多方努力，助力大学生创业

　　2018 年 10 月 11 日，济南市大学生创新创业孵化平台主题服务活动暨创业导师聘请仪式在市大学生创业孵化中心开幕。本次活动为济南新聘的 10 名创业导师颁发了聘书。这些创业导师是大学教授、专家学者或者创业成功人士，在今后的日子里，他们将对当地创业大学生提供专业化跟踪式创业指导和服务。

　　聘请创业导师只是济南市大学生创新创业孵化平台为当地创业大学生服务的冰山一角，该平台在 2018 年年初由济南市人力资源和社会保障局与山东大学共同建设，双方通过落实创新创业政策扶持、建设创新创业孵化平台、设立并丰富创业资源库、开展专题创业孵化讲座和服务活动等多种方式，在创业培训、创业项目转化、创业融资、创业场地等方面给大学生创业者提供了一系列的扶持和帮助，建立起"创业培训＋创业预孵化＋初创孵化＋产业园区"的综合服务体系，有效地促进大学生在济南成功创业。单就创业场地来说，济南市大学生创业孵化中心面积超过 10 000 平方米，入驻的企业在孵化期不仅房租全免，还可享受创业担保贷款、两项创业补贴、税收减免等 10 项创业扶持优惠政策，极大地减轻了大学生创业者的负担。

　　多方努力最终结出了丰硕的果实，大学生创业孵化中心已经成功孵化初创企业 200 余家，惠及创业群体超 1 000 人。这些企业为社会提供了超过 3 000 个就业岗位，实现了良好的社会效益。

　　（案例材料来源：鲁网。作者：赵嘉伟。本书对此案例进行了适当修改。）

　　**启示：**济南市人民政府与山东大学通力合作，通过全方位、多样化的方式落实国家的双创政策，助力大学生创新创业，取得了非常显著的效果。

**4**

### 任务二　知识经济时代的创业热潮

　　我国正在朝着知识经济时代大步迈进，必将引发一阵创业热潮。每个创业者都要面对知识经济时代的新局面、新问题，只有了解未来、顺应时代、坚持创新，才能做知识经济时代的弄潮儿。

#### 1. 知识经济时代的来临

　　知识经济，是人类社会发展到今天的高度新呈现出的经济发展态势。人类社会最原始的经济形态是农业经济，农业经济依赖于人的体力劳动、灌溉资源和自然气候；在两次工业革命后，人类逐渐过渡到工业经济，工业经济在很大程度上摆脱了对于自然条件的依赖，其核心资源变成了工业资源，如原料、能源、交通等；而在高度工业化和信息化的今天，人类社会正在迈入知识经济时代。

　　知识经济，即"以知识为基础的经济"，在社会生产上，人们通过"知识"来对人力资源、能源、原材料等其他资源进行分配、组合，从而完成生产，将资源转化为生产力。知识经济时代，是指知识经济是社会经济发展重心的时代，其具体特征如下。

- **资源利用智力化。**资源利用智力化是指通过人类智力来开发、调动、使用资源，一方面是对现有自然资源的精确、合理运用，提高资源利用率；另一方面是通过运用智力去开发新的资源，如氢能源、清洁原子能，以提高人类所能使用资源的总量。
- **资产投入无形化。**资源投入无形化是指在知识经济中，无形资产，如知识、信息、专利、网络程序等智力成果成为企业资产的主体或核心。
- **知识利用产业化。**知识利用产业化是指对知识、信息等智力成果的利用逐渐成熟、规范和规模化，由此产生的知识密集型产品将会承载高额的知识价值，成为创造社会财富的主要方式。

- **经济发展可持续化。**经济发展可持续化是指在知识经济时代，通过智力支配其他生产因素，会更加重视生态效益、社会效益，采取可持续发展战略。
- **经济全球化。**经济全球化是指在知识经济时代，更高的科技水平会使世界交流更加便捷，同时智力成果会在全球范围内广泛流通，知识产权交易等无形贸易大大发展。

知识经济的产生和壮大是经济发展的必然趋势，是人类生产力水平提高的必然结果。人类社会正处在向知识经济时代转型的关键期。

**知识拓展**

　　经济转型是指资源配置和经济发展方式的转变，代表着经济结构的调整、生产要素的转移、经济体制的变动、财富增长方式的变革。纵观人类社会史，经济转型是实现国家经济高速持续发展的重要途径，无论是对于国家还是对于个人，经济转型期都是实现"弯道超车"的关键时期。

### 2. 经济转型与创业热潮

在社会由工业经济转型到知识经济的关键期间，社会产业结构面临重大的调整和再造，这其中会涌现出无数的创业机会，经济转型期正是创新创业的大好时机。在可以预见的未来，全国范围内会兴起一阵创业的热潮，下面就对创业的优势条件进行分析。

- **新需求、新产业的出现。**新需求、新产业的出现是指在社会经济转型期，会出现原有经济结构和经济制度的大幅度变化，很多新的需求和新的产业会出现，而这种新兴市场竞争度低、潜力大，是创业者极好的入市机会。
- **成熟行业的重新洗牌。**成熟行业的重新洗牌是指在经济转型过程中，经济结构的调整必然会打破原有成熟行业的内部平衡，引起成熟行业的重新洗牌甚至淘汰。该行业中原有企业的竞争力和优势地位会遭到削弱，甚至有企业倒闭空出了市场份额，这就为创业者进入该行业扫清了障碍。
- **资源优势的削弱。**资源优势的削弱是指在向知识经济时代迈进的过程中，知识资源的重要性逐渐凸显，创新成为市场竞争中的重要优势，而市场中成熟企业的资源优势则相对被削弱，这就缩小了新兴企业与成熟企业之间的差距。
- **国家政策的扶持。**国家政策的扶持是指国家积极推动创新驱动战略，高度重视创新创业，同时出台了一系列帮扶优惠政策来支持创新创业，切实地保障了创新者的权利，减轻了创业者的负担，提高了全民创新创业的热情。

近年来，大学生创新创业逐渐得到了社会的认同，各级人民政府也很重视大学生创新创业的意义和作用，出台了一系列鼓励大学生创新创业的政策和活动。事实上，大学生在知识经济的转型期间，在创业上有明显的优势。首先，大学生的受教育程度高，掌握着前沿的科学技术和知识；其次，大学生是最容易接受新事物的群体，眼界宽广；最后，大学生群体富有激情和活力，勇于追求梦想，实现人生价值，这些特质使大学生成为创新创业的主力军。

5

**知识经济造就世界首富**

如果要找出一个大学生创业并投身知识经济而取得巨大成就的典型代表，那么比尔·盖茨一定位列其中。

比尔·盖茨从小痴迷于计算机，在中学时代就已经尝试编写代码并成功售出。1975年，比尔·盖茨与艾伦一起创建了微软公司。当时整个计算机软件行业方兴未艾，微软公司在艰难的摸索中前行。

随后，微软公司用十几年的时间成功占领了从个人计算机到商用工作站，甚至服务器的操作系统，到如今已经发展成为计算机软件行业的领头羊。

比尔·盖茨与微软的成功，在很大程度上是时代的成功，比尔·盖茨从小接触电子计算机，在计算机编程上显现出极高的天赋和恒心，在他年幼的时候，计算机还是个新兴产业，而当他创业的时候，计算机的使用已经成为世界的潮流，是发展最快、最有价值的产业。比尔·盖茨所在的软件行业，则是计算机行业最核心、最有前景的部分。知识是软件价值的核心，靠着知识的价值，比尔·盖茨坐上了世界首富的位置。

**启示**：信息化兴起，美国经济转型的时代，造就了一大批亿万富翁，比尔·盖茨正是其中的佼佼者。知识经济的巨大力量，在比尔·盖茨身上可见一斑。

### 任务三　创新和社会经济的关系

创新和社会经济的发展具有密切的关系。一方面，创新推动社会经济的发展；另一方面，社会经济对创新具有巨大的反作用。明晰创新与社会经济的关系有利于大学生更好地进行创新实践，成功创新创业。

**1. 创新推动社会经济发展**

社会经济的发展史就是一部创新史，社会经济从农业经济到知识经济的每一步转变都是通过创新得来的。远古时期，人类收集植物种子统一种植，发明农耕，是创新；近代科学家发明蒸汽机，开启工业先河，也是创新；当代研究者发明网络使人类进入信息时代，让知识经济腾飞，仍然是创新。可以说，是创新推动社会经济的发展。创新对社会经济的影响体现在以下4个方面。

- 创新提高社会生产力水平。创新能够直接提高社会生产力，如改良蒸汽机的普及使机器代替了低效的人类手工，在一年内制造了比人类过去制造总和还多的产品，使社会经济得到了爆发式的增长。所谓"科学技术是第一生产力"，其原理正是基于此。
- 创新突破了自然条件的限制。越来越多的自然条件限制因创新而解除，如水坝克服了雨量不均导致的灌溉问题；道路克服了运输和出行中的坎坷地势；桥梁克服了河流和峡谷的地理阻隔。这些限制的解除使人类能够稳定地进行商品生产，社会经济能够在更大的地域之间联系、发展，生产的成果能够得到妥善的保存。
- 创新能够改变社会需求。创新能够改变社会需求体现在两方面：一是创新会带来新的社会需求，如将电子计算机普及到普通家庭；二是创新会减少某些东西的需求量甚至淘汰其需求，如自来水接通后，住户对于水井的需求就基本消失了。
- 创新能够推动社会经济的变革和转型。社会经济形式、结构、体质都因创新而改变，如人类发明了种植后，获得了比捕猎和采集更稳定的食物来源，由此形成了更大规模的聚落，在聚落的基础上又诞生了原始商业。

6

由此可见，创新对社会经济的发展具有决定性的作用，是创新推动了社会经济的发展。知识经济时代并非凭空到来，而需要由不断创新来推动，大力推动社会创新是实现经济转型的必要之举。

**2. 社会经济对于创新的反作用**

创新推动社会经济的发展，但是同时，创新也需要依靠社会经济来实现，这就是社会经济对创新的反作用，它主要体现在以下3个方面。

- **社会经济为创新活动提供物质基础。**创新活动是人类实践活动的一种，需要依靠社会经济提供的物质基础才能开展，如科学实验所需要的实验器具、实验环境和实验对象等都依赖于社会经济，进行理论创新或制度创新也需要以社会经济为来源。
- **社会经济是创新的动机。**创新往往不是凭空产生的，而是带有明显的动机，其动机往往就是源于创新者想要解决当前社会经济的不足和问题，如冰箱、收音机、汽车的诞生都来源于社会经济发展的客观需要。
- **社会经济检验创新结果。**创新有很多，但不是所有的创新都能满足人们的生产生活需要，也不是所有创新的产物都有社会价值。创新的产物进入社会经济后，适应社会需要的会得到社会经济的正反馈，如诺贝尔通过炸药积累亿万身家、比尔·盖茨靠软件成为世界首富等；而不适应社会需要的就会被淘汰，如罗伯特·欧文的新和谐移民区试验的失败。

在社会经济的转型期，创新的需要空前高涨，社会需要创新、鼓励创新、呼唤创新，可以说，这正是创新者最好的时代，是创新的黄金时间。

7

**阅读材料**

### "创新"保险

近年来，各行各业都讲究创新，保险业也不例外。最近，趁着春节将近的机会，各大保险公司推出了不少新鲜险种，其中大部分属于短期的意外险，比如："春运回乡交通险"，在大年三十没能回到家就能获得价值不一的保险赔付；"肠胃险"，每天保费1元，针对急性肠胃炎导致的医疗责任进行保障，最高给付5 000元；"孝敬父母健康险"，给父母的健康上保险，生病有钱治，不生病则能分红……如此种种，不一而足。这些新型保险迎合了当下年轻人的需要，噱头足、保费低、期限短，一时间吸引众多消费者购买。

但是有的"创新保险"就不那么讨人喜欢了，如某公司推出的"小鞭炮"意外险，对3～16岁的孩子燃放烟花爆竹时发生的意外进行赔付，保费9.9元，意外医疗保额为5 000元，保险期限为45天。这个保险看似很美好、很必要，让人很有购买的冲动，因为每年过年都有玩鞭炮而出现意外的报道，但是禁不住细琢磨，要知道3～16岁的孩子处于幼儿园、小学、中学阶段，绝大多数人是有学生平安险和少儿互助金等险种保障的，它们都能够对儿童因燃放鞭炮造成的身体伤害进行赔付。在多份保险赔偿医疗费用时，以实际发生额为上限，各险种不能重复给付，所以这个"小鞭炮"意外险并无用武之地。"创新"保险业需要扎根市场，这份"小鞭炮"意外险最终成交量不到1 000份，没能够得到市场和消费者的认可，推出该产品的保险公司落得亏损的结局。

（案例材料来源：《人民日报》。作者：曲哲涵。本书对案例进行了适当修改。）

**启示：**同样是"创新"，符合社会需要的新险种获得了消费者的认可，取得了不错的销量，而打着"创新"名义的无用保险则被消费者识破，落得个惨淡收场，可见市场会检验创新成果。

**● 课堂活动**

**双创政策分析**

**活动方法**：搜集当地及学校实施的双创扶持政策，分析其对大学生创新创业能够带来哪些帮助。

**活动人数**：班级活动，人数在 10～50 人为宜。

**活动场地及道具**：教室或其他可供集体使用的地点，无固定道具。

**活动规则**：学生自行通过各种途径搜集当地及学校的双创扶持政策，并且分析其中有哪些政策能使大学生创业群体受益，这些政策分别能够帮助大学生创业者应对哪些方面的问题（如资金、场地、人工等），最后总结出自己认为对大学生创业最有帮助的政策，并在课堂上分享。

**活动提醒**：

（1）省、市、县各级人民政府都可能有相关政策出台，甚至社区也有相关措施，要注意搜集尽可能多的双创政策信息；

（2）在分享"对大学生创业"最有帮助的政策时，一定要明确政策的出处、范围、有效期等情况，避免对政策的错误解读。

## 项目二

## // 初识创新创业 //

创新和创业这两个词往往成对出现，活跃在我们的生活之中，人们对其习以为常。但真要细究起来，什么是创新呢？它有什么特征？创新可划分为哪几种类型？创新和创业之间有什么关系？恐怕就没多少人能回答上来了，下面就让我们一起对创新创业的相关知识进行了解。

### 任务一 什么是创新

创新贯穿于人类的整个发展历程，生活中的很多事物都是历史上人类创新的结果，随着"大众创业、万众创新"政策的提出和落实，社会上更是刮起"创新风"，创新一词频频被提起，那么什么是创新呢？下面就对创新的相关知识进行介绍。

**1. 创新的概念**

"创新"一词最初起源于拉丁语，它有着悠久的历史，其原意有 3 层含义：一是更新；二是创造新的事物；三是改变。创新被当作一种理论，则是在 20 世纪。

创新是一个抽象的概念，在历史上，很多人都对创新下过不同的定义。从广义上来说，创新是指使用有别于常规或旧有见解的思维，本着理想化需要或为满足社会需求的理念，以别出心裁的方式运用现有的知识和物质，而改进或创造新的事物、方法、元素、路径、环境，并能获得一定效果的行为。

**知识拓展**

创新从哲学上说是一种人的创造性实践行为，这种实践行为的目的是增加利益总量，需要对事物、发现进行利用和再创造，特别是对物质世界矛盾的利用和再创造。人类通过对物质世界矛盾的利用和再创造，制造新的矛盾关系，形成新的物质形态。

**2. 创新的主客体**

创新活动的主体是人，创新是人类特有的认识能力和实践能力，是人类主观能动性的高级表现，是以新思维、新发明和新描述为特征的概念化过程。只有人类能够进行创新活动，有一些动物会表现出某种令人惊奇的行为，如黑猩猩利用棍子掏蚂蚁窝等，虽然反映出该动物智力水平较高，但是其行为只是模仿，并不是创新。

创新的客体是指整个客观世界，其对象既可以是具体的，如发明新物品、合成新材料等，也可以是抽象的，如发明新技术、新方法等；既可以是创造全新的东西，也可以是用新的理念、认识等来代替旧的，还可以是对旧的、已存在的事物的补充、修正、再解释。

### 3. 创新的经济学意义

创新出现在人们生活的方方面面，但本书主旨为创新与创业，因此尤其需要明确经济学上的创新概念。1912年，美国经济学家约瑟夫·熊彼特才在他的著作《经济发展理论》中首次将创新引入经济领域，他认为"创新"是指把新的生产要素和生产条件重新组合后引入生产体系，即"建立一种新的生产函数"。

约瑟夫·熊彼特从企业角度提出了创新的5个方面，具体如下。

- **产品**。采用一种新产品。
- **生产**。引入一种新的生产方法、工艺等。
- **市场**。开辟一个新的市场。
- **资源**。获得原材料或者半成品的一种新的供应来源。
- **组织**。实现任何一种工业的、新的组织形式。

约瑟夫·熊彼特的这个说法影响广泛，很多研究者在其基础上对创新做进一步的解释，取得了很多成果，本书采用这一解释：对企业而言，创新是企业着眼于市场潜在的盈利机会或技术的潜在商业价值，为了获取实现效益，对生产要素和生产条件进行新的组合，提升生产经营体系的效率，从而推出新的产品、新的生产（工艺）方法，开辟新的市场，获得新的原材料或半成品供给来源或者建立企业新的组织，企业创新是包括科技、组织、商业和金融等一系列活动的综合过程。

### 任务二 创新的特征

要想区别开创新行为和其他行为，就需要对创新的特征进行了解，创新是一种特殊的实践活动，它拥有超前性、普遍性、目的性、新颖性、价值性和风险性6个特征，下面分别进行介绍。

- **超前性**。超前性是指创新往往超越当前的思维和认识，是在对事物变化具有前瞻性的理解下实施的行为。这种超前性并非空想，而是在把握当下情况后预料未来的可能，如人工智能的逐步实现、海王星轨道被预测等。
- **普遍性**。普遍性是指创新存在于人类活动的所有领域并且贯穿于人类活动的各个阶段。同时，创新能力是人人都具备的，如果只有少数人才具有创新能力，那么许多创新理论就失去了存在的意义。
- **目的性**。任何创新活动总是围绕需要解决的问题、需要完成的任务而进行的，这就是创新的目的性，这一特性贯穿于整个创新过程。创新的目的既可能是满足社会需要，如电话的发明是为了满足人类沟通的需要，也可能是实现自我的愿景，如魔方的发明。
- **新颖性**。新颖性是指创新的本质是求异、求新，即创新将摒弃现有不合理的事物，革除过时的内容，然后再确立新事物。用新颖性来判断创新成果时，要注意区分绝对新颖性和相对新颖性。创新得到全新事物即拥有绝对新颖性，如计算机的诞生；而对已有事物进行部分改造则具有相对新颖性，如美颜相机比之普通相机，也是创新。
- **价值性**。价值性是指创新得到的成果一定要具有价值，能够对人类生活和社会产生影响。

9

一般来说，创新成果满足人类社会需要的程度越大，其价值就越大。一些创新能够即时生效，而另一些创新，如理论创新，则会对人类生活产生潜移默化的影响。

- **风险性**。风险性是指创新自身具有不确定性。这种不确定性一般包括市场的不确定性、技术的不确定性和经济的不确定性等。一般而言，不确定性越大，风险就越高。

### 歪打正着的尼龙

　　1928年，当时美国较大的化学工业企业——杜邦建立了基础化学研究所，卡罗瑟斯博士担任其中的有机化学部门的负责人，主要从事聚合反应方面的研究。很快，卡罗瑟斯博士的团队就在制备线型聚合物方面取得了很大的进展。

　　在1930年的一天，卡罗瑟斯博士的一个助手在清理实验使用后的残渣时，他无意中发现一些丝状的聚合物残留具有很高的韧性和弹力，能被拉得很长，一松手就会变回原状。卡罗瑟斯博士对这个丝状物很感兴趣，经过研究，他发现这是一种高聚酯纤维。他重复上次的实验，尝试再次制造出这种细丝，于是他转变了研究方向，专心研制这种物质。经过几年的探索和试验，在1935年，人造纤维聚酰胺-66被发明了出来，这种人造纤维具有丝的外观和光泽，在结构和性质上也接近天然丝，其耐磨性和强度超过当时任何一种纤维。这种人造纤维被命名为"尼龙（Nylon）"。之后，卡罗瑟斯团队又解决了生产聚酰胺-66原料的工业来源问题，使尼龙能够投入规模化的工业生产。

　　杜邦公司很快意识到了这种人造纤维具有重大的商业价值。尼龙的合成奠定了合成纤维工业的基础，尼龙的出现使纺织品的面貌焕然一新。用这种纤维织成的尼龙丝袜既透明又耐穿，1939年10月24日公开销售尼龙丝长袜时引起了轰动，爱美的女士争相抢购尼龙丝袜，形容它"像蛛丝一样细，像钢丝一样强，像绢丝一样美"。在之后，尼龙凭借其优异的特性被应用到了许多产品上。

　　**启示：**卡罗瑟斯团队研制出尼龙源于一次偶然的发现，那么其活动是否不具备创新的目的性呢？答案当然是否定的。尼龙的出现虽然不是有意为之，但是创新者前期进行的工作带有研究聚合反应的明确目的性，尼龙的偶然发明说明了创新成果不一定符合预期，但不能因此否认创新的目的性。

## 任务三　创新的类型

　　创新是一个抽象而广泛的概念，我们可以从不同的角度来进行分类，常见的有根据客体、新颖性、创新自主性来划分。下面分别进行介绍。

### 1. 根据创新的客体划分

　　根据创新活动客体的不同，可以将创新分为理论创新、知识创新、技术创新、管理创新、服务创新及制度创新等。

- **理论创新**。理论创新是将现象抽象为知识并对其进行分解重组，是在现有理论基础上对其进行的改进、修正、增加等。理论创新是其他创新的基础和源泉，会对人类社会产生潜移默化的影响。
- **知识创新**。知识创新是指对现有知识的改进、更新和发展，它能够改变人类的认识。但不是所有知识更新都是创新，如每年测量并更新珠穆朗玛峰的海拔高度，这样的客观测量就不属于创新。
- **技术创新**。技术创新是指技术和工艺上的创新，包括开发新技术或是对已有技术进行新的应用。技术创新往往能够直接作用于生产环节，对人类的生产生活产生即时的影响。

- **管理创新**。管理创新是指通过一定的方法和手段，激发调动人的积极性和创造性，从而获得更高的收益。管理的对象是人，管理创新的实质是充分发挥"人"通过劳动为"物"附加额外价值的独特能力。
- **服务创新**。服务创新是指通过新设想、新技术来实现新的服务方式，从而提升服务对象在使用产品或服务时的体验。
- **制度创新**。制度创新是指人们在现有的生产和生活条件下，通过创设新的、更能有效激励人们行为的制度或规范体系来使人们创造更多的价值，最终实现社会的持续发展和变革。

**知识拓展**

管理创新和制度创新的核心都是人，其目的都是影响人的行为，激发人的积极性和创造力，从而获取更大的价值，所以二者容易混淆。但其实管理创新的核心在于使人产出更大的价值，人只是获取价值的工具；而制度创新则侧重于让人能够更好地创造价值，从而促进社会的发展。在一般语境下，管理创新应用于组织、单位等环境，而制度创新还会应用于全社会。

### 2. 根据新颖性划分

根据创新新颖性的不同，可以将创新分为具有绝对新颖性的原始创新和具有相对新颖性的改进创新两大类。

- **原始创新**。原始创新是指创造前所未有的新事物，其最大的特点是拓展了人类认识的边界或者填补了某种空白。原始创新一般指的是科学发现、技术发明、原理性主导技术等。特别是在基础研究和高技术研究领域取得独有的发现或发明，并最终获得成功的就是原始创新。原始创新是最根本、最能体现智慧的创新，它是一个民族对人类文明进步做出贡献的重要体现。
- **改进创新**。改进创新是指在原有事物的基础上，通过改变事物旧有情况，从而使其能够发挥更大的作用，产生更大的价值。如对原有的技术进行改进、在原有技术之上开发新的功能、使原有技术更加完善、改进原有技术使之适应新环境等。改进创新通常具有门槛低、投入小的优势。

虽然改进创新没有原始创新"高大上"，但是在创造价值、造福社会上，二者是一致的，事实上很多原始创新成果并没有普适性，要通过对其不断进行针对性的改进创新才能发挥其最大价值。

### 3. 根据创新的自主性划分

根据创新自主性的不同，可以将创新分为自主创新、引进创新和模仿创新3类。

（1）自主创新。

自主创新是指完全由自己团队、组织、企业等参与非系统内部的创新活动。自主创新的成果一般是新的科学发现以及拥有自主知识产权的技术、产品等，其优势是自身完全掌握创新成果。反之，有的企业的创新产品以外部材料或元器件为核心，一旦外部供应断绝，该产品则无法生产。

对企业来说，自主创新成果是其核心竞争力的重要组成部分，持续地自主研发是保持自身行业地位、优势的必要选择。对国家来说也是如此，一个国家拥有的自主知识产权越多，其综合国力也会越强，在国际竞争中也就越有优势。

（2）引进创新。

在当前社会经济环境下，有些重点项目的研发周期和投入资本根本不是一般企业能够承担的，为了应对这样的问题，一般有合作创新和使用外部成果创新两种方法。合作创新就是多方建立一个组织，各自负担一部分研发，以此来进行自主创新；而使用外部成果创新就是引进外部已有的产品作为自身研究的一部分，如我国的圆珠笔就曾经长期使用进口钢珠。

引进创新的优点是能够减少创新的量，避开一些创新难点，从而缩短创新周期、节省创新成本。其缺点则是自身的产品依赖于外部供给，供给一旦中断，在短时间内很难找到替代品，具有一定的不确定性。

阅读材料

### 创新的困惑

阿伟与阿杰是某大学的学生，两个人都是流行文化的追逐者，他们都怀揣创业的梦想。阿伟在一次日常浏览网络信息的过程中，发现一种叫作"泡面小食堂"的餐饮模式非常火爆。这种店铺借助动漫中的"泡面文化"在中国的一些城市颇为流行，通过"二次元"式的精致装修来吸引顾客，其出售的食品就是速食拉面，也就是泡面，但往往能卖出 20 多元一碗的高价。

阿伟觉得"泡面小食堂"技术门槛低、利润大，而且学校附近没有同类的店铺竞争，将这种新的餐饮模式引入周边一定能赚钱。于是他拉着阿杰一起，想尽各种办法筹集了一些资金，在学校旁边租了铺面，经过几个月的装修与准备后，盛大开业。

"泡面小食堂"开业的当天，凭借别致的装修吸引了不少顾客，阿伟和阿杰还扮演成动漫中的人物来招揽顾客。阿伟和阿杰认为前景一片光明，但是好景不长，没过多久，他们店铺的生意就一落千丈。阿伟和阿杰只能通过打折、赠饮品、加小料等方式来促销，但是效果平平。

阿杰对此非常疑惑，为什么在别处爆红的模式在这里就行不通呢？他浏览了学校的网络社区，发现同学们对他们店铺的评价普遍是"味道没有亮点，就是泡面而已，分量也不多，价格却较高，只有装修和服务较好，总体就是华而不实"。

**启示**：阿伟和阿杰创业选择的"泡面小食堂"对当地来说是一种全新的模式，并且在店铺的装修和服务上都有创新之处，但是他们的创新却忽略了餐饮业的核心指标"味道"，因此导致了创业失败，这种引进创新是不靠谱的。

（3）模仿创新。

模仿创新即通过对先进者的理念、制度、管理、技术等进行模仿，再结合自身情况进行改进的创新活动。模仿创新通常具有以下 3 个特点。

- **积极跟随性**。模仿创新的积极跟随性是指模仿者高度追随被模仿者的行为，这主要体现在技术和市场两个方面。被模仿者应用某一技术，模仿者则开发类似功能的技术而非自行开发技术；被模仿者开辟某一市场取得成效，模仿者也迅速进入该市场抢占份额。
- **市场开拓性**。模仿创新的市场开拓性是指模仿者在跟进抢占已开辟的市场的同时，对新市场做进一步拓展和扩充。
- **学习积累性**。模仿创新的学习积累性是指模仿者在模仿的过程中会对模仿的东西进行消化吸收，每一次模仿都能有内化和吸收，久而久之就成为其自身的积累。

模仿创新由于其特殊性往往会被误认为抄袭、剽窃，实则不然。抄袭不但不能成为创新，还会遭到法律的制裁。模仿创新的本质是通过前人的创新实践来验证技术和市场的可靠性，从而降低开发技术和开辟市场的风险。模仿创新所使用的方法并非抄袭，而是开发与被模仿者应用相似且符合自身需要的技术，是需要一定技术水平和创新能力的。

### 任务四　创新与创业的关系

创业的主要目的是获取利润，而利润就是对资源进行创造性整合和使用，从而产出的超过资源本身的价值，因此，创新是实现利润的主要方式，是创业的灵魂。创新者以新人的姿态进入市场，在资金、资源、信息、经验等条件都不如行业前辈的情况下，想要在市场上立足，赢得市场竞争，就必须依靠创新。

创新是创业的原动力，创新的作用在于能够帮助创业者开拓市场、获得竞争优势并赢得消费者。

- **创新帮助创业者开拓市场**。创新能够帮助创业者开拓新的市场体现在两个方面：一是通过创新可以满足消费者的新需求，比如为了满足"淘金客"的需要，发明结实耐磨的牛仔裤，从而开辟了工装裤的新市场；二是通过创新能够解决以前未能解决的问题，比如为了解决鱼类长途运输中死亡的问题，进行人工增氧，从而将鱼类产品投放到更远的市场上。

- **创新帮助创业者获得竞争优势**。创新帮助创业者获得竞争优势体现在 3 个方面：一是通过创新提高产品使用价值，增强产品竞争力；二是通过创新降低生产、储存、运输等成本，增加利润率；三是通过创新的方式进行宣传，提高产品知名度。

- **创新帮助创业者赢得消费者**。创新帮助创业者赢得消费者体现在很多消费者有"求新""求异"的心理，新颖的产品和服务能够吸引消费者关注并提高其消费欲望。

创新是世界经济长远发展的动力，近现代很多顶尖的企业，如以"创造科学奇迹"为口号的杜邦公司、以"学与创新"为口号的陶氏化学以及爱迪生创建的通用电气公司等，都是依靠创新成了工业巨擘。

**13**

## 课堂活动

### 调查大学生创新创业倾向

**活动方法**：以小组为单位，通过调查问卷的方式对当地大学生的创新创业倾向进行调查。

**活动人数**：每个小组的人数在 3 ～ 6 人为佳。

**活动场地及道具**：活动范围为附近学校，道具为问卷，报告分享会需使用教室及桌椅等。

**活动规则**：各小组自行设计调查问卷，然后在大学生人流量大的地方发放并回收调查问卷，以此统计当地大学生的创新创业倾向，并根据问卷调查结果撰写调查报告，举行报告分享会，在课堂上各小组依次分享自己的调查结果，由教师做出点评。

**注意事项**：

（1）要注意问卷的调查对象为大学生，用其他身份填写的调查问卷无效；

（2）调查的样本太小则无说服力，应以 100 份以上为宜；

扫一扫

调查问卷模版

（3）可使用"问卷星"等电子问卷软件进行问卷调查。

## 项目三

## // 培养创业精神 //

通过观察和分析古往今来成功的创业者，可以发现他们身上有一些共同的精神特征，如敢于冒险、善于合作等，这些精神特征就是创业精神。创业精神是创业的重要支柱，贯穿于创业过程的始终，每个创业者都应注重创业精神的培养。

### 任务一　创业精神的本质与要素

创业者在创业精神的引导下，从事创业活动，从无到有，一步步创建并发展自己的企业，对创业者来说，创业精神至关重要。下面就对创业精神的本质及其包含的要素进行介绍，以帮助读者认识创业精神。

#### 1. 创业精神的本质

创业精神是创业的心理基础，是指创新者在创业过程中所表现出的主观思想，它并不是单指一种精神，而是诸如拼搏精神、创新精神、合作精神、坚持精神等精神的组合。创业精神是促进新企业形成、发展和成长的原动力。

创业精神的本质是创新意识和主动精神。

- **创新意识。** 创新意识使创业者能够意识到社会经济中的创业机会及需求，能够通过创新意识来找到满足市场需要、有盈利空间的产品或服务，没有创新意识的创业者永远只能是个经营者而非创业者。

- **主动精神。** 主动精神能够驱动创业者实际地进行创业行动，主动去获取创业需要的资金、人员、技术、资源等，从而走上创业之路。没有主动精神的人往往无法抓住机会主动出击，从而错失商机。

#### 2. 创业精神的要素

对创业精神的解释多种多样，每位成功创业者所具有的创业精神也不完全相同，我们通过综合各种对创业精神的叙述，发现以下 5 个要素普遍地出现在各个企业家的评价中。

- **充沛的激情。** 创业的过程总是困难重重、艰辛曲折，创业者需要具备极大而持久的创业激情，将创业团队凝聚在一起，克服困难，走向成功。马云在讲述自己的创业经历时，特别讲到："创业需要激情，而且只是有短暂的激情还远远不够，它需要持久地支持着创业者的灵魂。"

- **高度的适应性。** 在创业过程中，会遇到各种局面、各种环境，要适应不停变化的市场及消费者的不同需求，就需要创业者有高度的适应性。例如，雅马哈集团不断推出新产品，从原本的乐器生产商发展成为横跨发动机、音响、家居等领域的综合工业生产集团。

- **卓越的感召力。** 出色的创业者一般具有很强的个人魅力和感召力，能够很好地凝聚创业团队，成为创业团队的精神力量和榜样。就像乔布斯曾经说服时任百事可乐公司高管的斯卡利跳槽："你是想卖一辈子糖水还是说你想改变整个世界？"斯卡利被决心"改变世界"的乔布斯所感召，加入了苹果公司。

- **出色的合作精神。** 个人的力量是有限的，单打独斗难以成功创业，只有具备合作精神才能够充分发挥团队力量，同时积极进行外部合作可以获得更多的商业机会和创业资源。例如，知名汽车品牌奥迪就是由 4 家汽车制造商合并成的汽车联盟公司，可以说奥迪的成功是建立在合作基础上的。

● **远大的目标。** 目标能够帮助创业者在困境中坚持下来，帮助创业者在初有成绩时保持本色，帮助创业者以长远的、较高的眼光来谋划公司发展。例如，稻盛和夫在京都陶瓷株式会社还不到百人规模时，就不断讲述："京瓷要放眼全球，向着全世界的京瓷前进。"

**阅读材料**

### 褚时健的创业历程

褚时健是知名的"中国橙王"，他的创业精神，从没有人质疑。

2002年，褚时健已经是74岁高龄，他决定创业，而且要干实业，他承包了大片荒山种橙子，当时所有人都觉得他疯了。面对全新的行业，他通过书籍恶补专业知识，亲自上山修水塘、施肥，参与劳作，事无巨细，并且各地奔走请教专家。

2018年，哀牢山"褚橙"产量达到1.5万吨，跟着褚时健种橙子的农民收入翻了10倍，一举脱贫。这一年的褚时健，已经整整90岁高龄。

永远奋斗，永远前进，就是褚时健的创业精神。

**启示：** 褚时健在早年历经艰苦，但是苦难生活没能熄灭他创业的火焰，他以74岁之高龄，带领农民种橙子，取得了巨大的成功，在创业精神上，他堪称楷模。

## 任务二　创业精神的培养

或许有的企业家是天生的商人，他们的创业精神与生俱来。但是创业精神是可以通过后天培养而形成的，大学生创业者可通过模仿、历练、实践和培训这4种途径来培养自己的创业精神。

### 1. 模仿

模仿是培养创业精神较便捷的方法，选择一个学习榜样，揣摩他的行为，分析他的言论，从而向他靠拢。很多成功创业者都有这样一个感受：他们在创业过程中会有一个"偶像"，自己会不自觉地按这个偶像的言行来要求自己、鞭策自己。乔布斯就非常崇拜英特尔的创始人安迪·格鲁夫，甚至打电话向其寻求建议。大学生应该从创业成功者身上吸取经验，学习模仿他们的创业精神，从而让自己更快成熟起来。

### 2. 历练

创业是艰辛的，创业环境中处处充满竞争和困难，培养创业精神的高效方法之一就是让创业者在真正的创业环境中磨炼意志，培养创业精神。

优秀的创业者是绝不会被压力压垮的，反而会在压力之下创造惊人的事业。比如房地产行业知名人士李嘉诚，他在年少时挣扎在社会底层，在这个过程中他养成了坚忍不拔、勇于冒险、关注前沿咨询的特质，这让他收获了长久的成果。

### 3. 实践

实践是培养创业精神的直接方法，积极的实践能带来及时的反馈，实践经验的积累能够让创业者对创业形成逐渐深入、清醒的认识。实践产生的作用是其他途径不可替代的。

当然，大学生由于时间和资金等条件的限制，大都是从一些零碎的小生意开始，但从这些小生意中也能锻炼培养大学生的创业精神。总之，只有通过创业实践，大学生创业者才能在以后更加清晰地确立创业目标、制订创业计划，才会更加坚定创业信念，创业精神也才能更加强大。

### 4. 培训

创业精神培训活动往往请成功的企业家或者经验丰富的职业经理人来担任讲师，大学生参加创业精神培训可以得到专业化和科学化的指导，这是其他方式所难以达到的。通常高校和地

**15**

方人民政府都会举办创业精神培训活动，一些社会机构也会提供相关服务，大学生可以选择这些渠道来参与创业精神培训。

### 接班人

李志鹏是一名大学生，他的父亲白手起家创办了公司，如今年产值已经达到了2 000万元。最近李志鹏很苦恼，家里的顶梁柱——父亲年纪大了，而且由于早年打拼患上了严重慢性病，急需安心疗养，但是又放不下公司的事情，因此一再要求李志鹏回去帮他打理公司。

李志鹏虽然从小接受严格的教育，大学学习的也是工商管理专业，但是他觉得自己的性格太过软弱，不适合管理公司，生怕辜负了父亲对他的期望。原来李志鹏的父亲性格十分强势，李志鹏不太敢发表自己的意见。李志鹏觉得自己这样的性格不适合做公司的掌舵人，硬要接班只怕会毁了父亲辛苦攒下的基业。

在一次偶然之中，李志鹏看到学校在开展创业精神培训，他抱着试一试的态度参加了培训。学校的创业精神培训由当地企业的前高管带领，制订了有计划的创业精神培训活动。李志鹏参加了两次创业精神培训，觉得非常有收获，打算在暑假期间尝试性地接触父亲公司的管理事务。经过了实践，李志鹏在管理上越来越成熟，也更有信心了。

父亲对李志鹏的表现很欣慰，决定再过几年将公司完全交给他打理，李志鹏很高兴，但是他也觉得自己身上的担子更重了。自知学习的地方还有很多，他决定再自费去参加一个定制化的创业精神培训，以进一步锻炼自己的创业精神，带领公司更好地发展。

**启示**：虽然李志鹏不是一个"创业者"而是"守业者"，但创业精神在企业管理上也具有重要的作用。李志鹏深刻地意识到了创业精神的作用，主动地接受培训和实践锻炼，以此培养自身的创业精神。最终他战胜了自己的畏惧情绪，有信心能够管理好父亲的公司。

## 课堂活动

### 盲人方阵

**活动方法**：以小组为单位，共同手执一根长绳，所有成员闭着眼睛，然后由小组想办法将绳子首尾相连，绳圈所圈出面积最大的小组获胜。

**活动人数**：每个小组的人数在4～8人为佳。

**活动场地及道具**：大片空旷场地，长绳。

**活动规则**：小组所有成员首先站成一排，闭上眼睛，共同拿一根长绳，然后小组成员移动，使长绳围成一个首尾相连的圈，之后各个成员调整位置，尽量使绳圈的面积增大，时间到后将绳子放置在脚下，记录面积。该活动可以检验小组成员的合作能力，围出面积最大的小组就是合作能力最强的。

**活动提醒**：

（1）由于闭上眼睛，所以成员在移动的过程中一定要注意安全；

（2）活动过程中不能有成员的手离开绳子，否则退回直线状态；

（3）活动时间以3分钟左右为宜，如每组人数较多，则可适当延长；

（4）要使面积最大，则应尽量围成正圆形。

## 课后思考与练习

1. 简述我国的"大众创业、万众创新"相关政策。

2. 什么是知识经济？知识经济具有哪些特征？

3. 判断下列行为哪些属于创新。

（1）小明发现了一条去上学更近的小路，能节省上学的时间。

（2）小华将哨子以适当的角度绑在他的四驱车上，这样四驱车在行驶时会发出哨子声。

（3）小红将几个蝴蝶结缝在了自己的发箍上。

4. 阅读下面的材料，回答相关问题。

相传在公元前 164 年，汉高祖刘邦之孙——淮南王刘安招募方士数千人在现在的八公山附近烧药炼丹。炼丹需要以黄豆汁培育丹苗，石膏也是炼丹的常用材料。在一次炼丹活动中，方士偶然以石膏点豆汁，意外形成了乳白色半凝固的东西，人们将其当作炼丹成果服用，觉得其鲜嫩绵滑，口感上佳，于是在多次改进后，方士们发明了豆腐。

（1）材料中的事例是创新吗？如果是，属于哪种创新？

（2）材料中的事例体现了哪些创新的特征？

5. 根据表 1-1，和同学一起对自己的创业精神进行评估。

表 1-1　创业精神评估

| 评估项目 | 自我评估 | 同学评估 |
| --- | --- | --- |
| 激情 | | |
| 适应性 | | |
| 感召力 | | |
| 合作能力 | | |
| 目标 | | |

17

# 模块二

## 培养创新意识

　　人类的创新活动往往是从不为众人所注意的地方发起的，是什么让创新者在不起眼的地方发现创新机遇的呢？是创新意识。创新意识的产生是创新活动的起点，它能够让创新者发现创新机会并进行创新活动。本模块将介绍创新意识的定义、作用、类型及其培养方法等知识，以帮助大学生认识创新意识、更好地培养创新意识。

### 学习目标

- 了解创新意识的定义及其作用
- 了解创新意识的类型
- 掌握培养创新意识的方法

### 案例导入

　　安徽三只松鼠股份有限公司（以下简称"三只松鼠"）成立于2012年，是一家以坚果、干果、茶叶、休闲零食等食品的研发、分装及销售为主的现代化新型企业。其发展速度之快创造了中国电子商务历史上的一个奇迹，在2012年天猫"双11"促销中，成立刚刚4个多月的"三只松鼠"当日成交额近800万元，2019年，其全年销售额突破百亿元。

　　我国的零食行业非常发达，市场早已趋于饱和，是什么让这家公司在短短几年时间里脱颖而出？答案就是创新。在零食这个早已为大众熟知的领域，三只松鼠正是通过创新树立了独一无二的品牌形象，其主要受众是青年网民，这部分人群在网络上非常活跃且购买力强。

　　在品牌定位上，三只松鼠明确了自家的主打商品是坚果，一早就打出了"森林食品"的概念，给自家的坚果产品塑造了健康、自然的形象。三只松鼠在品牌打造上倾注了大量心血，每一次都牢牢抓住用户的关注点，在合适的时间踏出合适的脚步。

其次是利用互联网开展创新营销，一开始，三只松鼠就抓准了坚果市场的痛点，在坚果包裹里放入了开壳器、果壳袋、湿巾等物件，受到了广大消费者的欢迎。在日常营销上，三只松鼠设计了简单易记忆的品牌名字和萌意十足的动漫标志，在办公室里装修着大树、池塘，这些举动建立了三只松鼠独特的品牌文化，吸引了一大批青年网民成为其忠实客户。

同时，三只松鼠还充分运用了各种新媒体资源，在微博上与一些品牌、知识产权合作进行转发抽奖、福利放送的促销活动，不断扩大品牌影响力，并且在 2018 年推出了同名 3D 动画《三只松鼠》，该动画在爱奇艺视频网站上播放量超过一亿次，给用户带去许多欢声与笑语，不仅维护了与用户之间的感情，也大大增加了三只松鼠这个品牌的内涵和价值。

上述创新举动使三只松鼠以极快的速度打响了自身的品牌，得以迅速地与其他零食企业区别开来，受到了消费者的广泛认可。

**思考**

三只松鼠采用了哪些创新手段来进行品牌营销？

## 认识创新意识

大学生要想增强自身的创新能力，首先就需要培养自身的创新意识。没有创新意识，就进行不了创新活动。为什么创新意识对于创新有如此重要的作用呢？这就需要深入了解创新意识。

### 任务一　什么是创新意识

为什么烧开水盖子被顶开，瓦特从中获得了灵感而其他人没有？为什么创新者能够发现问题？这是因为这些创新者具有创新意识，创新意识让创新者对创新的机会异常敏锐。那么什么是创新意识呢？

#### 1. 创新意识的定义

当有人发现了生活中大家都习以为常的问题，并且给出了出人意料的解决办法时，我们常会对他活跃而富有创造力的思维表示感叹，称赞其具有创新意识，那么怎样定义创新意识呢？我们不妨从客观和主观两个方面来看。

从客观上来说，创新意识就是人们对待创新的态度，它取决于个体对于创新以及创新的价值性、重要性的认识程度。在个体认同创新、认同创新具有价值、认为创新很重要的情况下，个体就会在生活中向往创新、注重创新，甚至调整自己的活动来追求创新。这样的个体就是具有创新意识的。

从主观上来说，创新意识是指人们根据社会和个体生活的发展需求，引起创造前所未有的事物或观念的动机，并在创造活动中表现出的意向、愿望和设想，具体表现为人主动识别发现问题，并以创造性的思维积极探索解决问题的方法。

#### 2. 创新意识的内涵

创新意识包括 4 个方面的内涵，分别是创造动机、创造兴趣、创造情感和创造意志，下面分别介绍。

- **创造动机**。创造动机是创造活动的动力因素，它能推动、激励人们发动和维持创造性活动。这个动机可能是要解决某一问题，也可能是使某物变得更好，如瓦特改良蒸汽机。
- **创造兴趣**。创造兴趣能促进创造活动的成功，是促使人们积极追求新奇事物的一种心理倾向。兴趣常常能引发创新，如比尔·盖茨就是由于一直保持使计算机能更好操控的强烈兴趣，才创造出 Windows 操作系统的。
- **创造情感**。创造情感是引起、推进乃至完成创造的心理因素，只有具有正确的创造情感才能使创造成功。如南丁格尔正是被自身对伤病员的伟大关怀所引领，才创立了护理学。
- **创造意志**。创造意志是在创造中克服困难、冲破阻碍的心理因素，创造意志具有目的性、顽强性和自制性 3 个特征。如爱迪生在研究电灯时实验了超过 1 000 种灯丝材料，才选定了钨丝为灯丝材料，发明了电灯。

阅读材料

### 一个伟大的念头

某互联网公司 CEO 从小就爱好计算机编程，12 岁那年，他就已经能自行搭建家庭网络。上高中时，他设计出了一款具有人工智能的音乐播放器。

后来他进入了大学学习计算机，他发现许多大学生都拥有和陌生同学建立联系的欲望，但是在互联网上可以找到几乎所有的东西，比如新闻、音乐、书、电影，却没有任何一项服务帮助人们找到生活上十分重要的东西：其他人。于是，他心中开始萌发一个念头，一个堪称伟大的念头，那就是"用互联网将所有人联系在一起。"

大学期间，他和同学创立了校园网络社区，这个网站迅速在校园内吸引了大量用户，其他高校的学生也纷纷在该网站进行了注册。

这个原本定位于服务大学生的网站很快向所有人开放，经过十几年的发展，该网站初步实现了"将所有人联系在一起"的目标，并致力于降低上网成本，扩大互联网，以便从来没有用过计算机或互联网的人也能用网络获得便利的生活。

**启示：** 该 CEO 毫无疑问是一个拥有创新意识的人，他为了实现"将所有人联系在一起"的念头，凭借自己爱好的互联网技术建立了社交网站，并且一步步地将其从一个大学生网络社区变成互联网公司。

### 任务二 创新意识的特征

创新意识具有新颖性、社会历史性、个体差异性、价值指向性、质疑性 5 个特征，下面分别进行介绍。

- **新颖性**。新颖性是创新意识最显著的特征，创新意识的出发点要么是为了满足社会新的需求，要么是为了使用新的方式来更好地满足社会需求，无论如何都是不满足于现状，对现状进行突破，可以说创新意识就是求新意识。
- **社会历史性**。社会历史性是指创新是建立在社会现实之上的，创新意识是为了改善人们的物质生活或提高人们的精神境界而产生的。因此，以改善社会现实为目的的创新意识必然也受到社会现实的制约。从这一角度来看，创新的历史就是不断打破社会历史条件制约的历史。
- **个体差异性**。个体差异性是指不同的人类个体，在社会角色、生活环境、文化素养、兴趣爱好、情感志趣等方面有客观差异，因此会呈现出不同的创新意识。事实上绝大部分创新成果都是创新者在自己熟悉的领域取得的。

- **价值指向性**。价值指向性是指创新意识总是代表一定社会主体奋斗的目标和价值指向，如经济价值、社会价值、个人名声以及自我价值实现等。人们之所以进行创新活动往往是因为解决问题能够产生价值。
- **质疑性**。质疑性是创新意识的重要特性，贯穿整个创新实践活动的始终。质疑是创新意识形成的逻辑起点和先决条件，创新实践的一般过程为产生质疑意识→提出问题→探求解决方法→解决问题→产出新结果→完成创新实践，从中可以看出质疑意识的重要性，也验证了"科学研究始于问题"这一理念。

**阅读材料**

### 航海贸易与科技

15世纪至17世纪中叶，欧洲各国与我国同样处于封建社会的后期，但是欧洲出现了"文艺复兴"，产生了以科学实验为特征的近代自然科学，科学技术从此突飞猛进。而我国到了这一时期，却未能产生类似于西方的近代自然科学体系。在同样的社会时期中，科学技术发展的进程如此迥异，其中原因复杂，但是从欧洲各国与我国当时对外贸易政策的不同就可见一斑。

欧洲各国，特别是临地中海和大西洋的国家，都有重商的历史传统。从15世纪起，欧洲各国的封建统治者为了鼓励私人商业资本进行海外贸易，先后采取了一系列奖励措施，大大促进了商品生产，有力地推动了科学技术的进步；而我国当时实行"海禁"政策，禁止民间与海外诸国发生贸易，甚至禁止私人建造海船，整个明朝，我国始终没有正常的、商业性质的对外贸易。

明初有官方组织的"郑和下西洋"航行活动，当时所用的"宝船"，最大者有九桅，航行时张12帆，载重量为1 500~2 500吨，远远领先于同时期西方的造船水平。但是自从"郑和下西洋"航行活动被废止后，我国造船业急剧衰落，产业凋零、技术队伍散失，很快便失去了制造大型海船的能力，这也意味着我国失去了远洋航行的能力，而这也导致了一系列的后续结果。

同时，航海业是天文学发展的重要推动力，欧洲旺盛的海运滋生了众多天文学需求，欧洲的天文学在航海实践中迅速发展。不仅如此，因为贸易的需求，欧洲人认识了钟摆原理、发明了机械钟，开展了磁学研究、改进了罗盘，取得了一系列的科技进步。而我国中止了对外贸易后，不仅航海业倒退、天文学停滞，而且由于失去了外部需求，连带着阻碍了手工业的发展，在东南地区，很多依赖于出口贸易的纺织业、印染业、制衣业作坊都纷纷倒闭，社会始终处在小农经济的状态。没有现实的需要，自然也就不会有相关的创新出现，中西方的科技水平由此拉开了差距。

虽然导致中西方科学技术发展产生差距的因素有很多，但是当时明朝的"海禁"政策无疑对我国的经济发展、社会转型和技术进步产生了巨大的阻碍作用。

**启示**：明朝时期因为"海禁"政策而对我国当时的科技发展造成了严重影响，是导致我国丧失科技领先地位的诱因之一，而欧洲则因为航运促进了科学技术的发展，由此可见创新具有鲜明的社会历史性。

### 任务三　创新意识的作用

创新意识是人们进行创造活动的出发点和内在动力，是创造性思维和创造力的前提，也是形成创新能力的基础。创新意识对于大学生创业以及对于社会发展都具有非常重要的作用，下面具体介绍。

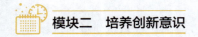

### 1. 创新意识对于大学生创业的作用

创新意识对大学生群体，尤其是有意进行创业活动的大学生来说，具有非常重要的作用，主要体现在以下 3 个方面。

- **引导大学生进行创业。** 创新意识是大学生进行创业的精神指南，能够引导大学生选择创业道路。如果说创业实践是创业活动的外在形式，那么创新意识就是创业活动的精神内核。

- **创新意识是创业策略的重要指向之一。** 任何创业都需要相应的策略进行指引，创新意识有益于大学生规划自己的创业策略。大学生在人生阅历、社会经验方面都有所欠缺，尤其需要培养自身的创新意识。

- **创新意识能激发大学生的创业潜能。** 在大学生拥有自身的创新意识之后，很可能会基于自身能力和借助于新颖的创意而形成明确的创业意向，从而走上创业道路，因此，创新意识是对大学生创业潜能的一种有意识开发。

### 2. 创新意识对于社会发展的作用

创新意识不仅对大学生创业有巨大的作用，还可以在多个层面上推动社会的发展与进步。创新意识对社会发展的作用具体体现为以下 3 点。

- **促进国家、民族创新能力的提高。** 创新意识是决定一个国家、一个民族创新能力的最直接的精神力量。创新能力作为重要的综合国力指标，实际上已经是国家、民族发展能力的代名词，成了衡量一个国家和民族解决自身生存、发展问题能力大小的客观和重要的指标。

- **推动社会的全面进步。** 创新意识根源于社会生产方式，它的形成和发展必然进一步推动社会生产方式的进步，从而带动经济的飞速发展，促进人类意识的进步。创新意识一方面可以推动人的思想解放，有利于人们形成开拓意识、领先意识等先进观念；另一方面可以促进社会政治向更加民主、宽容的方向发展。

- **提高人才综合素质。** 创新意识能促进人才素质结构的转变，提高人的综合素质，为社会输送更高素质的人才。创新型社会需要充满生机和活力的人才、有开拓精神的人才、有思想道德素质和现代科学文化素质的人才。创新意识能够激发人的主体性、能动性、创造性，引导人们不断提高自己的素质来适应社会的需要。

22

**蒸汽机的诞生与运用**

工业革命可以说是人类历史上集中、爆发式的创新时代。

1782 年，瓦特改良的蒸汽机取得了专利，棉纺织业作为英国的主要工业生产部门，迅速依靠高效的蒸汽机扩大自身生产规模，产矿业、冶金业等部门受益于蒸汽机，因此又带动了对蒸汽机的需要，蒸汽机制造业空前发展。

蒸汽机的规模运用使工厂制建立并流行，社会生产力空前提高，在几十年时间里，英国就建立了一套门类齐全的现代化大工业体系。以工厂主为代表的资产阶级实力大幅提升，迅速掌握了国家的话语权。资本阶级通过廉价购入国外的原料以及出口大量的工业制品使英国成了"世界工厂"，掌握了全世界大部分财富。

之后，蒸汽机被运用到交通领域，火车、汽船出现，英国得以更有效率地进行对外扩张；另一方面，工厂的大量建立使人口向城市集中，造就了大量的职业工人，英国首先开始城市化进程，城市化使娱乐业、餐饮业等服务业迅速兴盛起来，极大地改变了英国人的生活模式和生活状态。

　　总体来看，英国借助工业革命改变了自身的社会结构，踏上了现代化道路，并且大幅提高了自身实力，成了世界上第一个现代化工业大国。

　　**启示：**工业革命时期是大量创新涌现的时代，也是创新成果大规模普及的时代，受惠于蒸汽机等创新的价值，英国迅速与其他国家在综合国力上拉开了差距，依靠自身强大的实力成了当时世界秩序的主导者，同时也极大地改变了自身社会。

### 课堂活动

#### 造桥游戏

**活动方法：**以小组为单位，开展造桥游戏，用两张 A4 纸做"桥面"，尽量承载更多的重量。

**活动人数：**每个小组的人数在 4 ～ 8 人为佳。

**活动场地及道具：**教室，桌椅若干，每组 A4 纸两张、纸杯两个，另备剪刀、胶水等工具。

**活动规则：**每个小组的同学自行讨论"造桥"的方法，用两个纸杯做桥墩，以两张 A4 纸为桥面，制造一座"桥"，造好后在桥面上增加重量，看哪一组的桥梁更结实。要求桥面长不得短于 15 厘米、宽不得短于 3 厘米；桥面和桥墩之间不得使用黏合剂（如胶水）；桥面下的桥洞要能够放下一个拳头（由于拳头大小不一，可以统一以同一个拳头为标准）；不得使用多余的材料。

**活动提醒：**

（1）为了保持桥墩稳定，纸杯里可加重物；

（2）桥面应该平整，可带有一定弧度。

## 项目二

## // 创新意识的类型 //

　　有一些研究者根据创新意识是否是主体受外部推动而产生，将创新意识分为主动型创新意识和被动型创新意识，但现在看来这种分类标准过于机械化，只区分了表象而忽略了创新意识的内在特征。

　　本书根据创新意识的基本特征和表现形式，将创新意识分为求新求异意识、求真务实意识、求变意识和问题意识 4 种类型。

### 任务一　求新求异意识

　　求新求异意识是由创新意识的新颖性和个体差异性所决定的，人们的生活往往带有一种强大的惯性，比如人们倾向于选择大多数人做过的选择，这就是从众心理。而具有求新求异意识的创新者就能够破除从众心理，敢于别出心裁去追求新颖奇特的事物或方法等。求新求异意识是创新活动的前提和内部动力，它是创新意识的主要类型。

　　求新求异意识要求人们敢于突破思维的惯性，寻找新奇的角度来思考问题，而不局限于生活中的"理所当然"之中。譬如人们的直觉都认为重的物体比轻的物体下落速度更快，而伽利略却换了一个思考方式，他提出了一个理论，即"若质量越重的物体下落速度越快，则将一重物与一轻物绑在绳索两端，同时放下，应是重物下落速度快，轻物下落速度慢，轻物会拉扯重物，从而导致重物的下落速度将慢于重物单独下落的速度；而将两个物体与绳索视作一个整体，则重于重物，因此下落速度应当快过重物单独下落的速度，与前面的结论相悖"，由此建立了自由落体定律。

### 泡面的故事

1957 年，冬夜，安藤百福路过拉面摊，见人们顶着寒风排着长队，只为吃一碗拉面。安藤百福心想，要是有一种面，只用开水冲一下就能吃，大家很可能会喜欢。

次年春，安藤百福便开始着手研究速食面。他为产品设定了 4 个目标：味道好、无须烹饪、安全卫生、存放时间长。就这样，一个外行一头扎进了做面事业，安藤百福做出来的面不是粘成一团，就是松松垮垮的。做了扔，扔了做，一遍又一遍，一番努力后，他终于解决了面条保存的问题，但面条太过干燥，不便于进食。转机来源于他夫人做的一道油炸菜，安藤百福从油炸菜中领悟到了速食面的诀窍：油炸。在油炸过程中，面条中的水分会散发，油炸过的面上有无数的洞眼，就像海绵一样，加入开水后，能够很快变软。如此一来，将面条浸在汤汁中使之入味，然后用油炸使之干燥，就能制作出既能长期保存又可用开水冲泡的面了。

由此，第一包方便面——"鸡肉拉面"便诞生了，一经上市就引起了轰动，很快销售一空，安藤百福成功了。但安藤百福并没有止步，他继续不断地创新，开拓自己的方便面事业。

1970 年，安藤百福将方便面投入美国市场。由于欧美饮食中没有碗、筷等餐具，为了适应欧美市场，安藤百福又发明了带餐具的"杯面"和"碗面"。

方便面从此迅速席卷全球，直到今天，方便面依然是安藤百福初发明的模样，仍然是"袋装面""杯面""碗面"。

**启示**：安藤百福自己不需要食用方便面，人们对于排队吃拉面也习以为常，但安藤百福凭借创新意识发现了方便面的巨大价值，毅然决然地投入方便面的研究之中，在之后又不断改进其食用方法，使方便面成了真正的方便食品，这一切都要归功于安藤百福的求新求异意识。

### 任务二　求真务实意识

在求新求异的前提下，创新者也不可一味偏激单纯地标新立异，而应同时树立求真务实意识。在创新过程中不能认为凡是标新立异的东西或与众不同的东西就是创新，而要尊重客观规律，寻找事物的客观规律，按规律办事，这样才能得到有价值的成果。无论是我国古代的炼丹活动，还是欧洲中世纪的炼金术，抑或让很多科学家都痴迷的永动机，其想要得到的产品都脱离了实际，不符合客观规律，所以最后都以失败告终。

在创新活动中尊重客观规律，按规律办事，就是求真务实的内在含义。创新离不开求真务实，反之，求真务实本身又是不断创新的过程。

我国古代的炼丹活动虽然没能炼出长生不老药，但是发明了豆腐、火药等副产品；炼金术没能点石成金，但是在炼金过程中人们发明了多种实验器具，也认识了许多天然矿物，炼金术在欧洲成为近代化学产生和发展的基础；永动机的实验宣告失败，但焦耳在研制永动机的过程中发现了"热功当量定律"。因此，这些"创新行为"虽然在主观上异常荒谬，但在客观上取得了一定的成果。

## 外科消毒法的创立

在19世纪初的欧洲医院，外科医生在做实验或解剖尸体时从不戴手套。当时近30%的产妇在生产之后因产褥热而死亡，而接受外科手术的病人，成活率也很低。医生们认为医院周围的有毒蒸汽是引起这些感染的主要原因。

这个解释并不能让约瑟夫·李斯特医生满意，他经过观察发现皮肤完好的骨折病人一般不易发生感染，所以他提出设想，认为感染是因为外部因素造成的，但是同行都不认同他的观点。1865年，约瑟夫·李斯特读到了巴斯德关于微生物的论文，醍醐灌顶，他发表论文，指出手术后导致病人伤口化脓的病毒来自外界的传播。

根据这一理论，他提出了严格的手术规定，如医生要仔细洗手，手术工具要高温消毒，手术房要保持干净，病人的伤口要消毒、要绑绷带，医生要穿洁白的衣服，以免病毒进入伤口等。这些措施在医学界引发了强烈的反对，约瑟夫·李斯特医生被赶出了医院。

约瑟夫·李斯特换了一家医院，坚持使用自己的消毒法进行手术，不到10年，约瑟夫·李斯特所在医院的手术后死亡率从45%降到了15%。医学界在事实面前终于醒悟，约瑟夫·李斯特的外科消毒法迅速在全欧洲范围内推广开来，挽救了无数产妇和病人。

**启示** 约瑟夫·李斯特医生在面对同行的敌视时，依然坚持真理，坚持推行自己的理念，最终找到了感染的源头，成功挽救了无数病患的生命，支撑他坚持创新之路的正是他对于真理的追求，对于真相的执着。

### 任务三 求变意识

求变意识也是创新意识的重要类型，求变意识的"变"主要是指变革、革新，是对既有格局的突破，也是对已有事物的补充、重构和再发展。随着时代的发展和社会情况的变化，在原来的事物已不能够适应新环境的情况下，就需要运用求变意识来另寻出路，如室外电梯的诞生就是因为美国加利福尼亚州一家老牌饭店需要更换更大的电梯，而工程师们的方案需要进行较大的改造，预计饭店将会停业半年，这是饭店老板所不能接受的，正一筹莫展之际，路过的清洁工建议直接在屋子外面装上电梯，建筑史上首部室外电梯就是这样诞生的。

创造性活动源于创新意识，而创造性活动的形成就是不断发现错误、消除错误，进而接近正确认识的过程，也是不断破旧立新、推陈出新的过程。创造性活动即为不断变革的过程，创新意识因此又表现为求变意识。

求新求异意识和求变意识在思维方式上具有一定的相同之处，因此容易产生混淆。那么该如何区分求新求异意识与求变意识呢？求新求异意识是创新者主动地寻求创新，对可以通过惯常手段解决的问题，依然去思考和寻找更优化的解决方案；而求变意识则是创新者因为面临用惯常手段无法解决的问题，而不得不寻求改变来打破困局。要明确的是这两种创新意识不分高下，只是适用的条件不相同而已。

## 漏墨风波

19世纪初，自来水笔在英国诞生，虽然这种自来水笔有容易漏墨的弊病，但至少省去旧式羽毛笔需要蘸墨的不便，于是很快便流行起来。

1880年的一天，美国的一位保险业务员路易斯·爱德森·华特曼使出了浑身解数终于搞定了一笔大订单，但是正当他满心欢喜地等待客户签合同的时候，自来水笔却刚好

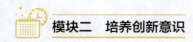
漏墨了，自来水笔漏墨是常事，但这一次刚好污损了合同的关键信息，于是他只能去重新拿来一份合同。但是当他将空白合同拿过来时，却发现他的同事趁机和他的客户签约了，这笔大订单最终旁落，他的心血付诸东流。

路易斯·爱德森·华特曼心灰意冷地退出了保险业，他决定要制造出可靠、便捷的自来水笔，这一研究，就是 4 年。一次偶然中，他将一根细玻璃管插入水中，发现玻璃管里的水位竟比外部的水面还要高，路易斯·爱德森·华特曼当然不知道这是"毛细效应"，但他敏锐地意识到了控制墨水流量的方法。他在墨囊中加入了一根细管，在笔尖上加了一个有细缝的笔舌，这样在相同大气压下墨水受到的重力和细管对墨水的吸引力就达到了平衡，哪怕将笔竖放，墨水也不会滴下来，而将笔尖接触纸面则破坏了气压，墨水就流出可进行书写。

世界上第一支钢笔就这样诞生了，路易斯·爱德森·华特曼取得了巨大的成功。

启示：如果自来水笔没有漏墨这一缺陷，路易斯·爱德森·华特曼或许会成为一个成功的保险推销员，但是自来水笔漏墨搞砸了他的订单，激发了他的求变意识，让他最终发明了钢笔，于是世界上少了一个推销员，多了钢笔这个产品和一个发明家。

### 任务四　问题意识

创新者的问题意识，首先表现在善于观察并找出问题。爱因斯坦曾说过："提出问题比解决问题更重要。"在找出问题后才能够解决问题。其次表现在如果用现有的途径和手段无法有效地解决问题时，创新者要思考现有的途径和手段无效的原因，并由此寻求新的方法以解决问题。

历史上很多伟大的创新者都具有强烈的问题意识。食物放置过久会腐烂是人们生活中常见的现象，后来人们发现使用腌制等手段可以防止食物腐烂，就一直使用这种方法来处理食物，对此习以为常。而科学家巴斯德却对"食物为什么会腐烂？腌制为什么能防腐？"这种常识产生了疑问，经过不懈研究，他发现了微生物对食物的影响，从而发明了"巴氏灭菌法"，使食物得以保鲜。

### 紫罗兰之谜

英国物理学家、化学家波义耳非常喜爱鲜花。一天，园丁送来几束紫罗兰，正准备去实验室的波义耳拿起一束紫罗兰，边欣赏边向实验室走去。进了实验室后，他把紫罗兰往桌上一放，就开始了他的化学实验。就在他向烧瓶中倾倒盐酸时，一不小心将少许盐酸滴到了紫罗兰的花瓣上，爱花的波义耳立即将紫罗兰拿去冲洗，谁知却发生了奇怪的现象：紫罗兰粘上盐酸的地方转眼间变成了红色。这一发现使他顾不上心疼，转而思考其中的原理："盐酸能使紫罗兰变红，其他的酸能不能使它变红呢？"随即波义耳用不同的酸液进行实验。实验结果是酸性的溶液都可使紫罗兰变成红色。

酸能使紫罗兰变红，那么碱能否使它变色呢？变成什么颜色呢？紫罗兰能变色，别的花能不能变色呢？由鲜花制取的浸出液，其变色效果是不是更好呢？波义耳并不满足于自己的发现，而是提出了一连串的问题，并投入了大量的时间和资源来进行实验。

经过实验，波义耳很快证明了许多种植物花瓣的浸出液都有遇到酸碱变色的特性，而一种地衣类植物——石蕊的浸出液对酸或碱都有反应，遇酸变红色，遇碱变蓝色。

波义耳用石蕊浸出液把滤纸浸透、晾干、剪成条状，制成了石蕊试纸。这种试纸遇到不同酸碱度的溶液会变成不同的颜色，使测量液体的酸碱值非常方便。石蕊试纸现在仍然被广泛运用于实验中，如图2-1所示。

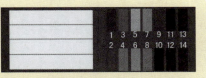

图2-1　石蕊试纸(左)与标准比色卡(右)

启示：波义耳对实验中的反常现象十分重视，在实验取得了酸能使紫罗兰变红的结果后，他继续提出问题并深化实验，正是这种强烈的问题意识才使他发明了石蕊试纸。

● **课堂活动** ··········································

扮演创新意识

**活动方法**：分小组活动，各个小组挑选一件生活中的常见物品，用4种创新意识分析该物品的相关属性并进行创新。

**活动人数**：每小组4人。

**活动场地及道具**：场地为教室，道具为各小组准备的物品。

**活动规则**：各小组按以下步骤进行活动。

（1）组员1代表问题意识，需要对这件物品提问，如"为什么要使用该材料？""为什么要做成该造型？"等。

（2）组员2代表求真务实意识，需要分析该物品的主要作用，然后说明该物品发挥功能的原理。

（3）组员3代表求新求异意识，需要说出该物品具有的其他作用，或者该物品在某种情况下的作用，如"橡皮筋这个物品绑在树权上可以做弹弓"等。

（4）组员4代表求变意识，需要指出该物品的缺点和不足。

（5）所有组员针对该物品的功能、材料、缺点、原理等内容，对该物品进行创新性研究，使其具备新的功能。

（6）各小组展示创新成果并互相评价。

**注意事项**：

（1）各组员轮流发言，不得插话；

（2）各个组员只能使用自己所代表的意识来思考，而不能使用其他的创新意识；

（3）每个组员发言完毕后，其他组员可以辩驳；

（4）最后的"新产品"不用实际做出来，有思路和草图即可。

**项目三**

‖ **创新意识的培养** ‖

创新意识对创新者来说非常重要，既关系到创新者能否发现创新机会，开展创新活动，又会影响创新活动的成败、创新成果的产出。对立志要成为创新者的大学生而言，对创新意识的自我培养是重中之重。

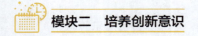
### 任务一　积累知识

创新往往需要以知识为支撑，不仅是高精尖的科技创新需要以知识为支撑，生活中微小的创新也需要扎实的基础知识。这里的知识不仅是书面知识，还包括生活中的知识。大学时期是培养学习能力、高效获取知识、积极拓宽视野的黄金时期，大学生创新者应该抓紧时机，主动地以多种方式来积累、吸收知识。

#### 1. 知识与创新的关系

知识对创新者来说是不可或缺的，知识与创新之间具有非常密切的关系，具体体现在以下3个方面。

- **知识是创新的前提。** 所有的创新都是建立在对既有知识的运用之上的，知识是人类对物质世界及精神世界探索的结果总和，所有的创新都是站在前人的研究基础上完成的，创新所使用的方法、理论、原理等都是知识。

- **知识是创新的产物。** 知识同时也是创新的产物，创新行为的结果是得到解决问题或者优化对策的办法，其本质就是对人类认识的拓展，对物质世界以及精神世界的探索，具有知识属性。现有的知识有相当一部分正是历史上人们不断创新和探索得到的。

- **创新的过程就是生产知识的过程。** 从知识生产的角度来看，创新的过程就是运用旧知识来生产新知识的过程。创新就是在已掌握知识的基础上对知识进行解构、调整、重构，从而获得具有新价值的知识。

#### 2. 培养创新学习的能力

从知识与创新的关系可以看出，知识积累是培养、激发创新意识的必要条件。大学生在培养创新意识时，必须重视创新学习能力的培养，增强求知欲，使自己具备勤奋求知的精神。

创新学习是接受、优化和构建知识的过程，是进行创新思维和创新实践的基础；创新学习能力是获取、继承和重构知识的能力。只有拥有创新学习能力，掌握了创新的基础知识和基本技能，了解科技发展和知识更新的动态，才能形成较强的思维能力，进而萌生创新意识。

28

**知识拓展**

　　有研究者将"知识"分为4大类：一是"知道是什么的知识"，指事实性知识；二是"知道为什么的知识"，指对原理和规律的掌握；三是"知道怎么做的知识"，指执行的能力，如技术、技能、技巧和诀窍等；四是"知道是谁的知识"，指对于社会关系的把握，能够方便获取其他人的知识和帮助。对于创新者而言，这4大类知识都需要积累。

**阅读材料**

**风雨无常**

　　李明从小就爱捣鼓机械元件，上了大学，他更是天天琢磨自己的小发明。有一次他晚上没有关窗，结果半夜下雨，导致他晒的衣服被打湿了，于是他决心对窗户进行改造，让其在下雨时自动关闭。

　　关闭窗户只需要一套液压连杆和一个小型电机，这对李明来说非常简单，但是怎么让窗户能够自动感应到下雨呢，这让李明犯了难，他决定去找张洋帮忙。

　　张洋是班级里有名的学霸，不仅在专业课方面名列前茅，还整天抱着书，天文地理、古今中外、科技文学无所不看，李明觉得他能帮上忙。

　　张洋对李明说："我曾经看过关于气象学上风、雨感应器的文章，它们的原理是这样的，其中的风感应器就是一个小风力发电机，当风力驱动扇叶转动时，产生电流；雨感应器用的是湿度敏感元件，当水进入互相隔离的两个湿敏金属片中间的缝隙时，两个金属片就会构成通路，导通电路。将这两个仪器的电信号接入电机，这样当仪器发生反应通电后，电机就会自行启动，完成关窗的动作。"随后，李明和张洋又去请求学校的老师的帮助，终于找到了相关的材料。

有了材料和思路，李明很快完成了"风雨天自动关窗装置"的研究，在实验中取得了良好的效果。

**启示**：李明发现了一个很好的创新机会，但是苦于自己相关知识的匮乏，在具体操作上遇到了障碍，只能求助于博学的张洋，张洋则依靠专业知识帮助他成功创新，可见知识积累对创新的重要性。

### 任务二　克服心理障碍

心理障碍是指个体因为心理和精神的异常而没有能力按社会认为适宜的方式行动，与社会不适应，在心理学上是一种严重症状。而创新心理障碍是指人因为心理因素而无法进行创新活动，它虽然不像其他心理障碍一样影响人的正常生活，但是会干扰人进行创新活动，使人失去创新的欲望。

很多大学生在面对创新的时候都有些画地为牢的倾向，自己给自己设立了一些没有意义的壁障。如认为创新是高大上的事情，和普通人无关；创新是艰难的事情，自己不能持之以恒，必然失败；等等。这些都是培养创新意识的消极因素，也就是创新心理障碍。体现在大学生身上的创新心理障碍主要有以下 3 类。

- **从众心理**。从众心理是一种非常普遍的心理现象，人类是社会化的"动物"，具有共同行为的本能。但是从众心理让人放弃思考，思维会因此变得迟钝，无法发现创新机会，严重阻碍创新意识的培养。
- **胆怯心理**。胆怯心理是比较普遍的心理障碍，表现为虽然自己有不同的看法和方法，但胆怯于"与众不同""标新立异"所带来的压力，从而不敢自我表达、不敢行动，对创新意识有强烈的抑制作用。
- **自卑心理**。自卑心理体现为自我看轻，认为自己没有能力去完成某事甚至"不配"进行创新活动，进而自我封闭，丧失想象力，极大地遏制创新的念头，更遑论培养创新意识了。

其实，人人都能创新，人人都具备创新的潜能。为了把这种创新潜能激发出来，使自己具备创新意识，大学生必须消除创新心理障碍。比如，通过辩论来获得自信，有意识地避免从众，走出自己的舒适区去"尝鲜"，给自己积极的心理暗示等。

**阅读材料**

### 詹姆斯·克罗尔传奇

詹姆斯·克罗尔于 1821 年在苏格兰出生，他从小在乡间长大，常常需要帮父母干活，只能断断续续地去学校听课。11 岁时，他完全放弃学业，专心在农场里干活。

16 岁时，年轻的詹姆斯·克罗尔离家谋生，成为一个居无定所的零工工匠，每天辗转于苏格兰各地的农场仓库。直到 25 岁的时候，他的肘部患上了难以治愈的炎症，只能放弃体力活转行贩卖茶叶、推销保险、经营旅馆，这些工作改变了他的生活，不到 30 岁，詹姆斯·克罗尔正式破产。他只能在格拉斯哥市的斯特拉斯克莱德大学当起了门卫，靠着微薄的收入养活自己。但这份工作让詹姆斯·克罗尔有机会进入大学的图书馆。作为一个 30 多岁的门卫，一个半文盲，他却在大学图书馆自学，学生们讥笑他、调侃他，他却不以为意，在图书馆顽强自学了物理、数学、天文学、流体静力学以及其他一些新兴学科。

　　一次，詹姆斯·克罗尔在图书馆中碰巧看到了约瑟夫·阿德马尔的天文学著作，对地球冰期产生了研究兴趣。当时科学家已经意识到了大陆板块曾经多次经历冰期，被冰川覆盖，然后每隔一段冰期就会有一段温暖的时间，之后冰期又会返回，周而复始。但是对冰期的解释却错漏百出，不能服众。于是这个 30 多岁的门卫，开始对地球冰期进行研究，最终创新性地从天文学角度给出了冰期的成因。这一成果令学术界震惊，詹姆斯·克罗尔的身份更让人惊叹。

　　**启示：**詹姆斯·克罗尔可能从未预想到自己能成为知名的科学家，出身贫寒、少年逆境、中年破产，但他从不怯于学习，不怯于创新，克服自身的心理障碍，最终取得了惊人的成就，打开了"以物理方法研究气候问题"的大门。

### 任务三　强化兴趣培养

　　创新机会的发现需要敏锐的思维，在仔细观察、探索和努力思考的时候，思维往往会迸发出更多的火花，从而茅塞顿开，解决许多本来很受困惑的问题。而最容易使人专注的，就是好奇心，对一个领域常常好奇，长时间保持好奇，这就是兴趣。兴趣使人们对某物、某事、某人充满好奇，好奇心促使人们想要去质疑、探索或是刨根问底。这时思维会变得特别活跃，人的潜能也会在这个过程中得到释放，人的创造性也会随之空前高涨。

　　大学生可以通过下面这些途径来培养兴趣。

- **广泛了解学科知识。**很多大学生可能会觉得学科知识很枯燥、无聊，或者艰深、晦涩，但是入门的知识其实相对简单轻松。对学科知识的基本了解是产生好奇的前提，每个学科发展到今天，都有其独特的魅力。
- **养成提问的习惯。**提问就会产生困惑，而亲自去解决困惑就能收获畅快感和成就感，这种畅快感和成就感是兴趣养成以及持续的重要帮手。生活中的小事都可以提问，如"1+1 为什么等于 2？"，这个问题看似可笑，但至今没有数学家完成对"1+1=2"这一公式的证明。
- **深入探索自己的喜好。**每个人都有自己的喜好，从喜好建立兴趣是最有效率的，探索自己喜好领域的问题，去做新的尝试，比如喜欢养花的大学生可以自己尝试嫁接花卉，喜欢养鱼的可以尝试培育鱼苗等。
- **探索新的领域。**新奇的、完全陌生的东西能够带给人新鲜感，有助于激发好奇心。去试着投身于新的领域，特别是自己向往过的领域，比如玩乐器、做手工等。

**知识拓展**

　　兴趣是人认识某种事物或从事某种活动的心理倾向，认识和探索外界事物的需要是产生兴趣的前提，如果失去了求知欲和探索欲就无法养成兴趣，而求知欲和探索欲来源于人的好奇心，因此，保持对陌生事物的好奇心是培养兴趣的好帮手。

**阅读材料**

### "玩水族"的事业

　　一方形玻璃水缸里，几块石头为"山"，"山"有苔草芥藓，云遮雾绕，游鱼依稀……这就是扬州大学"玩水族"所设计的水族箱。在这个小小的箱子上，他们有 6 项国家发明专利、3 项新型实用专利和 4 项外观专利。

这群"玩水族"中，有一名博士生，有大二、大三的学生，他们分别来自动物科学院、商学院、信息工程学院、美术学院……靠着对水族箱造景共同的热爱，他们组成了一个群体，各自施展自己的所长，将普通的水族箱玩出新花样。

为了解决水族箱养鱼难、维护烦的烦恼，来自动物科学院水产学科的大二女生钱且奇开展了对于观赏鱼病害的研究，最终拿出了人工智能、防控鱼病的新型水箱，有效地控制了鱼病。而其他的同学，有的专注于景观设计，有的专注于鱼苗繁育，有的专注于安全无污染的鱼饲料……大家各自专攻自己的项目，最终取得了丰富的成果，创造出"鱼医生保驾护航的智能生态水族造景缸"。

他们的研究获得了江苏省海洋与渔业局科技创新奖一等奖、第五届全国大学生水族箱造景技能大赛一等奖，水族箱还被同学、老师甚至闻讯而来的网友纷纷抢购。

兴趣，为他们带来了合作的基础，带来了创新的动力。

（案例材料来源：扬州发布。作者：向家富。本书对案例进行了适当修改。）

**启示：**扬州大学的这群创新者以兴趣为导向，充分发挥自己所长，进行了以水族箱造景为核心的一系列创新，不仅满足了自己的兴趣，还在无意中开创了自己的事业。

### 任务四 参与创新实践

意识能够指导实践，实践也能培养意识，参与创新实践是建立长效意识最有效、最直接的方法，单凭知识和思维"闭门造车"式的创新远远不能满足当前社会环境的创新需要，大学生应该积极参与创新实践活动，实践活动可以是参加创新创业培训或是参加创新创业比赛。在创新实践中，大学生不要怕犯错误，而要进行大胆的尝试，这样才能培养自己的创新意识。

总体而言，人的一生中，会经历许许多多的事，都会面对创新的机会，但是由于创新意识的不足，往往没能发掘创新机会或者没有把握住创新机会。培养创新意识，发现生活中的不足，并努力思考，积极实践，最终解决问题，能够给人带来精神的满足甚至创造财富的机遇。

**知识拓展**

培养创新意识是一种严肃而谨慎的创造性活动，不能把创新意识的培养简单化或表象化，这样会降低创新精神的科学性和严肃性。大学生在培养创新意识的过程中，一定要注意树立科学的创新理念，明确创新的真实含义。如果仅仅把创新当作一种响亮的口号，局限于一些没有实质意义的新名词和新举措，而不能解决实际的问题，则是没有意义的。

**阅读材料**

#### 大赛上的创新

小兰是某大学的大一学生，在她小的时候，她常跟着父亲一起走街串巷做买卖，耳濡目染之下，她也有了自主创业的念头。

在高考填报志愿的时候，她特地选了商科。上了大学之后，她更是满心琢磨着怎么创业。但有一天老师在讲课时却说很多大企业家创业成功都是从创新开始的，完全复制已有的经营模式只能做一个"经营者"而非"创业者"。然后老师又提到学校最近要举办一个"大学生创新创业比赛"，希望同学们踊跃参加。

小兰听到创业还需先创新时，感觉受到了很大的打击，因为她自认没有创新的本领，但即便如此，她还是当场报名了学校的大学生创新创业比赛。下课后，小兰发愁该选择什么样的创新创业项目，只得找到同样参加比赛的几个同学，一起商量创新创业大赛的事情。这一商量，还真商量出了一点门道。

几个月后，在学校的大学生创新创业比赛上，小兰团队的"大学生社团活动管理App"项目因为能有效帮助社团组织活动而获得了高分。比赛结束后，小兰说："我们本来没有什么创意，只是要参加比赛了我们必须想出一个点子。讨论了好久，有一个同学就提出当前学校社团活动开展无序，效果不好，于是我们顺着这个思路想出了一个点子，并在实践中不断地完善它、丰富它，这才有了今天的成绩。"

**启示：**小兰本来没有创新的意识，也没有创新的准备，但是通过参加学校的比赛，比赛的需要逼着她想到了创新机会并在实践中完成了创新。

### 课堂活动

#### 创新的历程

**活动方法：**每位同学自行挑选一件物品，通过各种手段来搜集该物品的创新史，并在课堂上进行 3 分钟的介绍。

**活动人数：**班级活动，10~40 人为宜。

**活动场地及道具：**活动场地为教室，道具为桌椅若干。

**活动规则：**每位同学挑选一件物品，然后通过各种渠道查阅其信息，比如该物品研发的时间、最初是什么样子的、发展到现在经过了哪些事件等。还可对某一属性深入钻研，如该物品使用了什么材料、这些材料是怎么取得的、经过了什么样的工序才被制成、这些工序是谁发明的、这件物品的生产涉及哪些学科和行业等。最后将这些信息整理成时长 3 分钟左右的演讲稿，各同学在课堂上进行演讲并由教师评价。

扫一扫

创新历程范例

**注意事项：**

（1）也可换一种思路，思考人类从无到有创造这种物品的过程中需要获得哪些知识、发明哪些技术；

（2）进行演讲的信息应该围绕该物品体现的创新成果；

（3）演讲环节要注意课堂纪律；

（4）用于演讲的物品最好是工业品。

### 课后思考与练习

1. 什么是创新意识？其作用是什么？

2. 创新意识有哪些特征？分为哪些类型？

3. 分析下列创新行为，指出其运用了哪些创新意识。

（1）研究员对害虫进行了各种实验，最后研究出了对该类害虫进行生物防治的新方法。

（2）因今年天气炎热、干旱少雨，村民对水渠进行了改造升级，通过采用更高效的灌溉方法挽救了作物。

（3）小杨觉得普通的风筝很无聊，于是改进工艺，制作了一个能在空中依靠风力发出音乐的风筝。

（4）牛顿被苹果砸到头后，对苹果为何总是向下坠落产生了疑问，于是决定研究"苹果为何不向天上飞"这一课题。

4. 在纸上写出你知道的关于互联网的知识，并且说出这些知识的获取来源。

5. 向你的好朋友介绍自己的兴趣爱好，争取让他也喜欢上你所喜欢的东西。

# 开拓创新思维

在开展创新活动的过程中，大学生会面临各种各样的问题和困惑，只有充分地运用创新思维，才能够明确问题、分析问题的实质并创造性地解决问题。创新思维对创新活动有重要意义，认识、了解并锻炼创新思维对提高大学生的创新能力有重要作用。本模块将对创新思维的基础知识、创新思维的障碍以及开拓创新思维的方法等知识进行讲解，以帮助大学生更好地认识并运用创新思维。

**学习目标**

- 了解什么是创新思维
- 掌握打破创新思维障碍的方法
- 掌握开拓创新思维的方法

## 案例导入

四川航空股份有限公司（以下简称"四川航空"）是国内知名的航空公司，其总部在成都双流机场，由于该机场位于成都市郊，因此旅客往往需要换乘其他交通工具来接驳航班。这让四川航空看到了创新的机会，只有解决乘客的交通问题，才能获得更多的客户。于是为了延伸公司的服务空间，提高行业市场竞争力，四川航空决定开展"免费接送"服务，凡是购买四川航空半价以上机票的顾客都可以享受从机场到市区的免费接送服务。

但是问题来了，经过计算，如果要达到让旅客满意的通勤效率，该服务一共需要使用150台商旅车，购车款加上司机、油费等费用将是一笔不小的钱，这样的免费活动如果常年开展对公司来说是一笔不小的支出。

如何破解这个难题呢？四川航空决定换一个角度。

首先，四川航空以远低于市场的价格向风行公司购买了150台商旅车用于接送乘客。为什么风行公司会给出这么大幅度的优惠呢？因为四川航空承诺在每次接送途中都为风行公司的这款车做广告，以每次坐6名乘客、每天往返3趟来计算，一年内风行汽车的广告就会覆盖近200万人次，这笔交易对风行汽车来说十分划算。就这样，四川航空以较低的成本获取了车辆。

车的问题解决了，四川航空着手解决司机的问题，四川航空决定再把这些商旅车高价卖给司机，让司机来运营线路。四川航空宣布只要有司机买下一辆商旅车，四川航空就将乘客接送的客源给司机，并且以每位乘客单程25元的价格向司机支付费用。这个条件受到了很多司机的认可，因为这样就有了非常稳定的客源，哪怕买车的费用稍高，也能够保证收益。

通过这样两个方法，四川航空不仅通过低价买车高价卖车获利颇丰，还使免费接送服务得以稳定持续地开展下去，公司需要支出的是每位乘客25元的车费，对比买车、雇佣司机和日常维护的费用可谓十分低廉。而且因为司机按乘客数来获取收益，所以其效率要比以月薪雇佣的司机高很多，其服务质量也较高。

而乘客呢？乘客发现相比其他航空，购买四川航空的机票能够享受免费且高效的接送服务，解决了从机场到市区、从市区到机场的交通问题，自然愿意选择四川航空。而这150台印着"四川航空，免费接送"字样的商旅车在城市里不断地驶进驶出，本身也起到宣传公司的作用。

事实证明，四川航空的这项免费接送服务，带动了公司每天过万的机票销量，获得了上亿元人民币的收益。综合来看，四川航空在免费接送这个项目上，使汽车制造商、司机、乘客及自己4方实现了共赢，这一切都得益于其敏锐的眼光和别样的思路。

**思考**

1. 四川航空开通免费接送服务所用的方法有何创新之处？
2. 四川航空开通免费接送服务成功的原因是什么？
3. 四川航空在该事件中运用了什么样的思维？

## 认识创新思维

通过发挥创新意识，人们可以察觉到创新的机会，但是要想把握住创新机会，产出创新成果，还需要人们解决一个个在创新活动中遇到的问题。创新思维就是人们找到问题解决方法的利器，那么什么是创新思维？创新思维有哪些特征？又有哪些形式呢？下面就针对这些问题进行讲解，以帮助大学生更好地认识创新思维。

### 任务一  什么是创新思维

思维是人类所独有的高级认识活动，思维的"高级"之处在于其不只是对事物进行浅表的、直观的认识，而是通过探索与发现事物的内部本质联系和规律来最终认识事物。从信息论角度来讲，思维的过程就是对新输入的信息与脑内储存的知识经验进行一系列复杂的心智操作过程。

创新思维是指以新颖独创的方法解决问题的思维。所谓"新颖独创的方法"，是指突破现有的、习惯性的思路，转而以超常规甚至反常规的方法或角度去思考问题，从而得出与众不同的解决方案，产生新颖的、独到的、有社会意义的思维成果。

从创新活动的整个过程来看，从意识到创新机会，有了明确要解决的问题后，就需要运用创新思维，以新的角度、新的思考方法来解决问题。因此，创新思维是创新能力的重要组成部分，对后续的创新行为具有指导作用。

**阅读材料**

### 汽车业的革新

亨利·福特在 1903 年创立了福特汽车公司，在那个时代，汽车可谓是奢侈品——汽车从制造到组装的每一道工序都在手工作坊里完成，每装配一辆汽车要 728 个工时，这导致一个汽车作坊的年产量只有大约 12 辆，这一速度远不能满足消费市场的巨大需求，汽车也因此成为富人的象征。

亨利·福特创建汽车公司本意是为了生产出世界上最新、最酷、最好的汽车，但他很快意识到汽车的需求量巨大，只要能造出更多的车就能赚到更多的钱，和提高汽车的性能相比，提高汽车的生产效率才是当务之急。

流水作业法早在 20 世纪初就已经被创立，并且被广泛地用在一些轻工业领域。亨利·福特在参观一家屠宰场流水线时看到了这样的情景：工人们手持道具站着不动，待宰的牲畜排着队源源不断地由传送带运到工人面前，而工人只需要动刀一只只地割下这些牲畜的肉。牲畜完整地从流水线的一端进入，再从流水线出去时已经变成了分割完成的各类肉块，效率高得让人难以想象。

要是能像屠宰一样造车就好了，亨利·福特心想，于是他建造了一条巨大的、使用电力驱动的传送带，让未完成的汽车在上面移动，而传送带两边站着很多工人，每个人都对着传送带上的汽车做自己的工作。汽车的装配过程分解成了 84 道工序，每个工人只负责其中一道，流水线式的生产既减少了工人不必要的劳动，又大大降低了工人的工作难度，使效率大大提高，汽车装配的工时缩短为只有原来的 1/8。

因为使用流水线，福特 T 型车的零售价格在短期内从 850 美元降到了 300 美元，将汽车从奢侈品变成了大众能够负担的商品，福特汽车公司收获了良好的声誉与巨大的利润。之后，流水线生产被运用到了制造业的各个门类之中，为历史书写了浓墨重彩的一笔。

**启示**：亨利·福特运用创新思维，将流水作业的模式移植到了汽车制造业中，大幅度地提高了工作效率、缩短了生产周期、减低了生产成本，获得了巨大的经济效益，并且使流水作业模式在制造业中被广泛运用，有力地促进了整个制造业的发展。

### 任务二　创新思维的特征

很多研究者对创新思维进行了相关的研究，综合前人的观点，本书归纳出创新思维的 8 个主要特征，分别是联想性、求异性、发散性、逆向性、综合性、新颖性、灵活性和突发性，下面进行详细介绍。

#### 1. 联想性

联想是指因一事物而想起与之有关事物的思想活动。在创新中，通过联想可以将不同的事物相互联系起来，由此得到"新的思维"。创新具有联想性，很多创新成果都源于创新者的联想思维。

联想包括相似联想、相关联想、对比联想、因果联想和接近联想 5 种形式，每一种形式都能够对创新提供帮助，下面分别进行介绍。

- **相似联想。**相似联想是指由一种事物的外部构造、形状或某种状态与另一种事物的类同、近似而引发的想象延伸和连接，如动物有和生存环境相似的保护色使自身能够隐蔽，人们因此而发明迷彩服。
- **相关联想。**相关联想是指联想物和触发物之间存在一种或多种相同而又极为明显的属性的联想，如通过草叶上的锋利锯齿，联想到以此原理伐木，发明锯子，后来锯子又用作切割多种材料。
- **对比联想。**对比联想指联想物和触发物之间具有相反性质的联想，如人们发现玻璃材质很透光，透光也是玻璃最大的卖点，而有人发明了调光玻璃，让玻璃能够调节进光量。
- **因果联想。**因果联想源于人们对事物发展变化结果的经验性判断和想象，触发物和联想物之间存在一定因果关系，如热胀冷缩现象造成很多产品损坏，而人们利用水银的热胀冷缩发明了温度计，就是运用了因果联想。
- **接近联想。**接近联想指联想物和触发物之间存在很大关联或关系极为密切的联想，如人们发明纸牌等工具来开发思维能力，就是由"聪明的人更能获得游戏的胜利"产生的联想。

### 2. 求异性

求异性是指对约定俗成、司空见惯的事物或观点，持一种怀疑的、分析的、批判的态度，从不盲目和轻信，并用新的方式来对待和思考所遇到的问题，即通过变换思考角度、更改逻辑顺序等方法，使旧有的事物或观点得到更新和发展。

求异性要求人们破除思维定势、逆转思维惯性，敢于对已成定论的现象和权威的结论提出质疑。求异性是在实事求是的基础上，基于客观事实提出质疑或否定。要想有所创新，就不应拘泥于常规，不应轻信权威，而要以怀疑和批判的态度看待一切事物和现象。

### 3. 发散性

创新思维具有发散性的特征，它是一种开放性的思维，其过程是从某一点出发，任意发散，既无一定方向，又无一定范围。

发散思维是创新思维的核心手段。发散性的思维活动不受限制和禁锢，可以帮助人们在众多可供选择的方案、办法及建议中选择最佳的答案，提出一些别出心裁、出乎意料的见解，使看似无法解决的问题迎刃而解。

### 4. 逆向性

逆向性就是有意识从常规思维的相反方向去思考问题的方法。传统观念、常规经验、权威言论会在很大程度上阻碍人们的创新思维活动。因此，为实现某一创新或解决某一因常规思路难以解决的问题时，依照思维惯性来思考往往会陷入僵局，而从相反的方向寻找解决办法，也就是依靠奇思妙想，反而可能会取得更好的效果。

### 5. 综合性

创新思维的综合性，不是指把对事物各个部分、侧面和属性的认识机械相加，也不是将其随意地、主观地拼凑在一起，而是按照它们内在的或必然的互相联系的各个方面及其结构和功能进行系统认识。

创新思维实际上是各种思维形式的综合体。它既包含抽象思维，又包含非逻辑思维；既包含发散思维，又包含聚合思维；既包含求同思维，又包含求异思维等。

### 6. 新颖性

创新思维的新颖性是指创新思维一定是与常见的、固有的思维所不同的思维，只有新的、不同的、打破常规的思维才能实现对原有观念、事物的突破和改进。新颖性是创新思维的直接体现和标志。

### 7. 灵活性

灵活性指思维灵活多变，思路及时转换，从多角度、多方位、多学科、多层次的角度进行立体思考。创新思维的灵活性具体表现为及时放弃旧的思路而转向新思路，及时放弃无效的方法而采用新方法。

### 8. 突发性

突发性是指在极短的时间内，以一种突发的形式，迸发出创造性的思想火花，产生新的概念。创新思维的突发性，或许是在长期构思酝酿后自然爆发而来的，也可能是受某一偶然因素的触发而产生的。

创新思维的突发性主要涉及直觉、顿悟、灵感 3 个方面，下面分别进行介绍。

- **直觉。** 直觉具有很强的突发性，创新者在深刻思考和对相关事物非常熟悉的情况下，能够没有理由地、直觉地发现其他人所忽略或思考不到的创新机会。
- **顿悟。** 这里的顿悟是指瞬间取得创新成果。例如，著名的"龙场悟道"即是王阳明顿悟了"知行合一"的道理，完成了理论创新。
- **灵感。** 灵感是指久久无法破解的问题在偶然的瞬间被触动，从而被突破。化学家凯库勒曾经长期研究苯的化学性质与理论的矛盾，推想苯分子有特殊的化学结构，百思不得其解下在梦中获得灵感，揭开了苯分子（$C_6H_6$）化学结构的秘密。

37

**阅读材料**

### 贷款一美元

一天，商人哈德走进了一家银行的贷款部。这位先生衣着讲究、派头不凡，贷款部的经理以为来了大单，亲自出来招呼。

"您好先生，请问有什么事情可以为您效劳吗？"

"哦，我想借些钱。"哈德回答。

"好的，先生，我们银行贷款部是专为贷款而生的。"一听到借钱，经理眼睛一亮。

"一美元。"哈德回答。

"只需要一美元？"经理有些迷糊，他还从没见过贷款一美元的人。

"不错，只借一美元，可以吗？"哈德重复到。

"当然可以，像您这样的绅士，只要有担保多借点也无妨。"经理感觉到哈德有些不满，只得这样回答道。

"担保，有的。"哈德说道，接着从他豪华的皮包里取出一大堆珠宝堆在写字台上。

"这些珠宝大概能值 50 万美元，做抵押够吗？"哈德问。

"当然，当然！"经理看着这些珠宝眉开眼笑，"不过，您只要借一美元？"

"是的。"哈德接过了一美元，就准备离开银行。这让在旁边一直观看的分行行长很吃惊，他怎么也弄不明白这个精明的商人为何抵押 50 万美元就借一美元，于是急忙追上去，说："这位先生，请等一下，你有价值 50 万美元的珠宝，为什么只借一美元呢？哪怕是 30 万美元、40 万美元，我们也会考虑的。"

"啊，是这样的，"哈德狡黠地一笑，"我来贵行之前，去过好几家银行，他们保险箱的租金都很昂贵。而您这里的租金很便宜，一年才花 6 美分（当时一美元贷款的年息是 6 美分）。"

启示：抵押价值 50 万美元的财产贷款一美元，这看起来不是个好主意。哈德运用了逆向思维，将"花钱租保险箱放置珠宝"转化为"抵押珠宝向银行贷款"，用创新性的手法达到了"将珠宝保存在银行"的目的，节省了一大笔保险费用。

### 任务三　创新思维的形式

创新思维不是某一种单一的思维模式，而呈现出一种复合性的、多样化的特点，其形式多种多样，主要包括逻辑思维、联想思维、发散思维、聚合思维、逆向思维、形象思维和直觉思维等，它们各具特点，都在创新活动中发挥各自的独特作用。

#### 1. 逻辑思维

逻辑一词本指规律，现在的语义又特别指思维的规律。逻辑思维是指将思维内容联结、组织在一起的方式或形式，即通过思维将独立的概念按照一定的规律和方式组织起来，从而方便理解和掌握，达到认识的目的。

逻辑思维的基本单元是概念，基本思维方法是抽象（因此逻辑思维也叫抽象思维），基本表达工具是语言和符号。逻辑思维具有规范、严密、确定和可重复的特点。

逻辑思维是人运用概念、判断、推理等思维来反映事物本质与规律的认识活动；是思维主体把感性认识阶段获得的对于事物认识的信息抽象成概念，运用概念进行判断，并按照一定的逻辑关系进行推理，从而产生新的认识活动。人类凭借逻辑思维来掌握并使用规律，因此，创新离不开逻辑思维。

#### 2. 联想思维

联想思维是指在人脑内的记忆表象系统中，由于某种诱因使不同表象发生联系的一种思维活动。通过创新思维的联想性，我们可以利用已有的发明进行创新，比如将各种工具组合为瑞士军刀；也可以根据已有的经验进行创新，比如由吊椅产生灵感发明的斜拉桥。图 3-1 所示为联想思维示意图。

图 3-1　联想思维示意图

联想思维具有以下 3 个特征。

- **连续性**。连续性是指联想思维总是由此及彼，连绵不断。联想没有固定的思维方向，可以令思维不受逻辑的制约进行天马行空的自由联系。
- **形象性**。由于联想思维是具体化的思维，其基本的思维操作单元是表象，是画面与场景，因此，联想思维十分生动，具有鲜明的形象。
- **概括性**。联想思维可以快速产出思维结果，是一种把握整体的思维操作活动，因此有很强的概括性。

#### 3. 发散思维

发散思维又称扩散性思维、辐射性思维，是指以问题为中心，从多种角度、方向去设想、探求答案，最终使问题获得圆满解决的思维方法，图 3-2 所示为发散思维示意图。

发散思维高度开放、高度自由，不受逻辑、常识等条件的制约和限制，具有流畅性、变通性、独特性和多感官性 4 个特点。

- **流畅性**。流畅性是指发散思维能在极短的时间内生成并

图 3-2　发散思维示意图

表达出尽可能多的思维观念，以及能使思维主体较快地适应、消化新的思想。流畅性反映的是发散思维的速度和数量特征。

- **变通性**。变通性就是发散思维能克服人脑中固有的思维框架，从新的角度和方向来思考问题。变通性需要借助横向类比、跨域转化、触类旁通等方式，使思维沿着不同的方向扩散，表现出极其丰富的多样性和多面性。
- **独特性**。独特性是指从同一问题展开思维，思维主体使用发散思维能够做出不同寻常的、异于他人的新奇反应。独特性是发散思维的最高目标。
- **多感官性**。多感官性是指发散思维不仅需要借助视觉和听觉，还需要充分利用其他感官来接收信息。如果思维主体能够想办法激发兴趣，产生激情，把信息情绪化，赋予信息以感情色彩，便会提升发散思维效果。

### 4. 聚合思维

聚合思维也称辐合思维、集中思维、收敛思维等，是一种有方向、有范围、有条理的思维方式，是指将驳杂纷繁的信息向同一中心问题联系，从而得到中心问题的解决方法。人们要创新，就必须善于从复杂多变的事物之中，去发现其中包含的共性因素，即找出事物间的结合点。图 3-3 所示为聚合思维示意图。

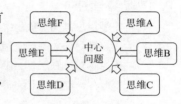

**图 3-3　聚合思维示意图**

聚合思维具有集中性和最佳性两个特点。

- **集中性**。集中性是指聚合思维能够将独立、繁多的各种信息集中与要解决的中心问题相关联，所有思维都共同指向中心问题，为解决中心问题服务。
- **最佳性**。最佳性是指聚合思维是综合各种与中心问题有关的思维与信息，最终寻找到最适合、最优的解决中心问题的方法。

### 5. 逆向思维

逆向思维即"反其道而行之"，是对常见的、已成定论的事物或观点反过来思考的一种思维方式，因为出发点的不同，很容易得到有新颖性的思维成果。逆向思维分为以下 4 种类型，它们都对创新有重大价值。

- **结构逆向思维**。结构逆向思维是指从已有的事物的逆向结构形式中去设想，以寻求解决问题的新途径的思维方法。例如，有一种不粘锅炊具就是将电发热部件从锅底移到了顶上，从上加热从而避免食物糊锅。
- **功能逆向思维**。功能逆向思维是指从原有事物相反功能方面去设想，以寻求解决问题的新途径的思维方法。例如，日本由于纸张缺乏发明了"反复印机"，复印过的纸张通过它就会被染白，从而可重新用于复印。
- **状态逆向思维**。状态逆向思维是指人们根据事物某一状态的逆向方面来认识事物，以引导创造发明的思维方法。例如，司马光砸缸就是将"救人离水"的理念改为"放水离人"。
- **因果逆向思维**。因果逆向思维是指对已有的有关事物之间因果关系的认识做交换性思考，由结果推导原因的思维方法。例如，法拉第通过"电生磁"现象而想到是否会"磁生电"，于是发现了电磁感应现象，进而发明了发电机。

### 6. 形象思维

形象思维是基于对直观形象和表象认识的思维过程，属于人的本能思维，具有普遍性。在日常的生活、学习和生产活动中，形象思维一直起着重要作用。没有形象思维，人类就无法形成对事物的感性认识，也就无法应用逻辑思维从中抽象出概念，形成理性认识，可以说形象思

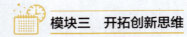

维是思维的起点。

形象思维具有形象性、想象性和粗略性 3 个基本特点。

- **形象性**。形象性是形象思维最基本的特征。形象思维所反映的对象是事物的形象，是从形象上来认识和把握所研究对象的本质和规律。形象思维的形象性使它具有生动性、直观性和整体性的优点。
- **想象性**。想象是指思维主体运用已有的形象，进而形成新形象的过程。形象思维在建立对事物的认识和形象时，会不自觉地对其形象进行名为想象的加工，从而产出一个基于事物客观形象又不同于其客观形象的新形象。因此，想象性使形象思维具有创造性的优点。
- **粗略性**。形象思维对问题的反映往往是原始的、感性的，对问题的把握是大体上的，对问题的分析是定性的或半定量的，所以其思维成果呈现出明显的粗略性特点。

**知识拓展**

逻辑思维与形象思维的目的都是认识事物的本质和规律，二者的区别在于：逻辑思维是在大量感性材料的基础上运用判断、论证等手段来得到对事物的理性认识；形象思维则是依据人脑通过感官（眼、耳、鼻、舌、身）对事物的反映而得到对其的感性认识。理性认识和感性认识都能在一定程度上认识到事物的本质与规律，二者各有所长。

### 7. 直觉思维

直觉思维是指不受逻辑约束，在无客观联系的信息之间直接建立联系，从而掌握事物本质的一种思维形式。如所谓的"灵机一动"和"茅塞顿开"，甚至对未来有"预感"或"预言"等，都是直觉思维的表现。直觉思维主要有简约性、独创性、突发性 3 大特点。

- **简约性**。直觉思维是从整体上考察思维对象，调动思维主体全部的知识经验，通过丰富的想象做出的敏锐而迅速的假设、判断或猜想。直觉思维在思维过程上高度简化，但却能清晰地触及事物的"本质"。
- **独创性**。直觉思维是对研究对象整体的把握，不囿于细节推敲，呈现出与逻辑思维相反的思维运作模式。由于直觉思维的无意识性、随意性和灵活性，所以直觉思维极其丰富与发散，能使人的认知结构向外无限地扩展，具有反常规的独创性。
- **突发性**。直觉思维的思维过程极短，其所获得的结果是突如其来的。人们对某一问题苦思冥想，往往不得其解，反而容易在不经意间顿悟问题的答案，这就是直觉思维的成果。

**阅读材料**

### 远交近攻的智慧

秦昭王时期，商鞅变法的成果已经初步显现，整个国家实力大增，在军事实力上已经远远超过了邻国，于是秦昭王的野心也开始不断膨胀，积极谋求对外扩张。但是几十年来，虽然积极对外战争，也取得了一系列的胜利，但是秦国的疆域却并没有多大的变化。

策士范雎发现秦国投入了大量人力物力，打了胜仗却没能收获土地，于是向秦昭王献策，对秦昭王说："大王统治下的秦国有便于防守的地势、百万勇猛的军队、数千辆坚固的战车，进可攻退可守，是成就王者基业的宝地，但是连年战争，平白浪费了国力，还与六国交恶，在战略上都犯下了大错啊。"

秦昭王对范雎施了一礼，说："先生请指出我的过错。"范雎说："穰侯（秦国当时的军事主官）进攻齐国纲寿不是个好计策，因为秦与齐之间还隔着韩、魏两国，这两个国家只是畏惧秦国的军事威胁而不是真心与秦国交好。穰侯劳师远征，一旦失败，恐怕就没人能再回到秦国了，哪怕取得了胜利，可纲寿与秦国并不接壤，要越过韩、魏两国去控制纲寿是很困难的，纲寿的物资和人口也很难利用起来，所以攻打纲寿是一个很错误的决策。"

"您说的有道理，但是我该如何做呢？"秦昭王问道。

接着，范雎就向秦昭王献上了"远交近攻"的战略，即与不直接接壤的国家如齐、燕等国交好，而着力攻打临近的韩、魏两国，这两个国家无法抵挡秦国，而齐、燕等国一则不受直接威胁，二则先与秦国交好，也不会去援助韩、魏两国，这样打下一寸土地秦国就多一寸土地。按照这个战略逐步蚕食，等到韩、魏两国灭亡，秦国的兵锋直抵齐、燕两国的边境，齐、燕两国也没法指望韩、魏两国再来援助了，这样就能实现横扫六国、一统天下的伟业。

秦昭王听从了范雎的战略，几年时间就把韩、魏两国打得割地求和，大大增强了自身实力，为之后秦始皇统一大国奠定了基础。

**启示**：范雎的"远交近攻"战略运用了逻辑思维，明确了"战争是扩张的手段"这一基本判断，并在此之上为秦昭王明确了"进攻—扩张—再进攻"的完整战略，凭借这样的战略秦国顺利将自身的军事优势转化为了实际利益，并以此继续增强自身的军事实力，最终滚起雪球，完成了统一的大业。

## 课堂活动

### 孔明锁

**活动简介**：孔明锁，也叫八卦锁、鲁班锁，是我国古代传统的土木建筑固定结合器，不用钉子和绳子，完全靠自身结构的连接支撑。本活动制作的是其中最简单的、用3根木条拼合为立体"十"字的"好汉锁"。

**活动方法**：分小组活动，每个小组使用3根短木条，自主寻找思路制作可拆卸的孔明锁。

**活动人数**：每个小组的人数在3~6人为宜。

**活动场地及材料**：场地为教室，材料为每组3根短木条，工具为简易木工工具，如小刀等。

**活动规则**：每个小组自行寻找方法制作孔明锁，材料与成品如图3-4所示。

扫一扫

孔明锁解法

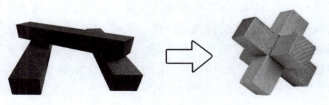

图3-4　孔明锁

注意事项：

（1）完成后的孔明锁必须能够紧密结合，不得松脱；

（2）不得使用胶水等黏合剂以及螺丝、钉子等固定工具；

（3）3根短木条均不可从中断开。

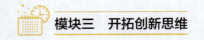

项目二

/// **打破创新思维的障碍** ///

不管是逻辑思维、发散思维还是聚合思维，其实所有的这些创新思维每个人都具备，可以说人人都具有创新的天赋，但却只有少数人将创新天赋转化了创新成果。这是因为我们固有的思维模式给创新思维的运用设置了障碍。

### 任务一　思维定势

思维定势是指固定的思维模式，思维定势简化了思维的过程，按照既定模式进行思维可以快速得到成果，每个人在生活中都会使用思维定势。但是思维定势又是创新的障碍，过度依赖思维定势会使人不再对思维对象进行全方位的深入认识，也不会对客观规律进行探求和使用，从而丧失创新的能力。通常，人们会受到以下 4 种思维定势的影响。

#### 1. 权威定势

权威，是指在某种范围里最有地位的人或事物，也可指他们在自己范围内的言论和观点，这些"权威"的人或观点因为其过往的成就或有使人信从的力量和威望，所以人们往往自愿地服从和支持权威，以权威为判断事物的标准。

人们在生活中所遇到的权威通常有以下 3 类。

- **信仰权威**。信仰权威是指人们出于信仰所服从的权威，又分为教条的权威与教士的权威。
- **教育权威**。教育权威是指人们因受到的教育所信服的权威，如蒙童往往慑服于教师的权威。
- **专业权威**。专业权威是指人们由于在某领域的知识和技能不足，而信服在该领域知识与技能的领先者。

权威在一定程度上指导了人们的生活，自有其独特的价值，但是权威也有其不足与错误之处。如果单纯地"以权威之是非为是非"，陷入迷信权威的"权威定势"，就会限制自身思维的拓展，失去创新的可能性，如亚里士多德作为欧洲的科学权威，他提出的"重量越大，下落越快"理论错误地延续了 1 600 多年。

#### 2. 从众定势

人类是高度社会化的"动物"，在进行思维活动时很容易受到他人意志的影响，从而放弃思考，放弃自己的决定，转而选择和大多数人保持一致的意见。从众效应能够使人有一种"属于集体"的安稳感，但是过度从众会遏制人思维的新颖性和独特性，从而使人一味"随大流"，无法进行创新。

#### 3. 唯经验定势

经验是人们在社会实践中，与客观事物直接接触时通过感觉器官获得的关于客观事物的现象和外部联系的认识。经验对人的行为具有指导作用，但是如果迷信经验的作用，排斥经验之外的方法，就陷入了"唯经验定势"，阻碍人以新的方式和手段来解决问题。

同时，经验只是一种感性的、初步的认识，不具备客观规律一般的可靠性与普适性，在新的环境、条件下经验可能失灵，如"刻舟求剑"就是盲目运用经验的典型案例。

#### 4. 书本定势

书本是人们获取知识、开拓视野的重要工具，是前人智慧的结晶，具有很高的可信度。人们，尤其是大学生群体，在生活中经常接触书本，这就导致了部分人给书本戴上了"绝对正确"的光环，把书本知识夸大化、绝对化，在生活中严格按照书本上说的去做，没有任何怀疑和违背。在创新中，则典型化地体现为一味地把书本上的理论或概念进行生搬硬套，一切从定义、公式出发。

世间事物在不断发展与变化，人类的认识也在不断深化，书本内容和客观事实肯定会存在差异，不能够完全正确地指导我们的行为和生活。因此，大学生在学习书本知识时，一定要学会辩证地看待书中的观点，将理论与实践相结合，具体问题具体分析，善于通过归纳总结得出结论，而不是墨守成规。

**知识拓展**

书本定势与教育权威定势往往相伴出现，其表现也相似，很容易造成混淆。实际上二者的成因不同，教育权威定势是人信服于他所受的教育，最后使自己的行为标准和价值判断完全调整为教育权威所认同或褒扬的模式，是一种被动接受后主动实施的过程；而书本定势是人自己理解书中的内容并完全认同书中的价值标准，是一种主动接受并实施的过程。从另一角度看，书本定势是人自我教育的产物。

**阅读材料**

### 香蕉"雷区"

在科学史上有这样一个著名实验：将4只猴子关在一个密闭的房间里，每天只喂少量的食物，让猴子保持相对饥饿状态。这样数天后，所有猴子都对食物产生了强烈的向往。

这时实验者通过房间上面的小洞吊下一串香蕉，一只饿得头昏眼花的大猴子立即冲了上来想要拿香蕉，但是研究者已经早早预设了机关，使其无法拿到香蕉。猴子们没有办法，只能每天望"蕉"兴叹。

又过了几天，实验者将一只新猴子换进这个房间，这只新猴子也处在相对饥饿状态，于是也想尝试爬上去拿香蕉吃，其他3只猴子看到它这样冒失，赶紧制止它。于是这只猴子也放弃了吃香蕉的想法。又过了几天，实验者又换了一只猴子进去，这只猴子当然也想去吃香蕉。有趣的是，这次不但两只尝试过的猴子阻止，连没尝试过的那只猴子也极力阻止它。同样的，这只新进去的猴子也放弃了吃香蕉的想法。

实验继续，当尝试过的猴子都已换过之后，仍没有一只猴子敢去碰香蕉。其实上头机关已经取消了，但猴群的"组织惯性"依然束缚着进入房间的每一只猴子，使它们一直不敢去触碰"香蕉"这个禁忌。

**启示**：猴子是和人类一样具有社会学的动物，在这个实验中，科学家验证了猴子的从众定势。猴子因为从众错过了香蕉，类比到人类社会，很多人也因为服从于群体的意志而错过了创新的机会，这值得人们警醒。

### 任务二　思维偏见

思维偏见是思维主体因为各种原因无法认识到事物的本质，只能认识其片面的表象，而建立在对事物错误认知上的创新往往是无法成功的。思维偏见主要包括经验偏见、沉锚效应、利益偏见和位置偏见等。

#### 1. 经验偏见

经验偏见是一种常见的思维偏见，指人们在需要对一个新的事物做评判时，只依据自己的经验来思考，全然不顾这个新事物是否适用于经验就先入为主地给这个新事物打上标签。而面对一些自己的经验无法解释的情况时，人们就会难以接受。

在创新活动中，经验偏见会导致创新者的思维局限于自身已有的认知和经验中，甚至对新鲜事物产生错误的判断，影响创新成果的产出。

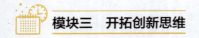

## 2. 沉锚效应

沉锚效应（Anchoring Effect）是指当人们需要对某个事件做定量估测时，会将某些特定数值作为起始值，而起始值可能和实际的测量项目没有关系。人们在做决策的时候，会不自觉地给予最初获得的信息过多的重视。

这个被过分重视的信息就是"锚"，人们的思维受"锚"信息的影响就像船受到沉锚的固定一样，"锚"信息通常是最受人们关注的信息，一旦被关注，无论其数据是否夸张、前例是否有实际参考效用或对思维主体是否有价值，都能够对人们的认知、判断、决策产生决定性的影响。

沉锚效应使单一信息被过分重视，相对就会导致其他信息被忽视，这就使思维的开放度大大降低，对创新极为不利。

## 3. 利益偏见

利益偏见是指由于存在利益关系，思维主体无意识中做出有利于自己的认识，从而产生认识的微妙偏离。这是一种超越理性的、无形中由自身立场所导致的观点偏移，而非由于维护自身利益而有意识的明显偏颇。比如，有些互联网企业员工不屑于其他同类互联网产品。

利益偏见是无意识的、微妙的，是一种隐蔽的偏见，如结构设计师总是喜欢可靠、装配关系简单、活动结构少的产品，而排斥结构复杂、造型新颖的产品（利益偏见使其觉得这类产品维护麻烦、结构不稳定或易损），即使他不是这类产品的结构设计师，也无须使用该类产品。

## 4. 位置偏见

每个人都有自身所处的位置，行业、地域、年龄、性别等因素共同构成了人的社会位置，人们倾向于从自己的位置出发去认识事物，往往导致只能得到单方面的认识结果，难以认识事物的全貌。

在一些情况下，位置还会对人的认识产生干扰，如"不识庐山真面目，只缘身在此山中"就是因为位置原因而无法认识"庐山"的本质。

### 卖报心理学

随着电子媒体的兴起，纸质媒体逐渐没落，美国所有报社的纸质报纸销量都出现了一定的下滑。《××体育日报》也是如此，这种报纸在鼎盛时拥有超过百万份的订阅量，而现在只有不到40万份的订阅量，电子版的阅读用户虽然不少，但是电子版的订阅费用是60美元/年，而纸质版则是240美元/年，效益差别很大。报社的利润随着纸质报纸销量的下滑不断下滑，报社出现了严重的经营困难。

报社多次开会讨论，希望能找到办法挽救报纸，最终大家提出了一个绝妙的主意。报社随即宣布，自即日起开始订购下一年度的《××体育日报》，分为以下3种订阅模式。

（1）纸质版+电子版套餐，240美元/年。

（2）纯纸质版，240美元/年。

（3）纯电子版，60美元/年。

精明的消费者立刻注意到，购买纸质版+电子版的套餐和单独购买纸质版是一样的，那岂不是意味着价值60美元的电子版白送。于是绝大部分用户都选择了订购纸质版+电子版套餐，没有一个用户选择纯纸质版。令人意外的是，选择纯电子版的用户量大幅度下降，他们大部分都改选了纸质版+电子版套餐。

随着纸质版报纸的销量大增，《××体育日报》立即止住颓势，迅速恢复了原有的利润率。

**启示：**《××体育日报》的营销实际上正是利用了人们思维的沉锚效应，纸质版＋电子版套餐就是在消费者心中沉下的"锚"，消费者被"白送电子版"的诱惑所吸引，而忽视了实际性价比更高的纯电子版。

### 任务三 突破创新思维障碍

思维定势与思维偏见都是思维的障碍，只有突破这些障碍，人们才能够充分发挥创新思维，最终实现创新。大学生应该突破思维定势、拓展思维视角、突破知识障碍，提高自身的创新潜力。

#### 1. 突破思维定势

思维定势使人们的思维受到限制，影响创新活动。在创新过程中，大学生应该有意识地突破思维定势，充分运用创新思维，才能最终取得创新的成功。在创新过程中，大学生遇到问题时从以下5个角度来考虑可以有效防止思维定势。

- 这个问题还能用其他方式来表示吗？
- 可否将问题颠倒过来，从结果反推原因？
- 能不能用另一个问题来替换目前的问题？
- 能否将这个问题转化为若干个简单问题？
- 能否将这个问题转换为自己熟悉的问题？

#### 2. 拓展思维视角

偏见的产生往往是因为"视角"的局限，"视角"是指思考问题的角度、层面、线索或立场。从单一视角出发往往只能得到对事物的片面认识，也无法探求到其内在规律；而创新思维则要求思维主体对事物的本质和规律有一定的认识。因此，拓展思维视角可以有效地打破思维偏见。拓展思维视角可以从以下4个方面着手。

- **推翻自身认识。**在认识事物时必然带有自身的视角，这个自身视角使思维主体对事物有了初步的认识，但往往这个"第一印象"过于强大而导致认识固化。推翻这个从单一视角得到的认识是拓展思维视角的第一步，只有在脑中腾出了"空间"，从其他视角对该事物的认识才能"住进来"。
- **从反方面出发。**以与自己视角相反的视角去认识事物，如果自己从个体出发，就有意识地从整体来考量该事物；如果自己对事物的认识是基于当下的，就有意识地从过去或未来的情景来对该事物进行设想。
- **两面性分析。**任何事物都有两面性，同时存在两种互相矛盾的倾向，通过思考其对立处，如优点和缺点、好的影响和坏的影响等，可以对事物有更加充分的认识。
- **系统认识。**事物并不是孤立存在的，而是存在于一个自洽的系统中。要想全面、准确地认识事物，就需要放到其所在的系统中进行考量。

#### 3. 突破知识障碍

创新思维的障碍在很大程度上来自于知识的障碍，正是由于对事物本身不了解，所以才会寻求于权威、他人、书本、经验，试图来取得对事物的认识。创新是凭借已有的知识体系，在对其加工或重新组合后而产生价值的过程，没有相应知识的支撑，创新活动是无法正常开展并产出创新成果的。

为了突破知识的障碍，大学生需要广泛地学习知识、运用知识，这样才能有效地突破障碍。

而突破创新知识障碍的有效途径就是对知识进行不断的探索。大学生在探索的过程中，就能对知识进行验证，获得丰富的实践经验，提升自身的创新思维能力，为以后的创新之路打造坚定的基石。

**阅读材料**

### 如何把鸡蛋竖起来

1492 年，哥伦布发现了新大陆。归来之后，他收获了巨大的名望，不仅成了国王和王后的座上宾，受封海军上将，还成了西班牙人民心目中的英雄。他的成功使一些贵族很吃味，于是有人常常在公开场合诋毁他："哼，这有什么稀罕？只要坐船出海，谁都会到那块陆地的。"

在一次宴会上，哥伦布又听见有人在讥笑他："海西边那块陆地不是一直都存在吗？发现，哼，又算得了什么！"于是一群人哄笑起来，这种赤裸裸的羞辱让人难堪，哥伦布沉默了一会儿，他决定反击。

只见他忽然从盘子里拿个鸡蛋，站了起来，提出一个古怪的问题："女士们、先生们，谁能把这个鸡蛋竖起来？"有人用手扶着鸡蛋，使其保持微妙的平衡，但是一松手，鸡蛋就倒了，只能换一个人，但还是失败。就这样，一个鸡蛋在这群名流手中传来传去，但是没有一个人能让鸡蛋竖起来。

"鸡蛋根本没办法竖起来！"有人叫嚣道，于是鸡蛋被传回哥伦布手里，所有人都等着看他的笑话。只见哥伦布不慌不忙，他拿过鸡蛋，把鸡蛋的一头在桌上轻轻一敲，磕破了一点儿壳，鸡蛋就稳稳地直立在桌子上了。

"我能想到你们想不到的，这就是我胜过你们的地方。"哥伦布说完这句话就离席而去。

**启示**：哥伦布只提出"谁能把这个鸡蛋竖起来"，并没有提出"不能使鸡蛋破裂"这个前提，其他人却都保持"不能使鸡蛋破裂"这个根深蒂固的理念，怎么都无法成功。哥伦布打破了思维的障碍，竖起了鸡蛋。

**· 课堂活动**

### 传钥匙

**活动方法**：分小组活动，自行组织，要求以尽量短的时间完成传递钥匙的活动。

**活动人数**：每个小组 8 ~ 10 人为宜，要求各小组人数均等。

**活动场地及道具**：活动场地为可供活动的宽阔场地，活动道具为钥匙。

**活动规则**：钥匙放在地上，要求每个小组从地上捡起钥匙然后进行传递，钥匙需依次经过所有组员的右手（或左手，统一即可），然后摆放到地面上。每个小组自行寻找方法，用时最短者胜利。

**提醒**：该活动没有任何"注意事项"，请同学们尽可能地发挥创新思维，打破思维定势。

扫一扫

传钥匙答案

项目三

## 开拓创新思维的方法

随着人类对创新认识的不断深化，对创新思维的日益重视，有很多开拓创新思维的方法也被一一提出。经过多年来不断验证和改进，托兰斯创造性思维测验、设计思维、六顶思考帽和思维导图等方法得到了社会的认可，下面就对这些方法进行介绍，以帮助大学生开拓创新思维。

### 任务一　托兰斯创造性思维测验

托兰斯创造性思维测验是目前应用十分广泛的创造力测验，由托兰斯等人于 1966 年编制而成。该测验主要考察受试者的流畅性、灵活性、独创性与精确性。

托兰斯创造性思维测验由言语创造思维测验、图画创造思维测验和声音词语创造思维测验3 种测验构成，每种测验都有两个复本（A 卷、B 卷）。这些测验均以游戏的形式组织、呈现，测验过程轻松愉快，适合从幼儿园直至成人阶段的受试者使用。

#### 1. 言语创造思维测验

言语创造思维测验是指通过固定的交流模式来考察受试者的流畅性、变通性及独创性，具体分为以下 7 项分测试。

扫一扫

言语创造思维测验试题

- 提问题。给出一幅图画，然后要求受试者列举出他为了解该图而欲询问的问题。
- 猜原因。要求受试者列出图画中呈现事件的可能原因。
- 猜后果。要求受试者列出图画中所发生的事情的各种可能后果。
- 产品改造。给出一个玩具图形，要求受试者列出所有可能的对该玩具图形进行改进的方法。
- 非常规用途。给出一个常见物品，要求受试者说出物品的特殊用途。
- 非常问题。要求受试者对同一物品提出尽可能多的不同寻常的问题。
- 假想。要求受试者推断一种不可能发生的事件将出现的各种可能后果。

#### 2. 图画创造思维测验

图画创造思维测验是通过使受试者根据基础图案进行自由作图来考察其流畅性、灵活性、独创性和精确性，具体分为以下 3 项分测试。

- 图画构造。要求受试者把一个边缘为曲线的、色彩鲜明的纸片贴在一张空白纸上（贴的位置由受试者自己随意选定），然后让受试者以此为出发点，画一个非同寻常的图画，要求该图画能体现一段有趣的振奋人心的故事。
- 未完成的画。给出少量不规则的线条，要求受试者利用这些线条画出完整的图画，图 3-5 即为该项测试的示意图。

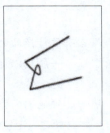

图 3-5　测试示意

- 平行线（圆）测试。给出成对的短平行线或圆，要求受试者根据平行线或圆尽可能多地画出不同的图。

#### 3. 声音词语创造思维测验

声音词语创造思维测验的发展比前两个测验更晚，主要测试的是受试者的独创性，具体分

47

为以下两项测试。

- **音响想象**。播放一段录音，要求受试者对熟悉及不熟悉的音响刺激做出想象。
- **象声词想象**。播放若干个模仿自然声响的象声词（如吱嘎吱嘎、滴答滴答等），要求受试者对刺激做自由想象，并写出联想到的有关物体或活动。

#### 4. 托兰斯创造性思维测验分析

托兰斯创造性思维测验主要考察了受试者创造性思维的水平，通过流畅性、灵活性、独创性与精确性 4 个指标来评估受试者的创造性思维能力。

- **流畅性**。对流畅性的评判是以受试者在相应测试中受刺激时所给出的答复的数量为依据的，数量越多则流畅性越高。
- **灵活性**。对灵活性的评判是以受试者答复的类别为依据的，涉及类别越多则灵活性越高。
- **独创性**。对独创性的评判是以受试者答复的罕见性为依据的，罕见答复越多则独创性越高。
- **精确性**。对精确性的评判是以受试者答复的具体性和细节为依据的，答复越详细、具体，细节越丰满，则精确性越高。

人类对创造力的探索持续了很多年，产出了一系列创造力测验，托兰斯创造性思维测验是其中较出色的，它为了解创造力、训练创造力提供了方法和思路，但仍受制于研究时间短、测验标准化程度低、结果难以量化等因素，还远不足以预测和控制人的创造行为。

### 任务二  设计思维

2004 年，斯坦福大学机械工程系的教授戴维·凯利（David Kelley）创办了斯坦福大学哈索普莱特纳设计学院（D.School），并在该学院教授关于设计方法论的课程，设计思维由此出现在大众的视野中。

设计思维是指"为人类设计更好的生活"的创意思维。一方面，设计思维是一种积极改变世界的信念体系；另一方面，设计思维又是一种思考如何触发创意并进行创新探索的方法论系统。

设计思维的特点在于它并非从问题出发，而是从解决问题的结果出发，是以解决方案为思维导向，通过对当前和未来的关注，同时探索问题中的各项参数变量及解决方案。举一个简单的例子，如果一个人整天坐在椅子上感觉腰酸背痛，那么常规的解决思路为"要创造出一把更舒适的椅子"，其实这样的思维已经扼制了很多的创新机会；而从设计思维出发，解决思路为"人类需要一种减少肌体负担的支撑方式"，这样的思维就超越了"椅子"这一概念，使思维进入了更广泛、充满无限可能的思维空间。

设计思维的实现过程通常包括以下 5 步。

- **同理心思考**。设计思维是以人为中心、以人类需要为原点来设计产品的思维模式，所以需要以同理心设身处地地去思考目标群体有什么样的需求，一般可以通过访谈、观察与体验这 3 种方式来建立同理心。
- **需求定义**。在设身处地地思考了目标群体的需求后，就需要将他们的需求提炼为一个需要达成的目标，这个目标一定要明确而具体，如"让学生好好学习"就不能被定义为目标，而"让学生在课堂上保持专注"则可以。
- **创意构思**。明确目标后，需要围绕该目标给出不同的解决思路，此时可以充分使用发散思维，以求产出尽量多的想法，将所有成果都记录下来。然后对这些想法进行初步筛选，留下可靠易行的想法。
- **原型实现**。将上一步中的想法转化为粗糙、简单的产品或产品中特定功能的原始模型，在转化过程中不断对想法进行验证和优化。

- **实际测验。**将制作出的原型放入其实际的使用环境中进行测验，查看需求能否被满足。在这一步中也能对成果进行进一步优化。

**阅读材料**

### 5天改造购物车

美国广播公司"夜线"（Nightline）节目组与全球顶尖的设计咨询公司 IDEO 合作推出了一期新节目——5 天时间内重新设计超市购物车，让观众"亲眼见证创新的诞生"。于是 IDEO 的设计师们开始了忙碌的 5 天。

第一天，创新团队成立。团队汇集了多个学科的设计师，他们分工明确，有的人负责观察消费者的购物过程，有的人负责研究购物车技术及其发展历程，有的人负责向采购和维修购物车的专业人士"取经"，有的人负责到大型超市考察购物流程……最后经过汇总，团队最终锁定 3 个目标：新购物车需要体贴儿童；新购物车要能够提高购物效率；新购物车要提高安全性。

第二天，开会讨论，大家各抒己见、百无禁忌。上午 10 点多，各种点子写满了白板。之后大家在便利贴上写下自己认为较好的 5 个点子，通过统计确定了最受大家认可的想法，由此进行产品原型设计。下午 7 点，第一台原型车出炉，这台购物车外形优雅，购物篮可堆置在车架上，有一个可向客服人员询问的麦克风，还有可节省结账排队时间的条码扫描器等。

第三天早晨，焊工完成了购物车车架的制作，负责制造模型的设计师则在辛苦地改良车轮以在保证购物车易用的条件下加强安全性。

第四天，所有部件完工，大家一起组装车体。在将购物篮放入购物车时，有设计师指出"我们需要一个新式的、配得上这车的购物篮"。于是，设计团队在现场用几张树脂板制作了全新的购物篮。

第五天上午，第一台创新购物车正式亮相，谁也想不到这是辆购物车：车体两侧倾斜成如同跑车线条的弧线；开放式的车架设计，上、下两层可以整齐码放 5 个标准购物篮；车上附带儿童座椅并配备安全扣、儿童趣味游戏板；配备了条码扫描器可直接结账；两个咖啡杯架，让顾客可以一边逛超市一边享用咖啡。

**启示：**IDEO 设计团队改造购物车的过程正是典型的使用设计思维进行创新的过程，在创新活动中，设计师们充分考虑了顾客的需要，改造后的购物车极大地提升了顾客的购物体验。

### 任务三  六顶思考帽

六顶思考帽（Six Thinking Hats）是英国学者爱德华·德·博诺博士于 20 世纪 80 年代中期开发的一种思维训练方法，该方法最显著的特点在于使思维主体在一定时间内只使用一种思考方式（帽子）来进行思考，有效地避免了思维的混乱。在用于多人思考场合时，该方法能够减少个体之间思维的对抗，引导所有个体进行平行的思考，从而大大提高了思维成果的产出效率。

六顶思考帽将人类的思维模式分为 6 种，并且使用不同颜色的帽子来代表它们，如图 3-6 所示。

**第一步**
**白色思考帽**

白色是中立而客观的颜色，代表事实和数据

**运用**

陈述问题事实

思考、搜集各环节的信息，收取各个部门存在的问题，找到基础数据

**第二步**
**绿色思考帽**

绿色是春天的色彩，代表创意的颜色

**运用**

提出解决问题的建议

各层管理人员用创新的思维去思考，并提出各自的办法、建议、措施。也许不对、无法实施，但是，运用创新的思考方式就是要跳出一般的思考模式

**第三步**
**黄色思考帽**

黄色是乐观的颜色，代表与逻辑符合的正面观点

**运用**

评估建议的优点

对所有的想法从正面角度进行逐个分析

**第四步**
**黑色思考帽**

黑色是消极的颜色，意味着警示与批判

**运用**

评估建议的缺点

对一种想法的危险性和隐患进行分析，找出最佳切合点

**第五步**
**红色思考帽**

红色是激情的颜色，代表感觉、直觉和预感

**运用**

对各种方案进行直觉判断

到了这个时候，再戴上"红色思考帽"，从经验、直觉上，对已经过滤的问题进行分析、筛选，做出决定

**第六步**
**蓝色思考帽**

蓝色是冷静的颜色，通过总结得出最后的解决方案

**运用**

总结陈述、得出方案

对思考顺序进行调整和控制。因为，观点可能正确，也可能进入死胡同。所以，应随时调换思考帽。进行不同角度的分析和讨论

图 3-6　六顶思考帽

- 白色思考帽。白色是中立而客观的颜色，戴上白色思考帽，人们关注客观的事实和数据，用于陈述问题事实。
- 绿色思考帽。绿色是创意的颜色，戴上绿色思考帽，人们充分发挥想象力与创造力，踊跃地提出解决问题的建议。
- 黄色思考帽。黄色是乐观、正面的颜色，戴上黄色思考帽，人们表达乐观的、满怀希望的、建设性的观点，分析建议的优势。
- 黑色思考帽。黑色是悲观、消极的颜色，戴上黑色思考帽，人们以否定、怀疑、质疑的看法，合乎逻辑地进行批判，发表负面的意见，评估建议的缺点。
- 红色思考帽。红色是激情而热烈的颜色，戴上红色思考帽，人们表达主观的、感性的、直觉的观点，对建议进行判断。
- 蓝色思考帽。蓝色是冷静的颜色，戴上蓝色思考帽，人们对整个思考过程做总结，得出最后的解决方案。

相较于常规的方法，六顶思考帽注重"能够成为什么"而非"本身是什么"，不再争论谁对谁错，同时将思维活动分成 6 个独立的部分，有助于厘清思路。

阅读材料

**运用六顶思考帽化解危机**

波音公司是世界上较大的商用客机生产商，曾面临严重的工人危机：一些工伤假之后的员工重新回来工作，但是由于伤病的原因他们已经无法胜任原来的工作岗位，比如，有的人不能举超过一定质量的物品，有的人不能长时间站立，为了避免劳累过度，这些人的工作量不能太大，他们需要一些"轻型工作"。

工人们的诉求毫无疑问是合理的，但是转岗"轻型工作"要经过工会的审批。合同规定只有一定资历的员工才能享受这种工作，但是大多数伤病返岗员工没有达到这种要求。同时，轻型工作岗位也被一些年龄较大的员工所占据，这些临近退休的员工也对轻型工作有很大的需求，所以没有足够的岗位来安置这些伤病返岗员工。

工人们的不满在加大，舆论在发酵，波音公司面临极为危险的境地，罢工和抗议似乎很快就会降临。联合改进工作委员会提出了 24 条建议，但是仍然无法决定施行哪些措施以及如何施行措施。

在一切似乎都要走进死胡同时，波音公司决定召开六顶思考帽会议，待岗工人们都可以作为"红帽子"发言，而公司、工会方面的人则分别扮演其他"帽子"。每个人都得到了平等的机会发表意见，大家都参与到了决策之中，工人、工会、公司之间的矛盾被放下，所有人都开始思考如何解决问题。

最终，波音公司推出了"自愿退出计划"，宣布年龄大的员工提前退休能得到经济上的补偿，该政策获得了一些老员工的响应，使一些轻型工作岗位被空了出来；同时，工会达成谅解备忘录，取消了轻型工作的转岗限制，将工作机会给了最需要的人。

**启示**：波音公司在面临危机时，使用六顶思考帽，使矛盾各方都放下了对立的思维，共同为解决问题而努力，成功解决了危机，这展示了六顶思考帽的巨大作用。

### 任务四　思维导图

思维导图又叫心智导图，是表达发散性思维的有效图形思维工具。思维导图的实质是可视化图表，其最大的特点在于围绕中心主题展开多项次级主题，再围绕次级主题展开更多的子主题，以此类推。这样展开的各种主题呈现树状的放射结构，中心明确，各部分关系清晰。

扫一扫

绘制思维导图的
重要规则

思维导图同时注重思维的发散性、联想性及条理性，更重要的是能将思维具体化、直观化、形象化，方便记忆，并方便后续补充与完善，是一种优秀的辅助思维工具。图 3-7 所示为思维导图。

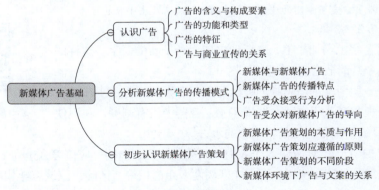

图 3-7　思维导图

**知识拓展**

现在在互联网上有很多思维导图的制作工具，如 MindMaster、Mindmanager、FreeMind、百度脑图等，这些思维导图工具支持多种类型与效果的思维导图制作，并且支持文件导入、导出和分享等功能，熟练使用这些工具可以快速、便捷地使用思维导图。

**● 课堂活动**

六顶思考帽

**活动方法**：分小组活动，小组成员分别扮演不同的"帽子"，共同思考、解决问题。

活动人数：一组6人，每人扮演一种"帽子"。

活动场地及道具：活动场地为教室，活动道具为6种颜色的帽子（区分角色即可，也可是其他标志）。

活动规则：由老师或同学提出一个大家都不能下结论的问题，然后每个小组按照六顶思考帽进行思考并给出解决方案。其中组长扮演"蓝帽子"，并决定各组员扮演的角色及发言的顺序，同时还要维持活动的正常进行。

注意事项：

（1）每个成员只能用自己的"帽子"，要注意发言应符合"帽子"的身份；

（2）一旦确定发言顺序，发言中不得打断、不得插话；

（3）活动可以进行多轮，直至得出大家都能接受的结果为止；

（4）可以使用手机等工具查询需要用到的知识。

## 课后思考与练习

1. 什么是创新思维？创新思维有哪些特征？

2. 创新思维有哪些形式？

3. 结合自身知识，分别说出一个使用逻辑思维、联想思维、发散思维、聚合思维、逆向思维、形象思维和直觉思维的例子。

4. 阅读下面材料，谈谈你从中获得的启示。

有一种鱼叫作狗鱼。狗鱼很富有攻击性，喜欢攻击一些小鱼。科学家做了这样一个实验：把狗鱼和小鱼放在同一个玻璃缸里，在二者中间隔上一层透明玻璃。狗鱼一开始就试图攻击小鱼，但是每次都撞在玻璃上。慢慢地，它放弃了攻击。

后来，实验人员拿走了中间的玻璃，这时狗鱼仍没有攻击小鱼的行为——这个现象被叫作狗鱼综合征。

5. 在"日"字上添加一笔，可以使之成为一个新的汉字。这样的汉字一共有11个，请把它们一一找出来。

6. 下面是一些考察创新思维的趣味题目，请尝试解答。

（1）一个长方形透明容器，装满了水，容器上没有刻度，在不使用其他任何工具的情况下，如何将其中的水去掉一半？

（2）现有21个人，要求每5个人为一列排成6列，请问：应该怎么排列？

（3）现在需要种植4棵树，要求4棵树两两距离相等，请问：应该怎样栽种？

（4）试将图3-8中的图形分为4份，要求每份都包含4个完整的小方块且形状相同。（注：一共有5种分法。）

（5）试用4条直线段连接图3-9中的9个点。

扫一扫

第5题和第6题答案

图3-8 分割图形　　　　　　图3-9 连点

# 模块四

## 创新方法与创新能力

要想完成创新活动，大学生还需要掌握一定的创新方法，并不断提升自己的创新能力。创新方法是指各种有助于帮助创新者解决创新过程中遇到的各种问题的方法；创新能力是指创新者顺利完成创新活动的各项能力的综合。大学生要熟练运用创新方法，不断提高自身创新能力，以更好地完成创新活动。本模块将介绍各种创新方法以及创新能力的相关知识。

### 学习目标

- 掌握创新方法的运用技巧
- 了解创新能力的概念及特征
- 掌握提高创新能力的方法

### 案例导入

垃圾分类的问题让很多居民都感到头疼，原来只需随手一丢的垃圾现在需要分门别类放入不同的垃圾桶，确实比较麻烦，但是最近合肥大学的大学生却宣称可以"一句话搞定垃圾分类"，堪称神奇。

原来这群大学生来自"语音分类垃圾桶"项目组，他们发明了一种能够自动分类垃圾的垃圾桶，只要在扔某一种垃圾的同时，说出"回收"二字和垃圾名称，垃圾桶就会立即做出反应，将这种垃圾分门别类地投入桶内设置的"可回收垃圾""厨余垃圾""有害垃圾""其他垃圾"4个小格之中，非常方便。

据"语音分类垃圾桶"项目组成员崔翔赫介绍，他们用了一个多月的时间研制出了这个"语音分类垃圾桶"，整个垃圾桶分为4部分：最上层是一个压缩层，功能是将垃圾进行压缩，可将易拉罐压缩成薄片；第二层是垃圾分类层，主要部分是一个可以转动的投料孔，该装置可以识别不同种类的垃圾，然后转动投料孔到对应种类的垃圾箱上，打开阀门使垃圾掉进垃圾箱；第三层就是放4种垃圾箱的位置；最下层是一个储气的气罐，储存的气体是进行垃圾压缩的动力。垃圾投入垃圾桶后会被压缩成能穿过投料孔的体积，然后在分类层被系统自动识别类型并投入对应垃圾桶，这就达成了"一句话搞定垃圾分类"的目标，免去了居民自行分类的烦恼。

目前，"语音分类垃圾桶"能准确识别用普通话说出的易拉罐、塑料瓶、废纸团等60多种生活垃圾名称，识别率可达100%。在垃圾桶顶部还有一个显示屏，在扔进垃圾之后，上面会显示垃圾的类型，并进行计数，比如扔进一个易拉罐，就会显示可回收垃圾加一。如果垃圾桶满了，屏幕上会提示更换垃圾桶。在这些功能的加持下，这个"语音分类垃圾桶"体现出了良好的实用性和交互性，效率极高。

"语音分类垃圾桶"的发明过程让创新团队吃尽了苦头，崔翔赫表示为了研究这个项目，他和同学们自学了电路控制、传感器等，其中最艰难的要数压缩技术，团队一开始尝试了液压压缩，但是液压装置体积太大，后来又试验用电动推杆，但是电动推杆的压力不足，不能将垃圾压缩到理想的程度。项目在这里一度陷入僵局，整个项目组数次讨论、研究、试验，最终将目标转向气动压缩，为此又熬夜赶工，终于使压缩装置达到了体积小、力度大、速度快的要求。

接下来，崔翔赫表示还会继续改进"语音分类垃圾桶"，因为团队成员通过讨论和思考又得到了新的启发，能够使这个产品更加完善。在那之后，创新团队会继续提高该产品的实用性，并寻求将其产业化，投入市场。

（案例材料来源：《南方都市报》。）

**思考**

1. "语音分类垃圾桶"的创新之处在哪里？
2. "语音分类垃圾桶"项目组使用了什么方法完成创新？
3. "语音分类垃圾桶"项目组在创新活动中体现出了什么样的能力和素质？

项目一

## 创新方法

创新方法是指创新活动中带有普遍规律性的方法和技巧，即一些在创新活动中解决问题的必要步骤或者参考途径与技巧。合理地运用创新方法能够启发人们的创造性思维，提高人们的创新效率。对大学生来说，掌握创新方法能够更好地应对创新活动中的问题，提高创新的成功率。

### 任务一 头脑风暴法

头脑风暴法是一种集体创新方法，能够集思广益、充分发挥集体智慧，探求问题各方面、各角度的全部原因或构成要素，从而提出解决问题的方法。头脑风暴法简单快速且有效，已经成为职场上常用的创新方法之一。

### 1．什么是头脑风暴法

头脑风暴（Brain-Storming）最早是精神病理学上的术语，指精神病患者的精神错乱状态，美国广告业大亨奥斯本发明了头脑风暴法并将其引入创意领域，用以指无限制的自由联想和讨论。

奥斯本发现，在群体决策时，群体成员的心理会产生相互影响，从而使所有个体都屈从于多数人或高位者的意志，形成所谓"群体思维"。群体思维会削弱群体的批判精神和创造力，从而降低决策质量。作为广告业大亨，奥斯本急于找到一种能够使所有人思想自由迸发、灵感涌现的方法。

基于此，奥斯本创立了头脑风暴法，该方法通过小型会议的形式，只设立中心问题，与会者可以围绕该问题，自由交换想法或点子，并以此激发其他与会者的创意及灵感，产生"互激效应"，从而获得更优的问题解决方法。

### 2．头脑风暴法的基本原则

为了使与会者的思维活动产生"互激效应"，达到创新目的，在使用头脑风暴法进行会议的过程中，与会者需要严格遵守4项基本原则，这4项基本原则分别是自由畅想、以量求质、见解无专利及延迟评判。

- 自由畅想。在头脑风暴会议中，主持人应创造一种自由、活跃的气氛，以激发与会者提出各种不着边际、天马行空的设想，使与会者的思想彻底解放。与会者应集中注意力，就会议的中心问题各抒己见，自由发言。自由畅想是头脑风暴法的关键。
- 以量求质。头脑风暴会议不是要一步到位，找一个完美的解决方案，而是需要大量的设想。意见越多，就越容易产生互激效应，也就越容易最后产出好创意。
- 见解无专利。会议中，与会者除了提出自己的意见，还可以鼓励其他与会者对自己提出的设想进行补充、改进，并产生不同的设想，不必担心自己的设想被人抢走或抢走了别人的设想。见解无专利是产生"互激效应"的基础。
- 延迟评判。在头脑风暴会议上禁止与会者随意评判会议中提出的各种意见、方案。任何与中心问题有关的想法都是有价值的，应认真对待会议中提出的任何一种设想，先不用理会其适当性与可行性。一旦产生批评，就很可能造成其他与会者不敢提建议，最后无法产出创新成果。

### 3．头脑风暴法的具体运用

明确了头脑风暴法的原则后，还需要了解其具体运用，头脑风暴会议的操作步骤通常可分为准备阶段、畅谈阶段和评价选择阶段。

（1）准备阶段。

在准备阶段，主要有以下3项工作内容。

- 明确会议需要解决的问题和与会人员的数量，提前向与会者通报会议议题。
- 确定会议的主持人和记录者。主持人要彻底掌握头脑风暴法的基本原则和操作要点，并能够营造融洽的、不受任何限制的会议气氛；记录者要认真记录，便于进行会后总结。
- 与会人员要提前获取会议议题的相关基础知识，并掌握头脑风暴会议的原则和方法。

（2）畅谈阶段。

该阶段是头脑风暴会议的关键阶段。由主持人引导与会人员围绕会议议题进行自由发言，提出各种设想，并彼此相互启发、相互补充，尽可能做到知无不言言无不尽；记录者需将所有设想都记录下来。直到与会人员都无法再提出构想时，该阶段结束。

（3）评价选择阶段。

讨论结束后，对所有提出的构想进行分类和组合，形成不同的解决方案，这一阶段需对每一个提出的构想都进行全面评价。评价的重点是研究该设想实现的限制性因素以及突破这些限制因素的方法。在质疑过程中，可能产生一些可行的新设想。

按照此方法不断优化方案，最后选择出其中最受大家认可、最优化的方案，如果没能形成令人满意的方案，可再重复畅谈。

**知识拓展**

头脑风暴法又可分为直接头脑风暴法（通常简称为头脑风暴法）和质疑头脑风暴法（也称为反头脑风暴法）。前者是参与者或专家群体决策，以便尽可能地激发出参与者的创造性，从而产生更多设想的方法。后者则是对前者提出的设想、方案逐一进行质疑，分析其现实可行性的方法。

**阅读材料**

### 运用头脑风暴变废为宝

在武昌工学院机械工程学院工业设计教研室，一些废弃物随处可见，生锈的钢管、废弃的轮胎、自行车架、玻璃瓶、易拉罐……正是在这样的环境下，两个班 63 名同学生产出了无数独特的工业设计模型，如用轮胎做的沙发、用车架做的灯、用废弃钢管做的工艺品，还有用废旧水龙头上的钢管拼接而成，并在顶端的接口上配上了一个小灯泡的，名叫"思考中的火柴人"的灯具，如图 4-1 所示。

图 4-1　思考中的火柴人

机械工程学院工业设计 1401 班的熊中锦这样评价自己的"思考中的火柴人"："先搜集制作所需的材料，再将水泥倒进固定好的模具中，等待水泥风干成型，再加以打磨，一个灯具就做成了。所有制作方法在之前的课程中都已学习，但此课程最大的困难就是找材料和制作，因为理论和实操毕竟有着巨大的不同。"

这些废旧材料是怎么华丽转身变成工业设计模型的呢？原来老师常常组织学生围绕这些废旧材料进行头脑风暴，同学们会从各个角度思考并发言，最终迸发出各种创意，如自行车把很像一对牛角、塑料瓶剪开形似瓦片、轮胎可以用来坐等，这些创意最终就变成了一件件兼具实用性与艺术性的创意家具。

（案例材料来源：人民网。）

**启示：** 武昌工学院机械工程学院的同学们在老师的引导下，运用头脑风暴法想出了很多创意，并将这些创意运用到了工业模型制作中，为废旧材料赋予了新的价值。

### 任务二　试错法

试错法是指通过不断实践，并在实践过程中总结成功与失败经验，最终实现成功的创新方法。每个人天生都会使用试错法，都是在不断尝试、失败后才能得到正确的答案。试错法是最原始的求新方法，也是历史上技术创造采用的第一种方法，所谓"失败是成功之母"就是对试错法最好的解读。

#### 1. 黑箱理论与试错法

黑箱理论是试错法成立的逻辑基础，试错法的本质是通过不断试验和消除误差，探索具有黑箱性质的系统并最终达成目标。

　　黑箱是控制论术语，是指人所未知的区域或系统，人们不清楚"黑箱"的内部结构，但是可以观察到输入黑箱的信息与从黑箱中输出的信息，并且通过比较输入信息与输出信息的差别来认识黑箱对于信息的加工和反应。如我们知道通过按动遥控器上的按键可以进行打开电视、调整电视声音、切换电视频道等操作，但是我们并不知道电视机的内部构造及其工作原理，电视机对我们来说就是黑箱。

　　试错法则是通过不断调整输入黑箱的信息，并观察其输出信息的变化，通过对这些变化情况的分析和综合，逐渐获得对黑箱功能的认识，进而利用黑箱的功能达成目标。试错法在创新中有非常广泛的运用，其中最为人所乐道的就是爱迪生为了发明电灯尝试了数千种灯丝材料。

### 2. 试错法的特征

　　在创新方法中，试错法是一种独树一帜的方法，其通过排除错误选项来解决问题的思路使其具有以下 4 个典型特征。

- **以解决问题为导向**。试错法并不执着于探求解法成功的缘由以及解法与系统、与问题的相互关系，只需要该解法能够成功解决问题即可。
- **只针对某个特定问题**。试错法得到的解法只能够适应性地解决当前问题，并非被广泛应用、能够用于其他问题的通用解法。
- **非最优解**。试错法的目的只是解决问题，通常并不会尝试找出所有的解法，亦无法找出问题的最佳解法。
- **知识需求低**。试错法的应用并不需要以相关问题的专业知识为支撑，即便对相关领域只拥有少量的知识，仍然可以很好地应用试错法。

### 3. 试错法的具体运用

　　试错法的具体运用很简单，只有猜测和反驳两个流程，但是需要对照两个流程进行不断重复直至找出能够解决问题的答案，试错法的思路如图 4-2 所示。

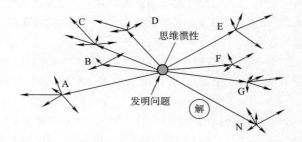

**图 4-2　试错法的思路**

　　（1）猜测。

　　猜测是试错法的第一步，是指基于自身对问题的已有认识，去想象、怀疑、判断与解决问题相关的变量。通常来讲，这些变量需要具有以下 3 个特点。

- **简单明了**。猜测的变量应该简单明了，过于复杂的猜测难以一一进行实践并得出结果。
- **可控**。猜测的变量需要可控，不可控的变量不可进行实践验证，无法进行试错，只能是空想。
- **尊重已有事实**。猜测的变量需尊重已有事实，试错法依据的是事物间的联系，胡乱的猜测无法得到验证。

57

（2）反驳。

反驳即是对猜测的验证与评判，是一个排除错误的过程。反驳要求人们对猜测进行实践，并发现实践成果中的错误，从而得到对问题新的认识。通过这种新的认识来重新提出猜测，进行新一轮的试错。

总之，试错法就是猜测与反驳的交替使用，是一个"错误—排除错误—再次错误—再排除错误"最终得到有效成果的途径。试错法的使用需要极大的恒心和耐心，需要细致地分析每一次的成果，排除错误。

### 人工智能在错误中进步

人工智能（Artificial Intelligence，AI）在很多方面都表现出了与人类相匹敌甚至超越人类的能力，如网络游戏、棋类运动等。但是其如何实现这种类似于人类"学习"的能力却是一个谜题，人工智能的深度学习也就成了黑箱。

OpenAI 是由诸多硅谷大亨联合建立的人工智能非营利性组织，一直走在人工智能研究的前沿，目前，该公司正在实验一款智能机械手，这款机械手完全模仿人类的手的形状和结构，同样是 5 根手指 14 个指关节。开发者希望这款机械手能够完成人手的全部动作，以便代替人完成一些工作。

这非常困难，依靠人工编程不可能包含人手的全部动作，只能寄希望于其人工智能的"自我学习"，但是没有人能弄明白 AI 程序是怎样学习的。于是研究者为这款机械手的控制程序搭载了 6 144 块中央处理器（Central Processing Unit，CPU）内核和 8 块强大的图形处理器（Graphics Processing Unit，GPU），使其拥有了强悍的信息处理与计算能力。

接下来就是反复试错，研究者训练该机械手在掌心翻转一个六面立方体。研究者不断改变虚拟手和立方体的颜色，并分配随机大小的立方体给机械手，不同的立方体表面光滑度不同，质量也不同，甚至还将机械手放到了不同的重力环境中。

在这样的环境下，机械手表现得像一个笨拙的孩童，手指稍一倾斜，立方体还没等翻面就掉在了地上，这样的结果被反馈到 AI 程序中，紧接着又进行下一次翻转立方体的实验……如此往复，机械手逐渐能够慢慢"把玩"立方体。据研究者介绍，机械手 50 小时的训练量相当于人类 100 年的手指运动量。

这是一个艰难的试错过程，立方体一次次掉落，机械手的动作也越来越流畅，如今机械手能够完成 50 次的立方体翻转而不会出错，离完全达到人手功能的目标迈进了一大步。

启示：在科技高速发展的今天，试错法仍然是一种非常常见且行之有效的创新方法，OpenAI 的研究者在面对"人工智能学习"这一黑箱时，让机械手使用试错法，逐渐提高其性能。

### 任务三　设问法

设问法是指通过针对创新目标不断提问来扩展思维的方法。通过提问，可以认识到现有事物的各种不足，从而针对性地加以解决，产出创新成果。

设问法的效果取决于提出问题的质量，通常可以从以下 7 个方面来提出问题。

- **为什么**。为什么要进行创新？为什么现有产品的销量下滑？为什么生产过程中浪费了很多原材料？通过"为什么"的提问可以弄清楚创新的现实基础。
- **是什么**。需要改进的问题是什么？新产品的要求是什么？通过"是什么"的提问可以明确创新的目标。

- 什么人。创新需要哪些人员？需要什么样的人员？创新成果需要面对哪些人群？通过"什么人"的提问可以明确创新团队。
- 什么时间。新产品要在什么时间上市？在什么时间段内使用？通过"什么时间"的提问可以合理分配创新进程与工作时间。
- 哪里。创新成果要应用在哪里？通过"哪里"的提问可以明确创新成果的用途和使用环境。
- 怎么做。怎么达成目标？怎么使产品具有相关功能？怎么打动服务对象？通过"怎么做"的提问来解决创新过程中面对的各个问题。
- 多少。产量是多少？成本是多少？原材料是多少？通过"多少"的提问对创新活动进行定量分析，确保创新成果能够满足需要。

设问法促使人们通过不同的角度来思考问题，从而得到对问题相对完善和系统的认识，产出具有深度和科学性的成果。

阅读材料

### 运用设问法创新产品

小蔡经营着一家家具厂，最近，有一笔订单是某屠宰厂希望从小蔡的家具厂定制一批用于放置冷冻肉的架子，这种架子需要能够承受半只冷冻的牛，且冷冻的牛呈类圆柱形易掉落。这让小蔡犯了难，他决定召集团队，使用设问法来创新产品。

为什么：现有的家具产品在承受力和防护性上都不足以达到客户的需求，需要开发新的、符合要求的架子。

是什么：需解决的问题是要通过各种办法提高架子类产品的承受力与防护性。

什么人：工厂里的设计部门、制造部门、技术部门负责该产品的研发和制造。

什么时间：用户要求3个月后到货，生产、包装及运输至少需要一个月，产品的开发只有两个月的时间。

哪里：这批家具会被放置在冷库中，冷库气温为零下5摄氏度。

怎么做：本厂已有生产置物架，可参考置物架的基本结构，然后将架子的板面换为具有一定弹性的胶合板，将原来的支架材质换为钢管并在连接处添加紧固件以达到增加承压力的目的；对板面进行粗糙化处理并在四边加上10厘米的栅格式护栏，以达到防止物品掉落的目的；全架连接处留出适当缝隙以应对热胀冷缩。

多少：需要制作38套该产品，预计需要材料成本1.3万元，生产需要25个工作日左右。

在通过设问法找到思路后，设计部门很快给出了图纸，生产车间依照图纸很快做出了样品，客户对样品很满意，小蔡终于放下了悬着的心。

**启示**：为了满足客户新的需求，小蔡团队使用设问法对面临的问题进行了梳理，最终实现了产品创新，取得了满意的结果。

### 任务四　奥斯本检核表法

奥斯本检核表法由美国创新技法和创新过程之父亚历克斯·奥斯本提出。该方法根据需要研究的对象的特点列出有关问题，形成检核表，并将研究对象与检核表项目一一比对讨论，以得到创新的大量设想。

#### 1. 奥斯本检核表法的内容

奥斯本检核表包含9个维度、75个问题，这些都能为改良研究对象提供思路。9个维度具体如下。

- **能否他用**。现有事物有无新的用途？保持现有事物原状不变能否扩大其用途？稍加改变，现有事物有无别的用途？能否改变其现有的使用方式？如灯光除了照明还能用作信号。

- **能否借用**。有无与现有事物类似的东西？能否模仿或超越？能否借用他人的经验或发明？现有的发明能否引入其他的创造性设想中？如利用超声波的特性进行碎石手术。

- **能否改变**。能否改变现有事物的形状、颜色、味道、外观、音响？是否还有其他改变的可能性？如灯泡改变颜色和光的种类制成了灭蚊灯。

- **能否扩大**。能否增加现有事物的使用时间？能否为现有事物添加部件，以延长它的使用寿命，提高它的性能？能否扩大现有事物的使用范围？如扩大望远镜变成天文望远镜。

- **能否简化**。能否将现有事物微型化？可否将其缩短、变窄、分割、减轻？能否将其进一步细分？能否将其变成流线型？如将小型计算机改良为微型计算机再改良成笔记本计算机。

- **能否代用**。能否由别的东西代替现有事物？可否使用别的材料、零件、工艺、能源？如用氢燃料代替石油。

- **能否调整**。现有事物能否变换一下先后顺序？内部元件可否互换？可否变换模式、操作工序、因果关系、工作规范、速度和频率？如瓷器上釉工艺的改良和发展。

- **能否颠倒**。能否颠倒现有事物的正负、里外、上下、主次、因果？如两面可穿的衣服。

- **能否组合**。能否将各种想法进行综合？能否进行材料组合、部件组合、功能组合？如将和面机、削面机和锅炉组合而成的自动刀削面机。

奥斯本检核表法不仅提供了创新的 9 个思路，还将思考变成了一种强制性过程，能有效克服人们的思维惰性，突破不愿提问的心理障碍。

**2. 奥斯本检核表法的运用**

奥斯本检核表法在改良产品方面具有非常好的效果，其具体运用包括 3 个步骤，分别是提出问题、列出设想、筛选设想。

- **提出问题**。根据已掌握的关于研究对象的知识提出需要解决的问题。

- **列出设想**。按照奥斯本检核表的事项，逐一提出改良研究对象的设想，并将所有设想一一列出。

- **筛选设想**。筛选出能够解决问题且具有可行性的设想，并完善这个设想使之成为一个明确的创新方案。

运用奥斯本检核表法进行创造性设想时，还有以下 3 个技巧。

- 按照奥斯本检核表逐条核对，不可遗漏。

- 反复进行检核，列出尽可能多的设想，能够提高创新的成功率。

- 应该将对每一项目的思考作为一个单独的创新项目来看，不要被前面的思考影响，形成惯性思维。

阅读材料

**多面的灯泡**

自从爱迪生发明了灯泡，电灯便走进了人们的生活。经过 100 多年的发展，如今的灯泡样式繁多，功能各异，被运用到了不同的场合、不同的设备上。从最开始的白炽灯到现在各式各样的灯泡，灯泡的发展历程其实可以用奥斯本检核表来展示。

能否他用：灯泡最原始的作用是照明，但是后来人们还用灯光来传递信息，如交通信号灯、指示灯等；还有利用昆虫的趋光性而制造出的灭蚊灯、灭虫灯等。

60

　　能否借用：人们将镜面对光的反射与折射的原理应用到了灯上，给电灯装上了反光罩，增加了灯泡的亮度。

　　能否改变：将灯泡的灯丝与灯管进行改良创造了节能灯；将灯发光的颜色进行改变发明了验钞、搜寻血迹等用途的紫光灯；通过改变电流使灯泡能够间歇性发光并能变色，研制出了霓虹灯等。

　　能否扩大：通过技术改良使灯泡的使用寿命大大提高，并且研制出了亮度高、照明范围大的射灯，以及将多个灯泡同时使用的无影灯等。

　　能否简化：使用电池供电，将固定的电灯变成了便携的、随处可用的手电筒；将灯泡缩小并排列研制出了灯带等。

　　能否代用：使用发光二极管代替灯丝来发光。

　　能否调整：通过更换元件可以制造出各种功率、各种亮度的不同型号的灯泡。

　　能否颠倒：灯光本来是用以照明，使人能够看见东西的，但是也可以通过加大亮度来造成炫目效果，使人无法视物甚至睁眼，这就是强光灯。

　　能否组合：将灯泡安装在相机上就成了有补光作用的闪光灯，还可以将灯泡装在手机、计算机等一系列电器上。

　　**启示**：奥斯本检核表法为一个事物的创新与改进提供了多种方向，灯泡运用奥斯本检核表法后产生了非常多的新产品。

### 任务五　属性列举法

　　属性列举法也称特性列举法，由美国尼布拉斯加大学的罗伯特·克劳福德教授提出，该方法列举事物的所有属性，然后针对这些属性来进行创造思考。属性列举法特别适用于老产品的升级换代。

　　属性列举法在具体实施时分为以下 4 个步骤。

- 确定一个目标明确的研究对象或研究课题。
- 列举出该研究对象或研究课题的全部属性或特征，包括物理特性、化学性质、结构、功能、形态、颜色等。
- 对列出的属性进行分析，并与其他物品进行对比，采用替代的方法对原属性进行改造，得到创新的思路。
- 根据整理出的创新思路，继续深化、具体化，最终得出创新方案并对其进行评价与优化。

　　通过属性列举法可以对研究对象或研究课题的所有属性进行全面研究，能够对产品进行全面、系统的创新。

### 运用属性列举法分析烧水壶

　　烧水壶是日常生活中常用的工具，人们熟悉它，并且它已经很久没变过样了，似乎已经很难再有改进之处。但现在，某创新团队决定运用属性列举法来分析烧水壶，找到改良烧水壶的创新方法。

　　烧水壶具有很多属性，首先烧水壶这个整体有壶嘴、壶把手、壶盖等组成部件，还有铝、铁皮、铜等材质。针对每一个属性我们都可以找到创新的思路，例如：壶嘴的长度是否可以加长？更换壶把手的材质是否可以防止烫手？是否还有更适合做烧水壶的材料？是否可以防止壶盖被水蒸气顶起？

61

　　其次，从烧水壶的制作方法中可提取出冲压、焊接、浇铸等属性，可以思考：是否可以改进技术使烧水壶一次成型？是否可以使壶底的传热效率更高？

　　从烧水壶的性质、状态、颜色、形状可以提取出轻、重、美观、清洁、高低、大小、圆形、椭圆形等属性，可以思考：可否使烧水壶便于清洁？可否改变其形状以减少水垢的沉淀？可否使烧水壶能够根据水温变色？

　　从烧水壶的功能可以提取出加热、储存、保温等属性，可以思考：能否在壶体外增加隔热材料，以提高烧水壶的保温性能？能否增加水壶的储水容量？能否使烧水壶在水烧开后发出声音提示？

　　创新团队通过技术改造制作出了一款智能烧水壶，其特点在壶嘴上有一哨子，开水的水蒸气会使哨子蜂鸣提醒烧水者，同时其壶身上添加了会随温度而变色的标签，在壶盖上也做了防溢流的设计，有效地提高了水壶的安全性。

　　**启示**：通过属性列举法可以轻松地提取出烧水壶的种种属性，通过对属性的一一分析就能找到烧水壶这一产品的改良方法。

### 任务六　综摄法

　　综摄法由美国麻省理工学院教授威廉·戈登（W. J. Gordon）提出，它是以外部事物或已有的发明成果为媒介，并将它们分成若干要素，对其中的元素进行研究，综合利用激发出的灵感来发明新事物或解决问题的方法。其优势在于能够吸收其他产品的优点来设计新产品以及制订营销策略等。

**1．综摄法的思考原则**

　　综摄法的核心是以已知事物为参考，来解决问题，思考时主要从"变陌生为熟悉"和"变熟悉为陌生"两个角度展开。

- **变陌生为熟悉**。变陌生为熟悉又叫异质同化，是指在面对陌生事物的时候，可以通过对陌生事物的分析，来发现其中包含的自己所熟悉的要素，将其与具有同种要素的熟悉事物相比较，从而建立对于这个陌生事物的认识。

- **变熟悉为陌生**。变熟悉为陌生又叫同质异化，是指在面对一个熟悉的事物时，需要摆脱固定的观察模式，采用新的视角、新的角度来对其进行重新认识，从而产生新的想法。

**2．综摄法的运用**

　　综摄法一般通过会议的方式来集中群体的智慧，其具体实施分为两个阶段，每个阶段又有其特定的步骤。

　　（1）准备阶段。

　　综摄法的准备阶段主要包括3个具体步骤。

- 确定会议时间和明确人员分工。

- 确定与会者的数量。与会者可以有不同的专业背景，但必须具备一定的行业知识。

- 选择主持人。主持人需对综摄法的相关知识有足够的了解。

　　（2）实施阶段。

　　综摄法的实施阶段包括7个步骤。

- **提出问题**。主持人介绍背景情况、相关资料，然后宣布需要会议解决的问题。

- **分析问题**。与会者轮流发言，发表自身对于问题的想法，各抒己见。

- **明确方向**。总结所有与会者的想法，将其抽象为一个明确的方向。

- **探求原理。**讨论这个研究方向所需运用的原理性知识。
- **灵活类比。**寻找同样运用了相关原理的事物，分析其对原理的运用方式。
- **适应目标。**将上面讨论出的运用原理的方式移植到需要解决的问题上，并根据该问题的实际情况进行调整。
- **得出方案。**对讨论得出的解决问题方法进行总结，形成最终的方案。

综摄法实质上是一个"具体问题—抽象原理—具体运用—解决问题"的思维过程，运用综摄法的重点在于寻找熟悉的事物作为原理与问题之间的媒介。

### 鼠患

这几天，河南某县的农村集体经济合作社喜获丰收。但是没过几天，村民就发现仓库里鼠患严重，库存的粮食被糟蹋了不少。鼠患自古便是农业的大敌，这个坏消息一下子冲淡了村民们因丰收而产生的喜悦之情。

合作社求助于某农业大学，没几天，黄教授就带着他的学生来到了县里，想要因地制宜地帮助合作社解决鼠患问题。经过实地考察，黄教授的团队决定研发一种高效的捕鼠器来一劳永逸地解决鼠患问题。但是传统的捕鼠器，无论是弹簧的、重力的还是胶粘的，捕鼠效果都不是很好，能捉到一些老鼠但是消灭不了整个鼠群。

黄教授向学生们提出问题："我们需要一个怎样的捕鼠器？"

学生小刘："老鼠在自然界中的天敌主要是猫科动物、小型犬科动物、蛇类和食肉鸟类，它们的共同特点是灵活而敏捷，我觉得捕鼠器也要这样。"

学生小李："但是捕鼠器总不可能自己去找老鼠，老鼠的天敌都很灵活敏捷是因为老鼠自身的反应就很快，我们的捕鼠器应该要有很高的反应效率和击发速度，才能在老鼠反应过来之前抓住它。"

黄教授："很好，捕鼠的难点就在于其反应快、感知灵敏。"

小刘："老鼠很警惕，感知灵敏，要想避开其反应快的特点可以使用老鼠感知不到的东西，比如超声波、红外线、电等。"

小李："我们可以结合老鼠的习性，在地面3厘米高处布设红外线，这样老鼠打断了红外信号，就可以使用超声波或者发出高压电来消灭它。"

小刘："还需要使用诱导素，用气味来吸引老鼠。"

经过讨论，黄教授设计了捕鼠装置，将一些气味能吸引老鼠的东西放在墙角作为诱饵，并在诱饵旁边布置了一圈红外线，一旦红外线信号中断就会释放高压电瞬间将老鼠杀灭。这套捕鼠装置战果颇丰，很快除去了鼠患。

**启示：**黄教授的团队从老鼠的天敌身上寻找到了灵感，将捕鼠的问题转化为避开老鼠感知的问题，随即使用红外线和高压电成功地达到了捕鼠的目的，这是对综摄法一次极佳的运用。

## 任务七　形态分析法

形态分析法由瑞士天文学家弗里茨·兹威基于1942年提出，其特点是将事物进行不断的分解，得到若干不可再分解的要素，然后将这些要素进行重新排列、组合，以产生新的功能、方法或装置。

### 1. 形态分析法的要义

形态分析法的要义在于对事物的分解，一定要将事物分解为不可再分的基本元素，再对每一个细分元素都进行独立的分析与构想，找出每一个要素的可能形态。这些可能形态经过不同的组合就构成了解决问题的总方案，总方案的个数就是各要素形态的组合数。

这样的方法使总方案包含研究对象的每一个要素的所有可能形态，是一个非常大的数量，任何一个要素或者其形态有问题就会导致整个方案出现问题，因此需要分析每一个方案的可行性。

**2. 形态分析法的运用**

形态分析法的具体运用包括 5 个步骤。

- **明确对象**。明确用形态分析法所要解决的问题（如发明、设计等）。
- **要素分解**。将要解决的问题，按重要功能等基本组成部分，分解为创造对象的主要组成要素。
- **形态分析**。对每一要素进行分析，列出其所有可能的形态。
- **形态组合**。按照研究目标，将各要素的不同形态进行组合，得到尽可能多的创新方案。
- **方案选择**。对得出的各个创新方案进行分析与比较，从中选出一个最佳的组合方案为最终方案。

**拉链头的装配**

　　拉链头是人们生活中常见的事物，它结构简单，是一个不起眼的小玩意儿。但是拉链头由于体积小、连接处多，其装配非常麻烦，长期以来都只能用人工装配。现在某企业想要生产一种自动装配拉链头的机器，为了设定机器程序，需要先明确拉链头的装配程序，于是该企业使用形态分析法来分析拉链头。

　　事先已经明确研究的问题为拉链头的装配方案。经过细分，发现拉链头具体可分为 5 个部分，即帽盖、本体、中圈、铜马、拉片，如图 4-3 所示。

　　经过研究分析，发现拉链头的本体有 7 种可能形态，铜马有 7 种可能形态，中圈有 6 种可能形态，拉片有 6 种可能形态，帽盖有 5 种可能形态。

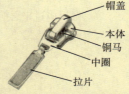

图 4-3　拉链头的组件

　　按照对设计对象的总体功能的要求，分别将各要素的不同形态进行组合，以获得尽可能多的设计方案。最终得到可能的方案一共是 $7 \times 7 \times 6 \times 6 \times 5 = 8\,820$ 种。

　　但是其中很多形态不可兼容，充分考虑装配可能性后，最终得出 7 种具有装配可能性的方案。在认真比对各方案的实现难度、装配效果以及成品质量后，该企业最终选择了 3 种装配方案进行具体生产试验。

　　经过同步试验，该企业收到了生产部门的多项反馈，最终选择了其中一种装配方案作为最终方案，以此方案为基础生产自动装配拉链头的机器。

　　**启示**：该企业对于拉链头装配方案的设计方法是典型的形态分析法，通过找出所有可能的装配方案并一步步进行筛选和优化，最终得出了最优的装配方案。

## 任务八　TRIZ 理论法

TRIZ 理论的中文名称为发明问题的解决理论，是苏联发明家、教育家根里奇·阿奇舒勒及其研究团队，通过分析大量专利和创新案例总结出来的一套完整的发明创新理论与方法，是目前世界上较先进、实用的发明创新方法之一。

### 1. TRIZ 理论概述

TRIZ 理论是一套技术创新理论和方法，是解决各类工程技术问题的工具，其目标是在基于技术的发展演化规律基础上，研究整个设计与开发过程，从而最终完全解决发明创造活动中的矛盾，获得最终的理想方案。

技术系统进化理论是 TRIZ 理论的核心，该理论认为为了解决实际问题，技术系统一直在不断地更新和发展，就如同生物进化一样。

TRIZ 理论指出技术进化的过程就是不断解决矛盾的过程，而大量发明创造所包含的基本问题和矛盾是相同的，只要将已经发明的事物所涉及的相关知识进行提炼和重新组织，形成一种系统化的理论知识，就可以指导后来者的发明创造、创新和技术开发等工作，从而提高发明的成功率，缩短发明周期，促进技术的进化。

### 2. 技术系统 8 大进化法则

TRIZ 理论包含许多系统的、科学的而又富有可操作性的创造性思维方法和发明问题的分析方法。技术系统的 8 大进化法则就是其中专门针对发明创造的发展进步所提出的 8 种规律，这 8 大进化法则使我们知道了技术系统是如何进化的，为技术创新指明了方向。

- **S 曲线进化法则**。一个技术产品的技术生命周期通常会经历 4 个阶段，分别是婴儿期、成长期、成熟期和衰退期。系统的主要参数或性能的变化随着发展时期呈现类似 S 曲线形式进化，如图 4-4 所示。

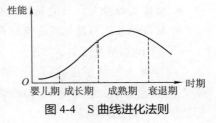

图 4-4　S 曲线进化法则

- **提高理想度法则**。一个系统必然同时存在有害功能和有用功能，理想度指的是有用功能和有害功能的比值。系统的改良就是提高其理想度的过程。

- **子系统的不均衡进化法则**。系统中的各个子系统都分别遵循 S 曲线进化法则，而不会均衡、同步地进化，因此，技术系统的进化程度往往取决于其中进化最差的子系统的进化程度。

- **动态性和可控性进化法则**。技术系统的进化应该沿着结构柔性、可移动性、可控性增加的方向发展，以适应环境状况或执行方式的变化。

- **增加集成度再进行简化法则**。技术系统趋向于首先向集成度增加的方向靠近，然后再进行简化。

- **子系统协调性进化法则**。技术系统的各个元件之间要均衡协调、彼此配合，才能充分发挥各自的功能。

- **向微观级和场的应用进化法则**。技术系统趋向于从宏观系统向微观系统进化，并使用不同的能量场来获得更佳的性能或控制性。

- **减少人工介入的进化法则**。系统的发展实现智能化，即使用机器来完成机械、重复的操作，以解放人们去完成更具有创造性的工作。

### 3. 用 TRIZ 理论解决问题

TRIZ 理论最有价值之处就是依靠其独特的问题分析工具和问题解决工具，能够将几乎所有在发明过程中遇到的问题都加以解决。

（1）问题分析工具。

问题分析工具是 TRIZ 理论的重要理论工具，其作用是将某一个具体问题抽象为 TRIZ 理论定义范围内的问题。它主要包括矛盾冲突分析、物质 – 场分析、ARIZ 算法分析及功能属性分析 4 个部分。

- **矛盾冲突分析。**发明问题的核心是解决矛盾冲突。TRIZ 理论将矛盾分为物理矛盾和技术矛盾两类，物理矛盾指同一参数的相反需求，如床垫既要柔软又要对人体有足够的支撑，这就是软硬度的矛盾；技术矛盾指两个不同参数之间的矛盾，如汽车的时速和安全性之间的矛盾即是技术矛盾。明确了矛盾冲突就可以使用 TRIZ 理论来解决冲突。

- **物质－场分析。**TRIZ 理论认为，任何产品的所有功能都可以分解为两种物质和一个场，其中物质是指某种物体、系统或过程；场则指实现功能所需要的能量形式和所处环境，如电能场、热能场、化学能场、声场、光场等。

扫一扫

物质－场分析

扫一扫

ARIZ 算法

- **ARIZ 算法分析。**ARIZ 是俄文"发明问题解决算法"的缩写，该算法通过一套逻辑过程，将非标准问题转化为适用 TRIZ 理论标准的问题。

- **功能属性分析。**功能属性分析是从完成功能的角度来分析系统、子系统或部件，是寻找创新切入点与简化现有系统最实用的工具。

（2）问题解决工具。

问题解决工具是在收集、归纳人类创新经验和大量基础知识的基础上发展起来的，主要包含 40 个发明创新原理、效应知识库和 76 个标准解等 3 种工具。

- **40 个发明创新原理。**TRIZ 理论提供了 40 个发明创新原理，以指导人们找出技术矛盾冲突的解决方案。每一种解决方案都是一个合理化的建议，应用该建议可以使系统产生特定的变化，从而消除存在的技术矛盾冲突。

扫一扫

40 个发明创新原理

- **效应知识库。**效应知识库是 TRIZ 理论中较容易使用的一种工具，效应知识库集成了化学、几何学和物理学等方面的专利和技术成果。效应知识库中列出了各种效应，同时还列出了该效应所使用的专利和相应的专利号。创新者若想要实现某个特定功能，可以在效应知识库中选择解决问题的办法。

扫一扫

76 个标准解

- **76 个标准解。**TRIZ 理论同时提供了 76 个标准解，用于解决技术系统进化模式的标准问题。

（3）TRIZ 理论体系解决问题的流程。

TRIZ 理论可以公式化地解决创新过程中遇到的一系列问题并提出规范的解决方法，使用 TRIZ 理论体系来解决问题的流程可归纳为以下 4 个步骤。

- 识别并定义问题。

- 使用问题分析工具转化问题，设定理想化最终结果并列出技术系统的可用资源。

- 寻找系统矛盾，根据矛盾的具体类型寻找解决方案。

- 将 TRIZ 的解决方案转化为实际问题的解决方案，并对方案进行理想化评价和系统特性评价。

## 运用 TRIZ 理论破解腐蚀难题

某县新建了一家大型化工厂，该化工厂生产过程中会产出大量废酸，这让管理层很伤脑筋。为减轻污染，该化工厂引进了先进的废酸处理设备，只需要通过管道将废酸液输送到处理设备就可以有效解决废酸污染问题。

但问题并没有得到解决，因为废酸液具有很强的腐蚀性，对管道有一定的损害作用。而更换管道会使生产停止并且还需要投入不小的成本，化工厂急需一种方法，使管道能够持续输送废酸液，为此化工厂求助某研究院。

该研究院派来了研究员小杨，小杨分析道："我们面临的问题是在输送废酸液过程中，废酸液会对管道起腐蚀作用，只要消除腐蚀作用就能保护管道。"紧接着，他画出了这个问题的物质－场模型，如图4-5所示。

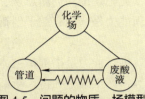

图4-5 问题的物质－场模型

通过分析，小杨发现该物质－场模型属于有害完整模型，可以通过引入新物质或新的场来抵消原来的有害效应，因为有害作用是由废酸液和管道的内表面发生化学反应引起的，所以解决问题的重点是消除其化学场。要消除化学场就需要消除废酸液的腐蚀性，可以通过使用其他物质与废酸液发生作用来达到该目的，比如水、金属和碱性物质。用水稀释可以有效减弱废酸液的腐蚀性，但是会增加废酸处理设备的工作量；金属可与废酸液发生反应，在管道内镀上一层金属可以保护管道，但该方法成本高；使用碱性物质进行酸碱中和可去除废酸液的腐蚀性，且成本较低，可以作为解决方案（其物质－场模型如图4-6所示）。

经过试验，化工厂最终通过添加废碱液的方式成功保护了管道。

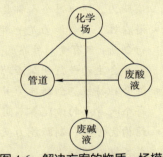

图4-6 解决方案的物质－场模型

**启示**：研究员小杨运用 TRIZ 理论体系，通过建立物质－场模型分析问题的实质，并且成功地通过引入新物质的方法解决了问题。

67

---

### 课堂活动

#### 综合学习装置

**活动方法**：以小组为单位，运用各种创新方法，创新设计一种综合学习装置，以尽可能方便学生学习，提高学生的课堂学习效率。

**活动人数**：每个小组的人数在6~12人为宜。

**活动场地及道具**：场地为教室，需要桌椅若干，稿纸、笔若干。

**活动规则**：每个小组的同学自行讨论设计"综合学习装置"，要求该装置能够在教室内普遍、长期使用，每位学生单独使用一份（套或台），能够满足日常学习所需。不需要考虑成本，无须制作出实物，只需给出草图即可。

**活动提醒**：

（1）可以考虑对现行的课桌椅等设备进行优化；

（2）可以事先进行调查以确定创新方向；

（3）可以针对小学、初中、高中等特定学生群体；

（4）可以灵活运用各种创新方法。

## 项目二

## 创新能力

无论是提高创新意识、培养创新思维还是掌握创新方法，其共同目的都是提高创新能力，创新能力是一切有益于创新的因素的总和。

### 任务一　创新能力的特征

创新能力是指创新主体从事创新活动的能力，是运用一切已知信息，包括已有的知识和经验等，产生某种独特、新颖、有社会或个人价值的产品的能力。在本书中创新主体主要指个人和创新团队。

创新能力具有以下特征。

- **普遍性。**每个人都具备创新能力，人类具有改变现实的本能，以及创新所需的想象力、实践力，所以每个人都具有创新的能力。
- **潜在性。**创新能力是一种潜在的能力，每个人都有创新能力，但是每个人都不会一直进行创新，只有受到外界的刺激，如迫切需求、灵感、目标等，人的创新能力才会得到激发，人才会主动进行创新活动。
- **综合独特性。**创新能力并非单一的能力，而是几种能力的综合，这种综合是独特的，在每个人身上的体现都不同。
- **结构优化性。**创新能力呈现出明显的结构优化特征，正是这种特征让创新能力呈现出各式各样的功能。

**68**

**阅读材料**

### 一线工人的创新之路

李会杰是某铁路线路车间检修工区的班长，一个一直扎根在铁路一线的工人。他从小热爱钻研机械，经常搞出些"新花样"，到了工作中也是如此。

在做工区钢轨焊接工时，李会杰常常进行钢轨钻孔作业，他非常心疼钻孔所使用的钻头，因为一个合金钻头成本在300元左右，钻20～30个孔后就必须更换，但这些报废的合金钻头硬度非常高，普通磨砂轮磨不动合金钻头，手工磨制又不能达到钻头的棱角标准。李会杰希望找到一个能够重新利用旧钻头的方法。

李会杰没有很高的文凭，没有丰富的理论知识，但是具有熟练的机械加工技艺，他采用角磨机打磨、切割机打磨、手工磨制、改良钻孔头等方法不断试验，在经历了上百次失败后，终于设计制作了一个几何尺寸合适、硬度足够的合金卡片，在车床上加入这样一个小卡片后，就能达到旧钻头磨制的棱角标准，经过磨制，报废的钻头又可以钻30～50个孔，这项创新每年可以为企业节省10万元成本。

2018年3月15日，在进行道岔维修作业时，他发现由于护轮轨与基本轨距离近、空间窄，使用活口扳手时费时费力，每次进行道岔维修作业，拆装螺栓都费时费力。李会杰在作业结束后对道岔各个部位的间隙距离进行了测量和数据核算，然后经过艰难的制作、调试、改进，发明了"电动扳手辅力器"，解决了道岔接头螺栓和护轮轨螺栓拆装难的问题。

如今，李会杰已经发明创新出 20 多项技术成果，为车间、工区节约了许多成本，他还建立了"李会杰劳模创新工作室"，吸引了很多大学生来参观。

（案例材料来源：中国青年网。）

**启示：**李会杰作为一名铁路一线工人，凭借自身对于问题的敏锐和执着的探索精神，克服了一个又一个困难，最终完成了多项创新，可见人人都有创新的能力。

### 任务二　创新能力的构成要素

每个人的创新能力都有不一样的构成要素，但是通常情况下，创新能力强的人在以下 7 个方面的表现也更加优秀。

- **学习能力。**指获取、掌握知识、方法和经验的能力，包括阅读、写作、理解、表达、记忆、搜集资料、使用工具、对话和讨论等能力。
- **分析能力。**指把事物的整体分解为若干部分进行研究的技能和本领。
- **综合能力。**综合能力强调把研究对象的各个部分结合成一个有机整体进行考察和认识的技能与本领，是将事物的各个要素、层次用一定线索联系起来，以此发现其本质关系和发展规律的能力。
- **想象能力。**指以一定知识和经验为基础，通过直觉、形象思维或组合思维，不受已有结论、观点、框架和理论的限制，提出新设想、新创见的能力。
- **批判能力。**在学习、吸收已有知识和经验时，批判能力保证人们批判性地、选择性地吸收和接受知识与经验，去粗取精、去伪存真。
- **实践能力。**产生创造发明成果，只是创新活动的第一阶段，要使成果得到承认、传播、应用，实现其学术价值、经济价值和社会价值，则必须要和社会打交道，实践能力就是为实现这一目标而进行各种社会实践活动的能力。
- **组织协调能力。**通过合理调配系统内的各种要素，发挥系统的整体功能，以实现目标。对于创新人才来说，要完成创新活动，就要协调各方，当拥有一定资源时，就可通过沟通、说服、资源分配和荣誉分配等手段来组织协调各方以最终实现创新目标。

**阅读材料**

#### 随车水壶

一次，IDEO 公司接到了一份设计自行车"随车水壶"的委托，设计小组没有选择闭门造车，而是在每周三晚上前往斯坦福大学的小山丘上观看骑手们骑车，希望借此了解水壶该怎样设计才能方便车手在骑车时使用。

设计小组观察到骑手骑车时，眼睛必须目视前方，想在骑行过程中饮水，只能一只手握把，另一只手从水壶架上拿起水壶，用牙齿咬开壶盖，喝完后再把水壶塞回水壶架，非常麻烦。

设计小组立即想到可以将水壶底部变窄并在壶身绕上橡皮圈，这样就能让骑手很方便地拿取与紧握水壶。同时，原始的水壶需要骑手用嘴咬开盖子，既不方便，又不卫生，可要是不盖壶盖，水又会洒出来，要怎样才能使骑手能够便捷地喝到水呢？

设计小组犯了难，试了很多种方法都不满意，于是从其他行业寻找答案，希望能够找到一个"自动的液体阀门"，这种阀门在平常能够关闭，在受到一定刺激的时候则会打开，将这种阀门运用到水壶嘴上就能够解决壶盖的问题。

最终设计小组在心脏的三尖瓣上受到了启发，三尖瓣是心脏右房室口的 3 个三角形瓣膜，作用是使血液固定由右心房向右心室方向流动而不会逆流。设计小组将一片橡胶切成"X"状作为壶嘴，水流平常无法通过这个壶嘴，但是骑手只需挤压瓶身，气压就会让"X"状壶嘴张开，使水能够流出。

现在，骑手们在骑行中只需要单手取出随车水壶，将壶口放到嘴边稍一挤压就可以喝到水。

**启示：**IDEO 公司设计小组的这次创新体现了多种创新能力，先是通过敏锐细致的观察找到了要改进的问题，然后又通过强大的分析能力、想象能力、实践能力及组织协调能力完成了随车水壶的制作。

### 任务三　创新能力的培养

虽然创新能力具有普遍性，人人都具有创新的潜力，但是大学生也需要有意识地开发自己的创新潜力，培养创新能力，以更好地解决在创新过程中所遇到的各种问题。大学生一般可通过学校教育、社会引导和自我提升 3 个途径来培养创新能力。

#### 1. 学校教育

学校是教育的主导者，在确立大学生价值观中扮演重要的角色，是创新教育的主力军。目前学校对于培养大学生创新能力的工作愈发重视，为此采取了多种措施，主要包括课堂教育、课外活动两个方向。

- **课堂教育**。课堂教育是学校教育的基础，各高校纷纷开设了创新类的课程，对大学生进行创新训练，锻炼大学生的观察能力、联想能力、合作能力、分析能力等各项创新能力，有的学校还有个性化创新教育。
- **课外活动**。课外活动是对课堂教育的积极补充，课外活动使大学生走出教室，将课堂上的知识应用于实际，可以锻炼大学生的思维与动手能力。

#### 2. 社会引导

社会正在积极营造一种正视创新、鼓励创新、支持创新的氛围，通过讲座、海报、展览等方式宣传创新，积极提倡和鼓励大学生广泛参与创新。

除此以外，一些企业和社会组织也参与到创新引导中，通过各种奖励、补贴以及活动来推动社会创新。

#### 3. 自我提升

自我这个个体是创新活动的主体，自我提升是培养创新能力的核心环节，大学生可以通过以下方法来培养自身的创新能力。

- **树立正确的创新观**。创新观是人对创新的认识和评价，对大学生创新活动具有指导作用，正确的创新观有助于创新活动的开展与成功。大学生应该正确地认识到创新的价值和方法，积极进行创新活动。
- **进行单项能力训练**。创新能力是多种能力的复合，大学生通过主动训练自己的观察力、记忆力、想象力等可以有效地培养创新能力。
- **重视知识积累**。知识是创新的基础，大学生需要丰富自身的知识储备，完善自身的知识结构，才能够更好地进行创新活动。

## 丰田的创新区

丰田汽车公司，历经80余年，经过种种危机不仅没有倒下反而从一个小小的造车厂发展成为世界级的汽车制造公司，这其中的奥秘就在于其一直鼓励创新、培养创新并积极地推动创新，创新是丰田成功的基石。

丰田汽车公司的方针中有一项为"培养人"，即培养所有员工的创新能力，这项方针不仅贯穿于专家和工程师团队，还包括普通的一线员工。在丰田汽车公司生产线上忙碌的车间中，有一块空闲的区域——创新区，创新区中摆满了车床、台钳、砂轮等一系列加工工具以及各式的钢板、钢管、轴承等原料和配件。一旦生产线上的任何工人有了什么特别的想法，就可以来到创新区，随意使用里面的工具和材料来实现自己的想法，不必支付任何费用，也不会有人追究他的"擅离职守"。

如果创新者取得了能够改善现有汽车生产技术的成果，就可以通知技术人员和管理人员，后者会评估与检测创新成果，如果确实值得一用，那么这项一线工人的创新就会应用到整个汽车生产线中。就算创新没能成功，也可以将半成品放在创新区，然后在上面贴上条，把想法和困难写在上面，其他人可以在创新区继续这项研究。

依靠创新区，丰田汽车公司多次改良了自己的生产线，而工人们不仅锻炼了创新能力，还能收获创新的奖励，这正是丰田汽车公司成功的秘诀。

**启示：** 丰田汽车公司通过设立创新区培养了很多工人的创新能力，也因此收获了很多创新成果，推动了自身的进步，实现了企业与员工的共赢。

### 任务四　创新能力的提高

为了适应更复杂、更多变的创新形势与环境，不断优化自己的创新实践，大学生需要有意识地对自己的行为和认知进行调整、更新、完善，提高创新能力。

- **培养前瞻性思维。** 前瞻性思维是指大学生不仅要观察和分析当前的情况，还要在已有知识与信息的基础上推导、预测、设想未来的情况，并根据对未来情况的设想提前进行创新的规划，拥有前瞻性思维的大学生能够用创新来满足未来的需求。

- **锻炼合作能力。** 个人的能力是有限的，与人合作，集合群体的力量可以有效地降低创新的难度、缩短创新活动的周期并分担创新的风险。锻炼合作能力可以让大学生更好地组合创新团队，增加创新活动的成功率。

- **建立系统的思维。** 系统的思维是建立在多领域的知识与信息之上的思维模式，运用系统的思维能够最大化地扩展大学生的视角，使其对全局有充分的认识，从而在更高的层面上来调整、规划、开展创新活动。

- **勇于自我批评。** 对自己做出正确的评判是极为重要的，大学生应该勇于自我批评，认识到自己的不足并不断地提升自己，从而更好地创新。

## 冯·卡门的自我否定

冯·卡门从小致力于研究科学领域，在20多岁时就已经在布达佩斯皇家理工综合大学取得了硕士学位，并且担任了匈牙利一家发动机制造厂的顾问。有一次，冯·卡门目睹了航空先驱法尔芒的飞行试验，飞天的壮举让冯·卡门十分震惊，因为根据科学界的"巨人"牛顿的研究，比空气重的东西是绝对飞不起来的。

于是冯·卡门向法尔芒发问，没想到法尔芒幽默地说："是那个研究苹果落地的人吗？幸好我没有读过他的书，不然，今天就不会得到这次飞行的奖金了。我只是个飞行员。至于飞机为什么会飞起来，不关我的事，您应该研究它。祝您成功，再见！"冯·卡门陷入了沉思，他意识到伟人也会犯错，同时他也确立了研究空气动力学的方向。

数十年里，冯·卡门一直致力于科学研究，他归纳出了钝体阻力理论，改变了当时公认的气动力原则，提出了附面层控制的理论，提出了超声速阻力的原则，发明了喷气助推起飞装置，真正成了空气动力学上的大师级人物。同时，他还指导了一大批后起之秀，包括钱伟长、钱学森等。

冯·卡门尤其欣赏钱学森，对他悉心指导，钱学森也在冯·卡门的指导下做出了很多研究成果。一次，钱学森完成了一篇论文，与冯·卡门一起讨论，冯·卡门不同意他的观点，几次打断钱学森的发言，说："这是不可能的事，荒谬！"钱学森则毫不退让，最终两人不欢而散。冯·卡门回到家里想了一夜，想起了法尔芒与他的飞行器，终于冷静下来审视自己。第二天，冯·卡门向钱学森鞠躬致歉，承认了自己的错误。

启示：冯·卡门一生都没有放弃对于科学真理的追求，不断地提升自己，他能够放下权威的架子，自我反思自我否定，最终认识到了自己的错误，可以说冯·卡门能够取得如此巨大的成就与他对自己的严格要求是分不开的。

## 课堂活动

### 传话游戏

**活动方法：** 分小组活动，每组一个题目，要求使用肢体动作表现题目内容并传达给组员，最后一位组员通过观察前面组员的动作来猜测题目。

**活动人数：** 每小组4~6人，各小组人数尽量相同。

**活动场地及道具：** 场地为教室或其他空旷地区，道具为蒙眼布、题板等。

**活动规则：** 各小组按以下步骤进行活动。

（1）除组员1外所有组员蒙上眼睛，然后展示题板，组员1看题。

（2）组员2摘下蒙眼布，组员1通过肢体动作向组员2表达题目内容，然后以此类推。

（3）最后一个组员摘下蒙眼布，观察前一个组员的动作，然后猜测出题目内容。

（4）拿出题板，核对答案。看看有多少组答对，一共用时多少。

**注意事项：**

（1）活动过程中，除最后一个组员外，其他人不得讲话；

（2）组员之间只能靠肢体动作表达，不能借助道具。

## 课后思考与练习

1. 什么是创新方法？常见的创新方法有哪些？

2. 列举文中所讲的所有创新方法，并说出它们的特点。

3. 使用奥斯本检核表法来创新"笔"这个常用的工具，用表格列出想法即可。

4. 解答下面的问题（该问题考验分析能力），并帮助警官抓住罪犯。

已知A、B、C 3个犯罪嫌疑人中有一人是真凶，另外两个是无辜者，且无辜者只说真话，罪犯只说假话。

警官询问犯罪嫌疑人A："你是什么人？"但是因为A住在偏远地方，说的是当地的方言，警官听不懂。

于是警官接着问 B 和 C："A 刚才回答的是什么？"（B 和 C 能够听懂 A 说的是什么。）

    B："A 说他是无辜者。"

    C："A 说他是罪犯。"

  5. 班级教室需要进行主题装饰，请你组织一个团队，运用头脑风暴法来想出几个好点子，并记录讨论过程，格式如表 4-1 所示。

表 4-1　头脑风暴创意实践

| 讨论主题： | | |
|---|---|---|
| 主持人： | 记录人： | |
| 参与者及其专业背景 | | |
| 列举出彩的创意设想 | | |
| 会议总结<br>（解决方案） | | |
| 此次收集的创意总数： | 较为不错的创意个数： | |
| 你对此次讨论会议的综合满意度：<br>　　　　不满意　　　　尚可　　　　满意　　　　非常满意 | | |
| 实践总结 | | |

# 模块五

## 保护与转化创新成果

　　大学生创新活动取得的成果绝大部分是智力成果，而智力成果并不能直接产生收益，还需要对其进行规模化、标准化的应用才能转化为生产力，实现其价值。而在智力成果转化的过程中，极易被不法分子侵犯、盗用，使创新者不能享有创新成果的价值。本模块将对创新成果的定义、创新成果的保护和转化等知识进行讲解，通过本模块的学习，大学生可以更好地对创新成果进行保护和转化。

### 学习目标

- 了解什么是创新成果
- 掌握创新成果法律保护方面的知识
- 掌握创新成果转化的方式

### 💬案例导入

　　姜植元是中南大学信息科学与工程学院的一名学生。大三时，在长沙大学生科技创新创业大赛上，姜植元凭借自己的无人机项目得到了上亿元的风险投资，这一天，是他 21 岁生日的前一天。

　　大二期末，一位大四的学长临近毕业，希望辅导员能够给手上未完成的四旋翼无人机项目找个下家，姜植元从学长手中接过了无人机项目，这个项目在当时只是一个未完成的电路板。至于为什么要接下这个"烂摊子"，姜植元说："在我的家乡刘公岛，和人说你家有钱，没人觉得多牛；如果说你家有个团长，比亿万富豪都受尊重，因此我一直都有一个'将军梦'，而我国面临岛屿多、边境线长的情况，靠人工巡逻海岸线不现实，无人机对此有巨大价值。"

　　"姜植元的无人机项目亮点在续航上，以往不管是国内还是国外的无人机一般飞 20 多分钟就要返回充电，电量是最大的问题，姜植元的太阳能充电桩则可以对无人机进行身份识别后充电，提高了无人机的续航能力。"姜植元的技术导师彭春华介绍："正是这样的功能，使用无人机进行海面巡视成为可能。"

但是无人机不是这么好造的，一开始，姜植元钱不够，中南大学为他提供了 2 000 元科研经费，加上他自己每年 5 000 元的国家奖学金，姜植元拉起了一个"学霸"研究团队。团队总人数一直维持在 5 ~ 7 人，都是学校里各个专业的"大神"，他们被分成了自动控制组、视觉识别组和通信组各自攻关，仅仅为了解决操作平台问题，自主改装新平台，他们就花了 3 天改完了几千行代码。为了解决续航问题，使无人机突破电池容量的限制，姜植元希望无人机在电量减少到一定值时，可以自动寻找充电桩进行无线充电。于是团队成员又连续几天把自己锁在科研室里研究太阳能充电桩。

功夫不负有心人，怀揣着自己的梦想，姜植元从一块电路板开始，和无人机"死磕"，最终做出了令所有人都惊叹的成果。如今，随着资金陆续到位，一条无人机生产线将会建立起来，姜植元距离自己梦想又近了一步。

（案例资料来源：新浪新闻。本书对案例进行了适当修改。）

**思考**

1. 当专利未能被转化利用时，专利还有价值吗？

2. 发明专利产业化具有哪些好处？

3. 你认为姜植元的无人机还有哪些其他用途和价值？

项目一

## 认识创新成果

大学生在创新活动中取得成果并不是一件容易的事情，而很多创新成果却没能转化成生产力，没能创造收益，这是社会的巨大损失。想要对创新成果进行保护和转化，大学生首先就要对创新成果有充分的认识，下面将介绍什么是创新成果，以及创新成果的特征与类型。

### 任务一　什么是创新成果

无论是保护创新成果还是转化创新成果，大学生都需要知道创新成果是什么，以及创新成果来源于哪里。下面就对创新成果的定义和来源做具体的介绍。

#### 1. 创新成果的定义

顾名思义，创新成果即是人们进行创新活动所取得的，从前没有或没有被普遍认识的成就，它可以是一种新的材料、一种新的理论、一种新的技术、一种新的规则，或者是其他的具有学术价值或经济价值的新发现。总而言之，一切首创的且有可能改变人类生活和社会的东西，都是创新成果。

大学生在创新活动中所取得的成果，绝大多数是非物质性的智力成果，这种成果不以实物的方式被创新者实际掌握，这就需要国家法律对其进行保护，以确保创新者能够获取其创新成果的价值。

#### 2. 创新成果的来源

创新成果的来源是什么？要讨论这个问题，就需要通盘考虑整个创新活动。纵观古今中外的创新活动，我们可以得出以下结论：客观需要、人类思维和创新实践在不同方面作为创新成果的来源。下面分别进行介绍。

- 客观需要。客观需要是创新成果的根本来源，是创新活动的动机。绝大多数创新是建立在创新者的客观需要上的，比如改良蒸汽机是为了获得动力驱动机械，荷兰商人改良船舶是为了载货远航谋取利润，哪怕是对数运算法这样的理论创新也是为了简化繁杂的数学运算。换一个角度来讲，无法满足客观需要的创新也谈不上取得了成果。

- 人类思维。人类思维是创新成果产生的基础。创新是运用已有的条件去改进或创造出新的事物（方法、规则、元素等）的活动，该活动依赖于人的思维，依赖于人对已有条件的认识和更优化的想象，可见创新成果来源于人类的思维。

- 创新实践。创新实践是创新成果的直接来源。没有实践，就不可能得到创新成果，不仅物质化的创新成果需要靠劳动实践来完成，无形的创新成果也无法脱离实践——科学上的发现需要研究者不断实验、论证；社会学上的发现需要创新者进行调查、体验；艺术上的创新则需要以实践来表现。没有创新实践，就没有创新成果。

**阅读材料**

### 偶然的创新

鲁班奉王命要建造一座宫殿，而这座宫殿需要用到很多材料，其中获取难度最大的就是立柱。只有粗壮笔直的大树主干才能够作为立柱的材料，于是鲁班带着一帮徒弟进入深山老林里伐木，他们起早贪黑地用利斧砍树，大家都累得不行却没采伐到多少木料，眼见就要延误工期，这可把鲁班愁坏了。

这天，鲁班一早便上山去物色木料。山路崎岖，鲁班走得并不轻松，在爬一个小陡坡的时候，他脚下却突然一松，鲁班在慌乱间一把抓住了一边的杂草，人没摔着，但他却疼得大叫，一看原来手掌中满是伤痕，已然渗出血来。鲁班一看才发现自己的手掌是草叶割破的，可柔弱的草叶怎会如此锋利？望着手掌上被割开的伤口，鲁班这个巧匠也有些迷惑。于是，他扯下一片草叶，细细端详，结果发现草叶边缘排列着锋利的小齿，在他使劲拽住草叶的时候一下就将他的手掌割破了。

这种草叶给了他启发："要是我也用带有许多小锯齿的工具来伐木，不就比用斧凿快多了吗？"于是，他打制了边缘上有锋利的小锯齿的铁片，拿到山上去做尝试。他和徒弟各拉一端，在一棵树上来来回回地锯了起来，很快就把树锯断了。

鲁班给这种新发明的工具起了个名字，叫作"锯"，它成了后人材料加工的基础工具。

**启示**：在本案例中，鲁班发明锯是因为偶然被草叶割伤激发了灵感，那么是不是偶然的灵感就可以代替客观需要成为创新成果的来源呢？其实不然，鲁班能够因为草叶上的锯齿获得锯的灵感，是因为他有"获取高效的伐木工具"这一客观需求，而被草叶割伤只是一个恰好与客观需求有联系的引子而已。

## 任务二　创新成果的特征与类型

在了解了创新成果的定义和来源之后，大学生还要了解创新成果的特征与类型，以加深对创新成果的认识，更好地保护和转化创新成果。

### 1. 创新成果的特征

创新成果是创新活动的产物，但并非创新活动的所有产物都是创新成果，创新成果具有创新性、价值性和风险性3个特征，下面分别进行介绍。

- **创新性**。创新性是创新成果最显著的特征，创新的本质在于对于旧的、固有的、人们所习惯的东西的突破，仅仅产出已有的东西，则只能叫劳动成果。如将橡皮置于普通铅笔末端而成的新式铅笔是创新成果，而作为其部分而存在的橡皮和普通铅笔本身则不是创新成果。

- **价值性**。价值性是创新成果的基本特征。创新活动的根本目的是改变人类的生活和社会，有创新性的东西不一定有价值，不一定能对人类的生活和社会产生影响，也就不能称为创新成果。值得注意的是，一些理论、学说虽然短时间内不能对人类的生活和社会产生影响，但是能够指导后续的研究或者影响人们的思维和观念，最终改变人类的生活和社会，所以也属于创新成果。

- **风险性**。风险性是创新成果固有的特征。创新成果的风险性主要体现在两方面：一是技术风险，创新活动不一定能产出预期的成果，如因为永动机有悖基础定律，各个科学家对永动机的研究都宣告失败；二是市场风险，创新成果不一定能够成功产业化，即使产业化成功也可能不被市场认可，无法盈利甚至血本无归，如每100种治疗心血管疾病的新型药物进入临床试验，最终获批生产的只有约6种，能够在市场获利的只有约两种。

### 2. 创新成果的类型

创新成果这一概念涵盖了多个领域，因此可以简单地按照其领域进行分类，如分成经济创新成果、科技创新成果、军事创新成果等。但其实很大一部分创新成果会被运用到不同的领域，如尼龙既能被制成高强度缆索也能被制成女式丝袜，仅仅靠领域来分类存在很大的弊端，所以这里按照表现形式和创新的对象对其进行分类，下面进行具体介绍。

- **理论创新成果**。理论创新成果是指新发现的理论、对原有理论的新解读和阐释、对旧有理论的修正、对已有理论的整合归纳等。理论创新成果不具备物质性，往往不会对人类的生活和社会产生即时的影响，但其影响深远，往往是其他创新的先导，比如现代很多创新成果都是对相对论的应用和发展。

- **方法创新成果**。方法创新成果是指解决问题的新方法、新手段，对原有方法的优化和调整，改正已有方法的错误等。方法创新成果也不具备物质性，但一般能够立即被应用，从而产生影响，如医院使用的无影灯就是使用多角度光源进行饱和照明，从而"避免"了阴影。

- **制度创新成果**。制度创新成果指新制度、新规章、新规则或对原有制度的修订等。制度创新成果看似没有创作什么"新"的东西，但是能够引导人们的行为，实现社会的持续发展和变革，如弗雷德里克·泰罗创造的工作方法泰罗制，不仅在美国的整个制造业推行，还被苏联引入并用其设计国家工业计划，深刻地影响了一个大国。

- **产品创新成果**。产品创新成果指创造出前所未有的产品或将已有产品进行改良使其具备新的功能。产品创新成果是最直观的创新成果，现代人们日常使用的器物都是产品创新成果。

- **服务创新成果**。服务创新成果指通过对服务的改善，提高被服务者的体验。服务创新成果的表现比较隐晦，但现代人们所享受的一切服务其实都是服务创新成果。

除此以外，还有设计创新成果、文化创新成果和组织创新成果等其他的类型，有的创新成果同时具有多重类型的特点，如工业流水线的出现，就同时包含了理论创新成果、方法创新成果、产品创新成果等。

77

**阅读材料**

## 多项创新成就超级工程

沪通长江大桥，全长 11.072 千米，采用主跨 1 092 米的钢桁梁斜拉桥结构，是世界上首座超过千米跨度的公铁两用桥梁。大桥工程耗费钢材 48 万吨，混凝土 230 万立方米，工程规模之大，施工难度之大，创造了世界桥梁史和中国桥梁建设史的多个之最，是名副其实的超级工程。

为了建设这样一个超级工程，设计团队、材料团队、施工团队需要面对巨大的困难。首先就是材料的问题，由于大桥跨度大、载荷重，整体结构刚度要求高，其桥梁、主塔和钢索都需要使用新型高性能材料；其次在结构构造上，为了具有更大的刚度，大桥需要在铁路全断面采用全箱桁组合结构，这在我国桥梁建设史上还是首次；然后在施工工艺方面，大桥位于长江近入海口，水文情况复杂，需要使用巨型沉井整体制造、浮运、定位新工艺以及主梁两节间全焊接、桥位整体吊装施工新工艺，工艺难度极大；最后是设备设施上，现有设备设施无法满足大桥施工需要，很多设备都需要自行研制。

为了突破这些难题，大桥建设指挥部组织参建各方进行技术攻关，最终取得了一个又一个科研创新成果。为了解决材料问题，科研课题组研制出了 Q500qE 级高强度桥梁结构钢；为了攻克结构难关，科研项目组研制了超大位移量钢轨伸缩调节器与梁端伸缩装置；为了突破工艺限制，科研项目组开发了沉井增压浮运技术、锚锭系统方案和深水沉井基底检测技术等；为了克服设备问题，科研项目组设计研发了多项机械设备。除此之外，大桥工程在大桥健康监测、运营维护、施工技术和管理方法上都取得了创新和突破。

依托沪通长江大桥工程，各单位累计发表科技论文 70 余篇，申报专利 24 项，可以说沪通长江大桥就是由各个方面的创新所共同铸就的。

**启示：**本案例中的沪通长江大桥本身是一个具体客观的事物，但它也是在其建设过程中运用的所有创新成果的结晶，因此它是一个新的"产品"，属于创新成果。

**课堂活动** ● ● ● ● ● ● ● ● ● ● ● ● ● ● ● ● ● ● ● ● ● ● ● ● ● ● ● ● ● ● ● ● ● ●

## 创新故事演讲

**活动方法：**每个同学搜集一则自己喜欢的创新故事，并在全班同学面前进行演讲，分享故事。

**活动人数：**班级活动，人数在 10~50 人为宜。

**活动场地及道具：**教室或其他可供集体使用的地点，无固定道具。

**活动规则：**每位同学搜集一则创新故事，并以此为主题准备 3 分钟以内的演讲，要求在演讲中明确创新成果以及创新成果的来源和类型。在演讲结束后，其他同学可以针对演讲内容提问，演讲者当场作答，回答结束后换下一位演讲者，重复以上步骤直到所有同学演讲完毕。最后由教师对活动进行点评。

**注意事项：**

（1）在演讲时要维护好课堂环境，不得中途插话，也不得起哄，保证同学能够尽情表达；

（2）演讲者也可准备相关的演示文档或道具，但应注意语言才是演讲的主体。

# 项目二

## // 创新成果的保护 //

创新成果是创新者投入资源、时间、精力进行创新活动所得到的成果，是创新者的心血。但有不法分子以剽窃、盗用、假冒等方式恶意侵犯创新成果，这极大地损害了创新者的利益。对此，国家也出台了各项法律法规来对创新成果进行保护，大学生应该用这些法律知识武装自己，保护自身权益，下面对相关法律法规做具体介绍。

### 任务一　商标权的法律保护

现代的商业经营者离不开商标，商标本身包含巨大的品牌价值，但又容易被仿冒，所以是知识产权侵权的重灾区。商标侵权行为不仅损害商标所有者的利益，还会损害商标本身的价值。因此，对商标的保护就成了知识产权保护的重点。下面对商标权的法律保护进行介绍。

#### 1. 商标与商标权

商标，是经营者对自身产品或服务添加的独特标记，商标的雏形在古代商业活动中就已经被广泛使用。在近代，各国都通过立法来对商标进行保护，我国早在1982年就通过了《中华人民共和国商标法》（以下简称"《商标法》"），其中规定"（商标是）任何能够将自然人、法人或者其他组织的商品与他人的商品区别开的标志，包括文字、图形、字母、数字、三维标志、颜色组合和声音等，以及上述要素的组合"。

在通过商标注册程序后，商标即成为注册商标，注册商标受《商标法》等法律法规的保护。商标权即是指商标所有者（商标权人）对于注册商标所享有的权利，包括商标专用权、标记权、续展权、处分权等，其中最易被他人侵犯、需要特别注意保护的是注册商标专用权。图5-1所示为商标在不同阶段的标记。

图 5-1　商标在不同阶段的标记

> **知识拓展**
>
> 根据我国《商标法》的规定，注册商标的有效期为10年，自核准之日起计算。注册商标有效期满，需要继续使用的，商标注册人应当在期满前12个月内按照规定办理续展手续；在此期间未能办理的，可以给予6个月的宽展期。每次续展注册的有效期为10年，自该商标上一届有效期满次日起计算。期满未办理续展手续的，注销其注册商标。

#### 2. 对注册商标专用权的侵犯

注册商标专用权是指商标权人对其商标所享有的独占的、排他的权利，根据《商标法》的规定，有以下行为之一的均属侵犯注册商标专用权的行为。

- 未经商标注册人的许可，在同一种商品上使用与其注册商标相同的商标的。
- 未经商标注册人的许可，在同一种商品上使用与其注册商标近似的商标，或者在类似商品上使用与其注册商标相同或者近似的商标，容易导致混淆的。
- 销售侵犯注册商标专用权的商品的。
- 伪造、擅自制造他人注册商标标识或者销售伪造、擅自制造的注册商标标识的。
- 未经商标注册人同意，更换其注册商标并将该更换商标的商品投入市场的。
- 故意为侵犯他人商标专用权行为提供便利条件，帮助他人实施侵犯商标专用权行为的。

- 给他人的注册商标专用权造成其他损害的。

凡是构成以上侵权行为的，商标权人就需要收集相关证据，向工商管理部门投诉或者直接向法院起诉，要求侵权行为方立即停止侵权行为并赔偿相应损失，维护自身的合法权益。

### 商标风波

郝亚婷是一个致力于农产品生产加工的大学生创业者，有一天她突然收到了商标管理部门的来函，信中告知：有企业反映，她6年前申请的禽蛋类商标"土而奇"一直属于闲置状态，按照商标法的相关规定，应予收回，并要求她3个月内准备好自诉材料，3个月后就将决定是否收回商标。

郝亚婷懵了，她自大学毕业后半年即投身经营农畜产品，"土而奇"是她在2007年为自家鸡蛋申请的商标，一直在产品上使用，怎么会突然就要被收回了呢？

通过相关部门，郝亚婷终于了解了事情的来龙去脉，原来在她申请商标6个月后，四川的一家大型农产品企业也申请了"土而奇"商标，该企业的产品众多且都是以"土而奇"为名的，只有禽蛋类的"土而奇"商标被郝亚婷捷足先登，于是向商标管理部门检举郝亚婷是商标闲置，这才有了开头郝亚婷收到商标管理部门来函这一事件。

郝亚婷当然不愿意放弃已经使用了6年的商标，她通过网络找到了该企业的产品，并发现该企业的所有产品，包括禽蛋制品的包装上都印着"土而奇"的字样，这毫无疑问是侵权行为。郝亚婷不仅要保住自己的商标，还要让侵权者付出代价，她随后向四川当地的工商部门递交了相关材料举报这家企业违规使用商标。最后该企业与郝亚婷协商，以20万元的价格买走了禽蛋类商标"土而奇"。

（案例材料来源：《中国青年报》。）

**启示**：在本案例中，四川的这家大型农产品企业未经允许，擅自在自家禽蛋产品上使用了属于郝亚婷的注册商标"土而奇"（禽蛋类），直接侵犯了郝亚婷的注册商标专用权。郝亚婷收集到相关证据并举报了该企业，果断地捍卫了自身的合法权利。

### 任务二　著作权的法律保护

《中华人民共和国著作权法》（以下简称《著作权法》）自1990年颁布，又分别于2001年和2010年两次进行修正，其主旨为"保护文学、艺术和科学作品作者的著作权，以及与著作权有关的权益"。下面就对著作权的相关知识及法律保护进行介绍。

#### 1. 著作权与作品

著作权又称版权，是指作者对其创作的作品依法享有的专属权利。著作权的主体即是著作权人，第一著作权人是作者，但通过受转让、继承或赠予等方式取得著作权的公民、法人以及其他组织也是著作权人。

著作权的获取不用进行注册或登记等程序，无论作品发表与否，自作品完成之时起便自动获得。著作权包括人身权和财产权两个大类，其中人身权包括发表权、署名权、修改权、保护作品完整权；财产权包括复制权、发行权、出租权、展览权、表演权、放映权、广播权、信息网络传播权、摄制权、改编权、翻译权、汇编权以及应当由著作权人享有的其他权利。

著作权的客体是作品，根据《著作权法》的规定，作品是指在文学、艺术和科学领域内具有独创性并能以某种有形形式复制的智力成果，具体包括以下9个类别。

- 文字作品。文字作品是指小说、诗词、散文、论文等以文字形式表现的作品。
- 口述作品。口述作品是指即兴的演说、授课、法庭辩论等以口头语言形式表现的作品。

- **音乐、戏剧、曲艺、舞蹈、杂技艺术作品。** 音乐作品是指歌曲、交响乐等能够演唱或者演奏的带词或者不带词的作品。戏剧作品是指话剧、歌剧、地方戏等供舞台演出的作品。曲艺作品是指相声、快书、大鼓、评书等以说唱为主要形式表演的作品。舞蹈作品是指通过连续的动作、姿势、表情等表现思想情感的作品。杂技艺术作品是指杂技、魔术、马戏等通过形体动作和技巧表现的作品。
- **美术、建筑作品。** 美术作品是指绘画、书法、雕塑等以线条、色彩或者其他方式构成的有审美意义的平面或者立体的造型艺术作品。建筑作品是指以建筑物或者构筑物形式表现的有审美意义的作品。
- **摄影作品。** 摄影作品是指借助器械在感光材料或者其他介质上记录客观物体形象的艺术作品。
- **电影作品和以类似摄制电影的方法创作的作品。** 电影作品和以类似摄制电影的方法创作的作品是指摄制在一定介质上，由一系列有伴音或者无伴音的画面组成，并且借助适当装置放映或者以其他方式传播的作品。
- **工程设计图、产品设计图、地图、示意图等图形作品和模型作品。** 图形作品是指为施工、生产绘制的工程设计图、产品设计图，以及反映地理现象、说明事物原理或者结构的地图、示意图等作品。模型作品是指为展示、试验或者观测等用途，根据物体的形状和结构，按照一定比例制成的立体作品。
- **计算机软件。** 计算机软件是指计算机程序及其文档。
- **法律、行政法规规定的其他作品。**

81

**知识拓展**

　　根据作者性质的不同，著作权的保护年限也有所不同，作品的作者是国家公民的，保护期限至作者死亡之后第 50 年的 12 月 31 日；作品的作者是法人或其他组织的，保护期限至作品首次发表之后第 50 年的 12 月 31 日。对于作品创作后 50 年内未发表的，不再受《著作权法》的保护。署名权、修改权、保护作品完整权不受保护期限限制。

### 2. 作品著作权登记

　　依据《著作权法》的有关规定，作者自作品完成之时即自行取得著作权，但是为维护著作权人和作品使用者的合法权益，更好地解决因著作权归属造成的著作权纠纷，我国在 1995 年实施了《作品自愿登记试行办法》，作者可以自愿携带个人有效身份证明、作品样本等资料到所属的省（自治区、直辖市）的版权局进行作品著作权登记，以进一步明确权利归属，方便版权交易，保护权属人权益。

　　进行产品著作权登记不是必须的，但也有其优势，一则可以获得作品登记证，明确著作权归属，在遭遇著作权纠纷时作为权威证据；二则登记机关会对完成了著作权登记的作品进行公示，这有利于作品的宣传和传播。著作权登记所需材料如图 5-2 所示。

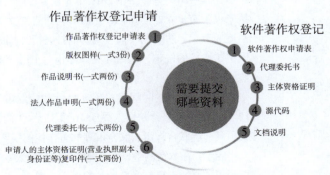

图 5-2　著作权登记所需材料

### 3. 对著作权的侵权行为的判定

要想更好地保护自身的著作权，了解《著作权法》中对于侵权行为的判定是很有必要的，构成著作权的侵权行为必须满足4个条件，分别是违法性、损害事实、因果关系和主观过错，下面进行具体介绍。

- **违法性**。违法性是指该行为触犯了《著作权法》，具备违法性质，才能算侵权行为，否则即使该行为侵犯了著作权人的利益，也不能使行为人承担法律责任。

- **损害事实**。损害事实是指该行为在客观上对著作权人的利益造成了损害，这里的损害不仅包括物质的损害，也包括精神的损害，如某出版商未经作者许可便发行了其作品，虽然后来向作者支付了稿酬，但该出版商的行为侵犯了作者的精神权利，依然是侵权行为。

- **因果关系**。因果关系是指只有当该行为与著作权人的损失之间有明确的因果关系时，行为人才需要承担侵权赔偿责任。

- **主观过错**。主观过错是指在适用过错责任的场合（如抄袭的判定），行为人具有主观过错的则应承担相应责任，过错包括故意和过失。在不适用过错责任的场合，则不用考虑主观过错来判定侵权行为。

在遭遇著作权侵权行为后，著作权人可以通过仲裁与诉讼的方式来捍卫自身的权益，侵权者将依法承担赔偿损失、赔礼道歉等民事责任甚至被追究刑事责任。

**知识拓展**

> 邻接权，又称作品传播者权，是指作品传播者对其传播作品过程中所做出的创造性劳动和投资所享有的权利，包括出版者对其出版的图书和期刊的版式设计享有的权利，表演者对其表演享有的权利，录音录像制作者对其制作的录音录像制品享有的权利，广播电台、电视台对其播放的广播、电视节目享有的权利。邻接权同样受到《著作权法》的保护。

**阅读材料**

#### 联合维权

2016年，电视剧《锦绣未央》热播，一时间风头无两。但不久之后，网络上就爆发出一条令人震惊的消息，该消息称《锦绣未央》的同名原著小说涉嫌抄袭，还不止抄袭了一部小说，而是涉嫌抄袭200多本小说，其全书近300章内容中，仅有9章未抄袭，其他的所有章节都涉嫌抄袭。

由于《锦绣未央》抄袭的作品较多，导致单个作品被抄袭的比例极低，难被认定为抄袭，所以一共有12位作家决定联合起诉《锦绣未央》的原作者周静。该案的审理历时两年多，其中第一案最终在2019年5月8日由北京市朝阳区人民法院做出判决，认定《锦绣未央》有116处语句和2处情节与原告沈文文的小说构成相同或实质性相似，总共涉及近3万字。法院判决被告周静的抄袭行为构成对沈文文享有的复制权、发行权和信息网络传播权的侵害，判令其立即停止对小说《锦绣未央》的复制、发行及网络传播并赔偿原告相应损失。

之后一个月的时间里，其他11案也相继审理宣判，所有原告作者均获胜诉。在全部12案中，周静累计赔偿人民币70余万元，并且相关作品停止复制、销售、发行。这是我国第一起联合起诉、联合审理的著作权侵权案件，是我国著作维权的一个里程碑。

**启示**：在本案例中，由于侵权认定难度大，被侵权作家以集体诉讼的方式进行维权，揭开了《锦绣未央》多方抄袭的真相，捍卫了自身的权利。

### 任务三　专利权的法律保护

专利是指获得了国家机关颁发的专利证书的发明创造，也可以叫作专利技术。大学生如果在创新活动中取得了能够申请专利的成果，一定要积极申请专利，更好地保护自己的创新成果。下面对专利权的相关知识进行详细介绍。

#### 1. 专利的类型

我国现行的《中华人民共和国专利法》（以下简称《专利法》）规定，受其保护的专利分为 3 类，分别是发明专利、实用新型专利与外观设计专利，每种专利有其不同的申请条件与保护年限。

- **发明专利**。发明专利中的发明是指对产品、方法或者其改进所提出的新的技术方案，既可以是原创性的技术，也可以是改进型的技术。发明又可细分为产品发明、方法发明两种类型，产品发明是指利用自然规律作用于特定事物而产生的自然界从未有过的新产品或新物质的发明；方法发明是指为解决某特定技术问题而采用的手段和步骤的发明，如制造工艺、加工方法、测试方法、产品使用方法等。发明专利的法律保护期限为 20 年。
- **实用新型专利**。实用新型专利中的实用新型是指对产品的形状、构造或其结合所提出的适于实用的新的技术方案。产品的形状是指产品所具有的、可以从外部观察到的确定的空间形状；产品的构造是指产品的各个组成部分的安排、组织和相互关系。实用新型专利只保护经过工业方法制造的、占据一定空间的实体产品，其法律保护期限为 10 年。
- **外观设计专利**。外观设计专利中的外观设计是指对产品的形状、图案或者其结合以及色彩与形状、图案相结合所做出的富有美感并适于工业上应用的新设计，包括产品的形状、图案、色彩及其组合。外观设计专利的载体必须是用工业方法进行生产的产品，其法律保护期限为 10 年。

扫一扫

专利申请流程详解

一项发明创造必须由申请人向国家知识产权局提出专利申请，经国家知识产权局依照法定程序审查批准后，才能取得专利权。在专利申请的过程中，申请人还需要缴纳一系列费用，专利生效后，专利持有人还需要逐年缴纳专利年费直至专利失效。

#### 2. 专利权及其特点

专利权是专利权人（专利发明者或专利受让人）对特定的发明所依法享有的权利，在发明人完成申请程序后由国家专利机构授予，受到《专利法》的保护，图 5-3 所示为我国的专利证书。

图 5-3　专利证书

专利权包括独占实施权、实施许可权、转让权和标示权等，下面分别进行介绍。

- **独占实施权**。独占实施权是指专利权人独占性地使用其专利，而任何其他个人或组织在未经专利权人允许的情况下都不得使用该专利。
- **实施许可权**。发明专利申请公布后，申请人可以要求实施其发明的单位或者个人支付适当的费用。任何单位或者个人实施他人专利的，应当与专利权人订立实施许可合同，向专利权人支付专利使用费。被许可人无权允许合同规定以外的任何单位或者个人实施该专利。
- **转让权**。专利权人有权将自身的专利权让渡给其他公民、法人或其他组织。依法完成专

83

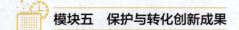

利转让后，让渡者即失去专利权而受让者成为新的专利权人。

- **标示权**。发明人或者设计人有权在专利文件中写明自己是发明人或者设计人。专利权人有权在其专利产品或者该产品的包装上标明专利标识。

专利权具有排他性、时间性和地域性3个特点，下面进行介绍。

- **排他性**。排他性亦称独占性，指专利权人对专利技术享有排他的权利，未经其许可或者未出现法律规定的特殊情况，任何人不得使用，否则即构成侵权。排他性是专利权的最重要的特点，是专利权人依靠专利获取利益的基础。
- **时间性**。时间性是指法律对专利的保护是有时限的，超过时限后，专利会被公开，成为全人类共同的财富，任何人都可以平等地使用它。
- **地域性**。地域性是指专利权必须依靠某一国家的法律，依一国法律取得的专利权只在该国内部受到法律保护，而在其他国家则不受保护。如果两国之间有双边的专利（知识产权）保护协定，或共同参加了有关保护专利的国际公约，则专利权在所有协定国家或公约参与国都受到保护。

### 3. 专利侵权行为的界定及其类型

近年来，专利侵权事件屡见不鲜，专利维权的道路似乎非常艰难，但大学生只要充分了解了《专利法》的相关规定，就能运用法律来维护自身的合法权益，其中很重要的一点就是要了解侵权行为，下面就对侵权行为的界定和类型进行说明。

（1）专利侵权行为的界定。

专利侵权行为是指在专利权有效期限内，行为人未经专利权人许可又无法律依据，以营利为目的实施他人专利的行为。可以通过以下特征对其加以界定。

- **侵害的对象是有效的专利**。如果其侵犯的技术（产品、外观等）尚未被授予专利或者已经被宣告无效、专利权期限届满或者被专利权人放弃，则不构成侵权行为。
- **客观侵害行为**。无论是有意还是无意，如果行为人在客观上侵害了他人专利，则此行为是专利侵权行为。
- **以生产经营为目的**。如果行为人对他人专利的实施不以生产经营为目的，如对专利进行科学研究和实验等，则不构成侵权行为。
- **违反了法律规定**。未经专利权人的许可，又无法律依据而实施专利，则行为人构成侵权行为。

虽然《专利法》明确保护了专利权人的独占实施权，但在一些特殊情况下人民政府也会在得到专利权人许可的情况下直接使用其专利，这种情况被称为强制许可。如专利权人行使专利权的行为被依法认定为垄断行为，为消除或者减少该行为对竞争产生的不利影响，人民政府就会对该专利实施强制许可。实施强制许可会通知专利权人，专利权人对实施强制许可的决定不服的，可以自收到通知之日起3个月内向人民法院起诉。

（2）专利侵权行为的类型。

专利侵权行为的种类很多，根据其表现形式的不同，可以将专利侵权行为分为直接侵权行为和间接侵权行为两种，下面分别介绍。

- **直接侵权行为**。直接侵权行为指行为人直接侵犯他人专利权的行为，包括未经授权制造生产专利产品的行为，使用、销售或许诺销售发明、实用新型专利产品的行为，进口专利产品的行为，使用专利方法以及使用、许诺销售、销售、进口依照该专利方法直接获得的产品的行为及假冒他人专利的行为。

- **间接侵权行为。** 间接侵权行为指行为人的行为本身虽然没有侵害他人专利权，但是实施了诱导、怂恿、教唆、帮助他人侵害专利权的行为，行为人主观上有诱导或唆使他人侵犯专利权的故意，客观上为直接侵权行为提供了必要条件。例如，故意制造、出售专门用于专利产品的关键部件或者用于实施专利方法的专用设备或材料给未获授权的第三方。

**阅读材料**

### 专利维权的困局

李恒在就读于武汉科技大学期间，研发了"高空喷淋降尘系统"并获得了国家专利，他也凭借这项专利走上了自主创业的道路。

李恒成立了武汉磊雨环保科技有限责任公司（以下简称"磊雨公司"），主要生产防扬尘装置，其业务已经覆盖了全国各地近 300 多个工地，该公司被认定为湖北省高新技术企业，一时间风头无二。但就在春风得意之时，公司却接连遇到专利侵权的问题，在 2016 年 8 月，李恒获悉武汉某公司制造了模仿自家专利技术的塔吊喷淋装置，并销售给两家公司共 6 套设备，在武汉某大桥和某地铁工地投入使用。

为此，磊雨公司以涉嫌侵犯其专利权为由，向武汉市科技局（知识产权局）申请立案。经调查，武汉市科技局（知识产权局）认定磊雨公司被侵权，并通过行政手段处理了侵权公司。但这一处理结果并不能让李恒满意，因为他认为侵权公司一共销售了 6 套设备，每套市场售价 4 万元，其非法收入达到了 24 万元。而此次对其开出的赔偿金只有 2.8 万元，并且考虑到环境影响，原施工现场仍然继续使用已安装的装置。就这样，对方仍然拖了半年，李恒才拿到属于自己公司的赔偿金，虽然很憋屈，但李恒表示并没有更好的办法，因为通过法院起诉的方式维权，时间长，花费大，得不偿失。

类似的维权在全国各地进行过多次，每次的收益其实连维权成本都收不回来，更不要提经济损失了，专利侵权已经严重影响了这个创新企业的发展。

2018 年 3 月，湖北大学生创新创业知识产权维权援助中心揭牌成立，该组织将会对大学生创业者提供专业的知识产权保护研究、咨询、法律维权和培训服务，李恒非常高兴，觉得自己终于可以更好地维护自身的知识产权了。

（案例材料来源：《中国青年报》。）

**启示：** 通过起诉方式进行专利维权成本高、时间长，而通过行政手段进行专利维权赔偿低、强制力弱，面对这一问题，湖北建立了大学生创新创业知识产权维权援助中心，通过这一机构来服务大学生创业者进行知识产权维权，这是对大学生创业者保护自身知识产权的有力帮助。

### 任务四　其他知识产权的法律保护

商标权、著作权和专利权是重要且常见的 3 种知识产权类型，除此以外，我国对其他的知识产权也有相关的保护措施，主要包括商业秘密权、植物新品种权和集成电路布图设计权等，下面对这些知识产权的含义和相关法律法规做简要介绍。

- **商业秘密权。** 商业秘密是指具有商业价值且权利人有意使其不为公众所知悉的商业信息，主要包括产品配方、工艺流程、制作要诀、设计图纸、货源信息、客户名单等。商业秘密关乎企业的生存和发展，国家立法对其进行全面保护，主要涉及《中华人民共和国反不正当竞争法》《中华人民共和国公司法》《中华人民共和国合同法》《中华人民共和国刑法》等法律法规的部分条目。

- **植物新品种权。**育种的单位和个人在经过人工培育或者对发现的野生植物加以开发，对以此得到的植物新品种享有排他的独占权。虽然我国现在还没有专门的法律对该权利进行保护，但是国家林业和草原局与农业农村部两个部门会对其进行行政保护。

- **集成电路布图设计权。**权利持有人对其所拥有的集成电路布图设计进行复制和商业利用的专有权利就是集成电路布图设计权。只有经国务院知识产权行政部门登记的布图设计权才受法律保护，其保护期限为 10 年。《集成电路布图设计保护条例》是我国现行的集成电路布图设计权保护法规。

**阅读材料**

### 盗取商业秘密

经过精心的研究，义乌某汽车用品有限公司研制并生产出了一种一伞两用汽车遮阳伞，公司对这个新产品寄予厚望，投入了很多资源正准备在市场上大展拳脚的时候，却突然发现有一款在产品外形和功能上都与一伞两用汽车遮阳伞高度相似的产品已经在市面上大行其道，公司的新产品已经没有了市场空间。

经过分析，公司发现公司原设计师亢某、原销售人员刘某和童某 3 人在前段时间相继离职，并疑似盗取了公司的技术并在外仿制生产。考虑到这一情况，公司负责人迅速携带相关材料和证据向义乌市场监管局稽查大队投诉。

经过稽查人员的蹲点和调查，亢某、刘某和童某 3 人虽然没有直接以自己的名义参与遮阳伞的销售经营活动，但是确实在义乌经济开发区某厂房内组织生产该产品。被稽查人员查获后，3 人对自己的犯罪行为供认不讳，称因为不满原先公司的劳资待遇，并且察觉到公司新推出的一伞两用汽车遮阳伞具有不错的市场前景，3 人相继离职并合伙办厂，利用亢某掌握的公司核心技术生产该遮阳伞并利用刘某、童某的销售渠道销售遮阳伞牟利。

截至被查获时，3 人的违法经营额已达 200 万元，现在，他们因为自己侵犯商业秘密的行为，不仅要面临民事赔偿，还将要面临刑法的严惩。

**启示：**亢某、刘某、童某 3 人盗取原工作公司的商业秘密牟取不正当利益，公司方面察觉后果断向工商行政管理部门投诉，维护了自身的利益。除此之外，公司还可以通过申请仲裁和提起诉讼的方式维权。

**课堂活动**

### 模拟法庭

**活动方法：**分小组活动，各小组事先准备知识产权侵权的案情剧本，小组同学分别饰演不同角色，模拟知识产权侵权案的庭审过程。

**活动人数：**每小组 8 人左右，分别扮演审判员、检察官、原告、被告、双方辩护律师、书记官、证人以及其他诉讼参与者等角色。

**活动场地及道具：**教室或其他可供集体使用的地点，桌椅若干，以及证据、法典、纸笔、司法文件等道具。

**活动规则：**按照事先排定的案情剧本，各角色明确职责，模拟真实庭审环境，按照庭前准备、法庭调查、法庭辩论和法庭判决 4 个庭审程序进行。在一组进行模拟法庭的时候，其他同学充当旁听者，各组依次进行模拟法庭活动，所有小组活动完毕后，进行点评。

**注意事项：**

（1）活动前各小组要提前准备好剧本，注意该剧本不是模拟法庭的剧本，而是知识产权侵权事件的始末，在庭审环节中不得临时对事件进行更改或添加细节；

（2）活动中要严格遵守法庭纪律，尊重庭审规范，不得抢话、起哄、扰乱法庭秩序；

（3）也可由专人担任所有小组的审判员、书记官、检察官，每个小组只负责扮演原告、被告、辩护律师和证人等角色。

扫一扫

模拟法庭活动程序

# 促进创新成果转化

目前，在大学生的各种创新实践中涌现出了很多创新成果，但由于各种各样的原因，有很大一部分创新成果最终被束之高阁，没能发挥其应有的作用。其实创新成果的出现只能算创新活动的阶段性成功，只有使创新成果真正发挥作用，将其转化为生产力，才能最终改变人类的生活和社会，达到创新活动的终极目的。下面就对创新成果转化的意义和方式进行介绍。

## 任务一　创新成果转化的意义

创新成果转化是将创新成果进行规模化、标准化的实际运用，凭借其获得经济效益和社会效益的行为。创新成果转化是实现创新成果价值的重要方式，对创新者、推广者和社会都具有重要的意义，下面进行具体介绍。

### 1. 对创新者而言

创新者作为创新成果的拥有者，创新成果转化首先就会为创新者带来很多的收益。对于创新者来说，创新成果转化具有以下 4 个意义。

- **获得报酬。** 将自有的创新成果产业化，最直接的收益就是金钱报酬，无论是许可他人使用成果还是直接转让成果，创新者都可以获得报酬，这是创新者冒着风险投入资源和精力进行创新活动所应得的利益。在很多情况下，物质报酬也是创新者进行创新活动的动机。

- **检验成果。** 创新成果的转化过程在某种角度也是将创新成果进行大规模的生产运用并将其放到市场环境下进行检验的一个过程。这种检验是创新者在创新活动中所不能实现的，创新者可以根据创新成果生产运用的情况和市场的反应来对该创新成果进行优化和改良，并为其之后的创新活动提供参考。

- **引起关注。** 创新成果的大范围生产运用与投入市场会同时给创新者带来不小的名气，一方面可能会吸引其他的创新者或组织注意到创新者，进行交流、合作；另一方面，一些有相关创新需要的个人或组织会去寻求与创新者合作，以产出新的创新成果。

- **自我实现。** 创新者通过创新成果来改变世界，看着自己的创新成果一步步产业化，投入市场，最终在一定程度上改变了人们的生活，对很多创新者而言是很有成就感的事情。创新成果转化是创新者实现自我价值的重要途径。

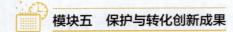

### 2. 对推广者而言

推广者是指将创新成果进行大规模运用并利用其产生价值的人或组织，包括出版商、生产厂家和服务公司等，有时候创新者自己会成为推广者。对于推广者来说，创新成果转化具有以下意义。

- **获得经济效益**。这通常是推广者最为直接和看重的收益，创新成果一般会有特定的优势，如创新的管理方法可以提高生产效率、创新的工艺能够提高原材料利用率、创新的产品设计能够提高附加值等，其最终结果都是获得经济效益。

- **取得竞争优势**。创新成果由于其"新"的特点，往往更能满足消费者的需要或者引起消费者的好奇心，创新成果投向市场时往往能够取得竞争优势。

- **开辟新兴市场**。一些创新成果具有独创性，能够满足市面上其他产品不能满足的消费者需要，或者激发消费者的潜在需要，推广者就能凭借创新成果开辟出新兴市场并在这个市场上占据绝对优势。

- **扩大品牌影响**。转化创新成果，开发新产品，会带来更高的话题度和吸引力，推广者可以借此更好地传播品牌，扩大品牌影响力，有时候一个新产品就能打造出品牌形象。

### 3. 对社会而言

创新成果转化对社会的影响是多层次、多方面的，其对社会的作用主要体现在以下4个方面。

- **节约社会资源**。很多创新成果的转化都可以节约社会资源，如改进产品工艺可以降低产品耗材，节约了原材料；改进管理方式能够提高生产效率，相对节约了人力资源；改变运输方式，提高运输效率，节约了交通资源和燃料等。

- **提高社会生产力**。创新成果的转化本质是将创新成果转化为生产力，如工业机器人能够代替人类进行简单的劳动，大大提高了生产力。

- **改善人们的生活**。创新成果的转化和普及能够改善人们的生活，人们日常生活接触的所有产品都是人类创新的成果，如食物、衣物、交通工具等。

- **改变人类的观念**。创新成果的转化同时也会使新兴事物走进寻常百姓家，推动人们观念的革新，如抗生素的普及推动了人们对于疾病的认识，天文望远镜的出现破除了迷信等。

**知识拓展**

为了促进科技成果转化为现实生产力，规范科技成果转化活动，加速科学技术进步，推动经济建设和社会发展，我国专门出台了《中华人民共和国促进科技成果转化法》，大家可以上网搜索了解其详细内容。

**阅读材料**

### 创新成果助力脱贫

贾玉龙是厦门大学的生物化学博士，一次偶然经历让他燃起了创新创业的火苗。有一次他到广西钦州某地参加活动，当地盛产优质荔枝，荔枝是当地居民主要的种植作物，也是当地家庭主要的经济来源。但是荔枝这种水果不耐存储，贾玉龙亲眼见到当地农民收获的 40 吨荔枝因为没有有效的保鲜手段，在收获的几天内就发生了严重的腐损，只能烂在地里。

这样的场景深深刺痛了年轻的贾玉龙，他上网了解到我国每年产出 10 余万吨水果，而其中的腐损量就高达 2 万多吨，经济损失达 2 800 亿元！贾玉龙深感痛心，他想要解决水果腐损的问题。回校后他召集了同校的一些研究生和本科生，开始着手水果防腐方面的研究。

　　贾玉龙了解到当前市场上的主流果蔬防腐方式是化学保鲜，化学保鲜技术成熟、成本低廉，但是却存在一定的安全隐患。而另一种防腐方式是生物保鲜，生物保鲜虽然安全环保，但是其核心技术一直被国外把持，成本高昂，无法广泛推广。贾玉龙团队认为生物保鲜是未来果蔬保鲜的发展趋势，于是决定开发出安全可靠且成本低廉的果蔬保鲜产品。

　　经过艰苦的研究，贾玉龙团队最终发明了"果蔬卫士"新型生物果蔬保鲜剂，每50克"果蔬卫士"可以处理900千克的荔枝。2018年5月，厦门引宇生物科技有限公司正式成立，"果蔬卫士"也随即投产。该产品首先就被应用到扶贫领域，通过对农户进行示范性的免费试用，吸引农业合作社使用"果蔬卫士"产品，从而延长果蔬的保鲜期，带动收入的增加，间接地为贫困农户增加收入。截至2018年9月，"果蔬卫士"覆盖的贫困人数已达5 790人，有效地帮助了困难农户实现增收。

　　（案例材料来源：新浪新闻。）

　　**启示**：贾玉龙团队开发的"果蔬卫士"新型生物果蔬保鲜剂不仅使团队获利，还帮助了广大贫困农户脱贫致富，同时减少了资源浪费，让消费者吃到了放心又新鲜的水果，是经济效益与社会效益并存的典范。

### 任务二　创新成果转化的方式

　　创新成果转化的过程就是将智力成果转化为实际的产品或服务，或者对其进行规模化、标准化的应用，需要将创新成果与社会资源结合起来，而创新者则可以通过自主转化、知识产权转让、授权许可、技术入股与出资4种方式来实现创新成果转化并获得收益。

#### 1. 自主转化

　　最直接的创新成果转化方式，就是由创新者自己将其产业化，然后将产品或服务投入市场获取经济利益，这一方法只适用于产品或服务类的创新成果，其他类型，如管理方法创新成果，则无法自主转化。

- **优势**。作为创新者，肯定是对自己的创新成果最为了解的，能够很好地运用创新成果；同时自主转化创新成果的所有收益都属于创新者，并且能保证创新成果的转化符合创新者的意愿。
- **劣势**。创新者需要投入财力、人力和其他资源来进行创新成果转化，并且需要独立承担市场风险。大学生创新者往往是"技术内行、经营外行"，缺乏相关的知识和技能，自身资源也比较薄弱，经营效果可能欠佳。

#### 2. 知识产权转让

　　将知识产权通过合同交予受让方，受让方获得知识产权并向创新者支付转让费用，创新成果的转化则由受让方来实施。

- **优势**。创新者不用承担风险，获取固定的收益；受让方一般是相关领域有实力的企业，能更好地发挥知识产权的价值。
- **劣势**。创新者只能得到转让费用，受让方在之后取得的所有收益都与创新者无关，并且创新者无法干预受让方的行为。

### 3. 授权许可

创新者授权或许可他人或组织行使除所有权以外的其他财产权，并且收取一定的许可费用。而被授权方则按照合同约定使用其知识产权，完成创新成果转化。

- **优势**。创新者不用承担市场风险并且仍然保留知识产权的所有权，能够在一定程度上制约被授权方的行为；创新者在授权或许可合同时限满后，创新者可以更改许可费用、撤回授权许可或者更换被授权方；创新者可以同时授权多方。
- **劣势**。合同期内创新者只能享受固定收益，且许可费用一般低于转让费用。

### 4. 技术入股与出资

创新者将知识产权入股或者视作出资，其本质是创新者将知识产权转让为公司所有，将转让费变为股权，成为公司股东。

- **优势**。创新者享有股东身份，虽然失去了知识产权的所有权，但也能影响公司的决策和行为；创新者的收益变为股份分红，能够享受到公司发展的红利。
- **劣势**。创新者需要承担公司经营失败的风险，收益不稳定。

大学生创新者应该根据自身创新成果的性质，充分衡量这 4 种方式的优势和劣势，为自己的创新成果选择最合适的转化方式，同时最大限度地保障自身利益。

**阅读材料**

#### 技术入股成就精彩人生

2016 年 3 月，山东非法疫苗案爆发，价值 5.7 亿元的疫苗在未经严格冷链存储的条件下运输销往 24 个省市，引发了社会影响剧烈的毒疫苗事件，一时间人心惶惶。

闫河是陕西科技大学材料学博士出身，当时他已经在二维码溯源产业做得风生水起，还成了中国质量协会溯源行业标准制定专家组成员。出于对毒疫苗事件的高度关注和自身的职业敏感度，他敏锐地发现疫苗也需要一种类似于"溯源二维码"的东西，溯源二维码让消费者扫一扫即可获取商品的生产运输信息，而疫苗则需要能够实时监测其温度的标签。

经过近一年的反复试制和不断改进，他成功研发出了不同系列的温控标签。温控标签是一枚普通硬币大小的圆形贴纸，其中含有特殊的热敏材料，一旦温度超标，标签就会从白色一点点变为蓝色，而且这种变化不可逆，再将温度降低也不会使标签变回白色。将这种标签粘贴在疫苗瓶上，就可以实现从疫苗出厂到终端使用的全流程温度监控，在任何一个环节温度出了问题都能被及时发现。

2017 年，陕西温标科技有限公司成立，其主要目的就是生产并普及温控标签，现在是名副其实的行业领头羊，闫河凭借 6 项相关国家专利成为公司的技术负责人和董事长。

（案例材料来源：陕西科技大学招生办。）

**启示**：闫河手握 6 项专利，凭借专利权入股，与资本强强联合，迅速将温控标签投产，以最快的速度开发了这个新兴市场，不仅公司取得了良好的发展，也推动了我国疫苗安全问题的解决。

**• 课堂活动 • • • • • • • • • • • • • • • • • • • • • • • • • •**

#### 获取投资

**活动方法**：事先准备写有相关信息的卡片，由同学抽取卡片并分别扮演知识产权方和投资方，由双方进行模拟的创新成果转化谈判。

活动人数：一组 3~5 人，全班分为若干个"知识产权方"小组和"投资方"小组。

活动场地及道具：活动场地为教室，活动道具为卡片若干、不透明抽奖箱一个。卡片分为两种，一种是知识产权卡，其中信息包括知识产权名称、知识产权类别、知识产权描述以及知识产权价值；另一种为投资方卡片，其中信息包括投资方名称、领域、此次投资的资本上限。

活动规则：各小组代表上台抽取卡片，并扮演卡片上信息所代表的角色，之后由知识产权方和投资方自由接洽，知识产权方的目的是依靠自身的知识产权获得尽可能多的收益；而投资方的目的是凭借能够动用的资本获得价值尽可能高的知识产权。在双方交易完成后公布知识产权价值，看看班级中谁获利最多。

注意事项：

（1）在活动中知识产权方不能透露卡片上的知识产权价值，投资方不能透露资本上限；

（2）投资方可以投资多个知识产权，也可以由多个投资方合资投资同一知识产权；

（3）双方在进行意向接触时应该注意保护自身的商业秘密；

（4）双方可以选择任意方式合作，知识产权方选择自主转化也需要吸引投资。

## 课后思考与练习

1. 什么是创新成果？其来源是什么？

2. 创新成果有哪些特征？有哪些类型？

3. 结合本模块中关于商标权、著作权和专利权的相关知识，完成表 5-1 的填写。

表 5-1　商标权、著作权和专利权的对比

| 权利＼对比项 | 主体 | 客体 | 取得方式 | 相关法律法规 | 保护期限 |
|---|---|---|---|---|---|
| 商标权 | | | | | |
| 著作权 | | | | | |
| 专利权 | | | | | |

4. 阅读下面的描述，判断其是否可以申请专利。若可以申请专利，则进一步判断可以申请哪种类型的专利。

（1）××饮料换新包装了。

（2）手工艺人编制了一款工艺品，使用了全新的造型和图案。

（3）对拖把握把的形状进行改变，使之使用更舒适。

（4）创新性技术使打印机油墨使用量降低20%。

5. 通过网络自行搜集一个创新成果转化的真实案例，分析其对创新者、推广者和社会的影响，并指出其创新成果转化活动中的不足。

6. 如果你有一项市值 500 万元的实用新型专利，但是该专利的仿制难度较低，且该产品的市场比较成熟，行业竞争大，在这种情况下，你会选择什么样的专利转化方式？

# 模块六
## 组建创业团队

在当前的经济环境和社会环境下，创业绝不再是一个人单打独斗能够出头的，要想在市场上立足，就需要有一个目标一致、各有所长、团结一心的创业团队。本模块将具体介绍建立创业团队前的准备、建立创业团队的方法以及创业团队的管理技巧与策略等方面的知识，从而为大学生创业者组建团队提供帮助。

### 学习目标

- 掌握组建创业团队的原则
- 掌握创业团队组建的方法
- 了解创业团队的管理技巧与策略

### 案例导入

马云与阿里巴巴集团的大名可谓响彻全国，可能在阿里巴巴初创之际，马云和他的团队成员们都没有想到会有今天的成就。

马云的创业团队一共 18 人，号称"阿里巴巴十八罗汉"。当年，这 18 人拿出了全部家底——人民币 50 万元创立了一家公司。当时互联网行业的投资大热，新浪、搜狐、网易这样大型的门户网站已经站在了行业顶端，50 万元不过是这些巨头们的一次广告费罢了。阿里巴巴成立伊始，大家每天工作 16 ~ 18 小时，累了就睡在办公室的睡袋里，就这样每个员工的工资只有 500 元。在集体开销上就更是拮据，据说有一次大伙出去买东西，由于东西太多，迫不得已只能打车。在马路上向出租车招手，来桑塔纳车便摆手不坐，一直等到来了一辆夏利才坐上去，因为夏利每千米的费用比桑塔纳便宜 2 元钱。

在这样的环境下，阿里巴巴能够活下来并且不断壮大，并最终成为行业巨头，创业团队厥功至伟。蔡崇信，"阿里巴巴十八罗汉"之一，耶鲁毕业，曾在欧美各大公司任职，他放弃了德国投资公司 70 万美元年薪的工作，千里迢迢赶回国就任阿里巴巴的首席财务官，拿着每月500元的工资，将规范化、制度化的现代公司管理方式引入阿里巴巴，并且为当时已在悬崖边上的公司拉到了500万美元的天使投资。

首席人事官彭蕾，在资金极度有限的情况下为阿里巴巴物色了不少的人才，公司缺人时她甚至兼任公司客服接线员，之后又转战市场部、服务部等多个部门，建立了支付宝这一阿里巴巴核心产品，马云评价她为"几乎所有金融创新领域的拓荒者"。

孙彤宇则是阿里巴巴核心产品——淘宝网的建立者，他带领团队进行淘宝网的搭建，短短几年时间就把淘宝网年销售额做到400亿元，占据了电子商务80%的市场份额。淘宝网的成功可以说开启了阿里巴巴的崛起之门，之后阿里巴巴依托淘宝网一步步发展壮大，最终成了行业的巨头。

周悦虹则是一名技术极客，是阿里巴巴的Java架构师，他亲自组装了阿里巴巴公司最初的一批计算机，并编写了阿里巴巴初期的核心代码，将马云的构想变为了一行行代码，变为了可见的现实。

阿里巴巴的这"十八罗汉"各有所长，在马云的带领下他们充分发挥了自己的能力，共同创造了惊人的成绩。在阿里巴巴成功后，蔡崇信成为阿里巴巴集团执行副主席，彭蕾成为蚂蚁金服董事长……这些创业团队的成员在成功打造了一家公司的同时也收获了自己的人生果实。

**思考**

1. 创业团队在阿里巴巴的发展历程中起了什么样的作用？
2. 阿里巴巴的创业团队成员有什么样的特质？
3. 创业团队成员在创业过程中有哪些收获？

93

## 项目一

## 创业团队组建前的准备

大学生一旦选择创业，就要面对生产、管理、销售等大量的工作以及频繁波动的市场环境、错综复杂的人际交往、复杂的财务往来，所以仅仅依靠一个人的力量是难以妥善处理创业难题的。寻找优秀的合作者，组建创业团队，这才是明智之选。

### 任务一　什么是创业团队

创业活动是创业主体通过对资源进行优化整合，从而创造出更大价值的过程。而创业团队是指为了进行创业活动而形成的集体。创业团队中的成员才能互补、责任共担，各自在创业活动中扮演不同的角色，并共同为实现创业目标而奋斗。

### 1. 创业团队的特征

并非随意凑几个人就能够进行创业活动，一个完整的创业团队需要具备以下5个特征。

- **共同的价值观。**共同的价值观是创业团队成立和存在的基石，对创业团队具有导向、凝聚、约束和激励作用。
- **共同的目标。**创业团队需要有一个共同的既定目标，为团队成员指引方向。在初创企业成立初期，目标常体现为初创企业的愿景、战略等形式。

- **有能力的团队成员**。团队成员是创业团队成功的关键因素，只有适合创业的成员加入创业团队，并使成员充分发挥自己的能力，创业企业才能稳健经营。
- **明确的定位**。创业团队的定位有两层含义：一方面指创业团队在初创企业中所处的位置，创业团队对谁负责等；另一方面指个体成员在创业团队中所扮演的角色等。只有定位明确，才能够发挥创业团队的力量。
- **合理的计划**。计划是创业团队的行进指南，能够保证创业活动有序开展。只有团队成员按照计划执行，才能够不断接近并达成创业目标。

### 2．创业团队的优势

相对于个人单独创业，组建创业团队进行创业具有无可比拟的优势，主要包括优势互补、风险共担、辅助决策以及增强竞争力。

- **优势互补**。所谓"人力终有穷"，再强的人也有极限，一个人的经历和能力使其无法兼顾所有事情，更不用说将所有事做好了。只有找到可以取长补短、彼此协助的人，才能够更容易地达成目标。通过优势互补建立起来的创业团队，能够充分发挥每个人的优势，将个体能力运用到极致，最终达到"1+1>2"的效果。
- **风险共担**。创业团队是一个整体，具有一荣俱荣、一损俱损的特点。团队成员共同对企业运营过程中可能出现的问题负责，当资金不足时，团队成员可以平均分担；当技术出现问题时，可以共同协商解决。每个人分工合作又互相关怀、帮助，使企业维持正常运转。这种共同努力、奋斗的精神，减轻了个人创业的压力，分散了创业的风险。
- **辅助决策**。所谓"一人计短，二人计长"，创业者自身的认识和判断总是有缺陷的，需要具有判断能力和识别能力的合作伙伴来提出建议，而这些建议对决策具有参考价值，能帮助创业者做出正确的决定。
- **增强竞争力**。个人的能力往往比不上团队的力量，企业发展到最后，比拼的不再是个人能力，而是人才储备、合作伙伴和资源。创业团队中拥有越多的人才，越能够构建一个团结向上、乐观进取的氛围，使企业在激烈的竞争中始终处于有利的地位。

### 3．创业团队的类型

根据创业团队的组织结构和各个成员的权限大小，可以将创业团队分为"核心型"创业团队、"圆桌型"创业团队和"虚拟核心型"创业团队。

（1）"核心型"创业团队。

在"核心型"创业团队中，一般由一个核心人物充当领袖的角色。通常情况下，"核心型"创业团队一般是核心人物先有了创业的想法，然后自行组建了创业团队。"核心型"创业团队具有以下4个显著的特点。

- 组织结构紧密，向心力强，核心人物对团队中的其他成员影响巨大。
- 决策程序相对简单，组织效率较高。
- 容易形成权力过分集中的局面，出现"一言堂"，从而增加决策失误的风险。
- 当组织内发生冲突时，因为核心主导人物的特殊权威，使其他团队成员在冲突发生时往往处于被动地位；在冲突较为严重时，其他成员无法抗衡核心成员，一般会选择离开团队。

（2）"圆桌型"创业团队。

"圆桌"一词来自英国传说，相传在5世纪，英国国王亚瑟在与他的骑士们共商国是时，大家围坐在一张圆形的桌子周围，骑士和君主之间不排位次。后来"圆桌"被用以代指平等的成员关系。

"圆桌型"创业团队的成员通常在创业之前就有密切的关系，如同学、亲友、同事等。一般是各个成员在交往过程中，就创业达成了共识以后，才开始进行创业。在团队初创时，没有明确的核心人物，各成员根据各自的特点进行自发的组织角色定位，这种团队有以下4个明显的特点。

- 团队没有明显的核心人物，整体组织结构较为松散。
- 一般采用集体决策的方式，通过团队成员的沟通和讨论达成一致意见，决策效率相对较低。
- 团队成员在团队中的地位相似，因此容易在组织中形成多头领导的局面。
- 当团队成员之间发生冲突时，一般采取平等协商、积极解决的态度消除冲突，团队成员不会轻易离开。但是一旦团队成员间的冲突升级，某些成员撤出团队，就容易导致整个团队的涣散。

（3）"虚拟核心型"创业团队。

"虚拟核心型"创业团队由"圆桌型"创业团队转化而来，是前两种创业团队类型的中间形态。在"虚拟核心型"创业团队中，由团队成员协商确定一名核心成员，核心成员是整个团队的代言人，但并非主导型人物，其在团队中的行为必须充分考虑其他团队成员的意见，权威性低于"核心型"创业团队中的核心主导人物。

阅读材料

### 团队失和，前功尽弃

林天旭大学时学习的是企业管理，毕业后在一家外贸企业的市场部工作。在一次校友会中，林天旭认识了于丽丽和刘丹阳，这两个大学校友在毕业后分别在两家民营企业从事销售工作。3人聊得很投机，萌生了共同创业的想法，林天旭已经工作了两年，积累了一部分的客户资源，而且学会了一些和客户打交道的经验，于丽丽和刘丹阳也都积累了一些客户资源并且有一定的积蓄。

在校友会后，他们很快就筹集了一笔创业资金，成立了一家公司，租了一间80多平方米的办公室，购置了一些办公设备，包括计算机、打印机和复印机等，招聘了几个员工，正式走上了创业的道路。

创业伊始，他们奔波于各个展览会场，向往来商户发放资料，轮流开展市场工作。经过不懈努力，刘丹阳很快找到了第一个客户，为了打动客户，刘丹阳尽量压低了报价，希望通过第一单生意提高产品质量和服务质量，打开市场后再盈利。接到了第一单业务，公司上下都非常努力，高质量地完成了这单业务，受到了客户的好评。

但是这笔业务公司所赚的利润不多，除去固定的开支就没剩多少了，而他们的启动资金也快要用尽。于丽丽于是指责刘丹阳报价太低，且报价前未和其他人商量，导致没有利润空间，尽管经过林天旭的调节暂时平息了事态，并通过民间借贷缓解了公司的财务危机，但在这之后公司只陆陆续续地接到了一些小订单，很快就要入不敷出。在一单外地业务中，于丽丽决定"欺生"，在定价之外又巧立名目增加了其他的收费项目。没想到这件事情传开了，对公司的声誉造成了重大的打击，林天旭在心灰意冷下提出散伙，这个创业团队就这样解散了。

**启示**：林天旭3人有客户资源、有创业想法，也在创业活动中取得了进展，但是创业最终却惨淡收场，这是因为创业团队成员间缺乏沟通和商量，几个成员各行其是，擅自决定，整个创业团队最后因此分崩离析。

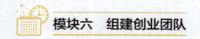
### 任务二　创业团队的组建原则

创业团队的素质高低是决定创业企业能否成功的重要因素，创业者应对组建创业团队的工作高度重视。在组建创业团队前，创业者需要了解团队组建的基本原则，这样才能使团队构成更加合理，最大限度地发挥团队的作用。

- **目标明确合理原则。** 创业目标必须明确、合理、切实可行，这样才能使团队成员清楚地认识到共同的奋斗方向，才能真正达到激励的作用。

- **能力互补原则。** 组建创业团队的目的在于弥补创业目标与自身能力之间的差距。只有当团队成员相互间在知识、技能、经验等方面实现互补时，才有可能通过相互协作发挥出协同效应，因此，团队成员之间要做到诚实守信、志同道合、取长补短、分工协作、权责明确。

- **精简高效原则。** 创业初期往往资金与资源有限，不足以支撑起一个庞大的专业团队，创业团队应该保持"麻雀虽小，五脏俱全"的模式，人员构成在保证企业高效运作的前提下尽量精简。

- **动态开放原则。** 创业是一个充满了不确定性的过程，团队中有成员可能由于能力、观念等方面的原因离开，同时也会有新成员加入。在组建创业团队时，创业者应注意保持团队的动态性和开放性，使真正适合的成员留在创业团队中。

阅读材料

#### 小米公司的创业团队

小米科技是近几年智能手机行业的领军企业之一，只用了短短几年时间就在手机行业开创了一片天地，能取得这样的成绩正是因为该公司拥有一个非常优秀的创业团队。

小米的董事长兼首席执行官是雷军，雷军同时是国内老牌软件公司——金山软件的董事长，同时也是一位业界知名的投资者。创业做手机时，雷军毫无疑问是小米团队的核心人物，而围绕在他身边的团队成员也大都大有来头。

这群团队成员都是各个专业的佼佼者，小米公司的总裁林斌在此之前是某互联网公司工程研究院的副院长，互联网行业的专家；副总裁周光平是前摩托罗拉北京研发中心的高级总监，对手机具有丰富的经验；副总裁刘德则是北京科技大学工业设计系主任，代表着国内一流的设计水平。团队内还有些曾经供职于微软等知名互联网企业的开发总监、产品经理等，这些高水平的团队成员具有过硬的专业能力和在各个领域内广泛的社会关系，与雷军正是强强联合，共同组成了一个优秀的创业团队。

小米公司在初创时就提出了成为世界 500 强公司的期望，并明确了"使手机取代计算机"的愿景。各个领域的优秀成员被同样的愿景所打动，使他们凝聚在一起共同奋斗。同时小米的创业团队之间没有严格的等级界限，他们构造了一种轻松的伙伴式的工作氛围，可以自由地交换意见，传递信息，共同解决问题，这使团队的运作非常高效，从而能够对市场做出及时且有效的反应。

在如此优秀的创业团队的带领下，小米公司很快适应了新的行业和新的市场需求，取得了惊人的成绩，在智能手机领域内占据了一席之地。

**启示：** 小米公司的创业团队目标明确、优势互补，整个团队的运转简洁高效，使各个非常优秀的团队成员都能够发挥自己的长处，为整个创业活动创造价值，这是小米手机成功的重要原因。

### 任务三　组建创业团队的程序

在不同的现实条件、不同的创业模式下，组建创业团队的程序并不相同，但是概括来讲，组建创业团队的程序应该包括以下 6 个步骤。

- **明确创业目标。**创业目标是创业者希望通过创业活动达成的预期结果，拥有了一个明确的、鼓舞人心的创业目标，使各成员对于未来拥有共同的愿景，创业团队会向着共同目标努力奋斗。

- **制订创业计划。**创业计划是向创业目标迈进的蓝图，是对创业活动构想的全面说明，一份周密的创业计划需要确定在创业阶段不同时期应完成的任务，并通过逐步实现阶段性目标最终实现创业总目标。

- **充实团队成员。**充实团队成员是组建创业团队的核心步骤，在寻找团队成员时，首先要求志同道合、目标一致，共同的目标和经营理念可以将团队成员凝聚在一起。同时，还要考察团队成员的性格、技能、知识能力，选择有互补性的团队成员，这样有助于加强团队成员间的合作。

在进行充实团队成员这一步骤时，创业者一定要注意控制团队规模，团队规模对团队运作有非常重要的影响，规模过小则无法充分发挥团队的功能和优势；规模过大则会导致团队交流障碍甚至团队分化，影响团队的工作效率。

- **团队职权划分。**合理的职权划分是创业团队共同执行创业计划的前提，需要具体确定每个团队成员所担负的职责和拥有的权限。团队成员之间职权的划分必须明确，既要避免重叠和交叉，又要避免遗漏。

- **构建创业团队制度体系。**创业团队制度体系体现了创业团队对成员的控制和激励能力，可以分为约束制度和激励制度两类。约束制度主要包括纪律条例、组织条例、财务条例、保密条例等，其作用是约束团队成员行为，保证团队秩序稳定；激励制度主要包括利益分配方案、奖惩制度、考核标准、激励措施等，其作用是充分调动团队成员的积极性，最大限度发挥团队成员作用。

- **团队整合。**强大的创业团队并非一开始就能建立起来的，很多时候团队是在企业创立一段时间之后才逐步形成的。随着团队的运作，团队在人员安排、制度设计、职权划分等方面的不合理之处会逐渐暴露出来，这时就需要对团队进行整合。

#### 李宇菲的创业路

李宇菲是某大学艺术学院的学生，在大一刚入学的时候，她在老师的启发下萌发了想要开一家设计公司的想法。

在大学里，她一方面努力学习设计知识，另一方面积极担任班干部，参加各种活动，尽量锻炼自己的各种能力并认识很多的优秀人才。她先是拉上了同专业的"设计天才"黎青青和其室友田敏颖，后来又邀请了"技术大咖"柳常斌加入，在大三的时候 4 人就筹资开办了吾艺创装饰公司。

在专业老师的介绍下，公司很快接到了第一笔生意，李宇菲迅速布置了任务，李宇菲善于交流，就负责总调控和施工现场的对接；黎青青心比较细，专业成绩好，负责设计；

田敏颖细心，又有文字功底和财务基础，在协助进行设计的同时还负责文字编辑和财务工作；柳常斌在计算机软件方面很有心得，他就负责施工图和各种报表的制作。在这样的工作安排下，4个人完成了第一笔生意，在工作时大家心里都没底，但这笔生意最终得到了客户的认可，吾艺创装饰公司借此打开了局面。

现在吾艺创装饰公司已经完成校内和校外多个室内装饰设计，李宇菲为了应对更多的业务和公司事务，决定扩大创业团队，引入专业的财务人员并扩大设计团队的规模，现在她成了学校里的创业明星，很多学弟学妹希望加入她的公司。

**启示：** 李宇菲很早就确定了创业的目标和计划，并积极地留意优秀的创业合伙人，最终成功地组建起了创业团队并且使团队顺利地运转了起来，在取得了一定的成绩后，她又积极地应对新情况，决定继续优化团队。

### 任务四　组建创业团队对创业者的素质要求

组建创业团队的程序并不复杂，但是要想成功建立并领导一个创业团队并不是一件容易的事情，要想组建起一个创业团队并带领这个团队做出成绩，创新者需要具备一定的心理素质、身体素质、知识素质以及能力素质。

#### 1. 心理素质

创业者需要具备的心理素质有以下3点。

- **志向坚定。** 创业需要有一个坚定的目标作为指导，而作为一名创业者，同样需要拥有坚定的志向。作为创业团队的领袖会承受所有人的目光，如果动摇就会导致整个团队动摇。
- **抗压能力强。** 创业是一项压力极大的活动，整个过程充满了不确定性，创业团队可能经常会遇到逆境甚至失败。此时，创业者作为团队领袖，需要抗住压力，不屈不挠、持之以恒地向目标进发，成为团队成员的表率。
- **充满激情。** 激情是创业者愿意不断付出的基础，是支持创业者不断向前的内在驱动力，创业者要时刻充满对创业的激情和对未来的自信，才能感召团队成员，共同为了创业目标而努力奋斗。

#### 2. 身体素质

身体是革命的本钱，创业是一场持久战，是对创业者身体和心理的长期挑战。创业者往往会遭遇饮食不规律、休息不足、劳累过度、压力过大等情况，这都是对身体素质的考验。一旦创业者的身体出现问题，不能够再继续管理团队和公司，那么创业团队就会失去主心骨，从而引起一系列严重的后果。

#### 3. 知识素质

创业者是创业公司的掌舵者，是创业团队的领导者，需要拥有一定的知识储备，包括行业知识、商业知识以及综合知识。

- **行业知识。** 行业知识是行业内通行的专业知识，是创业者进入该行业的基础，如果创业者没有相应的行业知识，必然是不能服众的，团队成员也不会相信跟随一个缺乏行业知识的领导者能够在该行业成功。
- **商业知识。** 创业者必须掌握财务会计、商业谈判、市场营销、法律法务等商业知识，才能够做出正确的决策，引领公司的发展。缺乏商业知识的创业者会在创业团队中大权旁落。
- **综合知识。** 综合知识是创业者多方面的知识积累，能够体现创业者的人文素养，打造其独特的气质和个人魅力，广博的知识面也能够使创业者更方便地与他人沟通。

### 4．能力素质

创业者是公司的管理者和团队的负责人，没有能力的创业者无法吸引到优秀的合作者，也无法带领团队走向成功。创业者的能力素质主要包括创新能力、沟通能力和管理能力。

- **创新能力**。创业的本质是创新，对过往商业模式的完全复制是没有办法赢得市场和利润的，创业者必须能够根据市场的变化和人们的需求情况进行及时调整，不断创新。没有创新意识和观念、不懂得带领团队创新的人很难取得成功。
- **沟通能力**。沟通能力是团队合作的基础，创业者作为团队的核心人物，尤其需要和外部、内部进行沟通并协调团队成员的工作。缺乏沟通能力的创业者无法有效地运转整个团队。
- **管理能力**。管理能力是指创业者在创业活动中通过对人力、财力、物力等各种资源的运用，来达到团队良好运作、公司创造价值的能力。拥有良好管理能力的创业者能够使团队合作顺利、资源配置合理，从而获取价值。

### 任务五　组建创业团队应避免的误区

组建创业团队虽然具有巨大的优势，成了绝大多数创业者的选择，但是要想充分发挥团队的作用，还需要避免一些误区，以免团队内部出现问题，不仅没能发挥团队优势反而影响经营。

- **依赖思想**。每个人都有惰性，在单独的时候或许还能克制自己，但是在团队中就容易滋生依赖思想，在工作中滥竽充数，影响工作效率。而且这种浑水摸鱼的思想具有传染性，很容易扩散开，导致成员互相推诿。
- **成员同质化**。很多创业者会以同一个标准来寻找团队成员，造成团队成员的性格、处事方式等相同或相近，这样的人看待问题的切入点和角度相似，往往无法发挥团队成员的互补作用，出现了问题也没有人能够发现并弥补。
- **强行建立成员的关系**。很多创新者认为团队成员应该互相都相处得融洽，团队才会有良好的凝聚力，其实强行将成员聚集在一起，可能会使成员感到个性受到压抑，产生排斥感，影响团队的稳定。
- **团队内部不能有竞争**。有些创业者认为团队成员必须一致向前，团队内部不能有竞争，其实这样会使团队失去活力。在团队内部引入竞争机制可以推动成员自我提高、发现适合某一工作的人才，最终实现团队人员的优化配置。
- **团队内部皆兄弟**。不少创业团队在组建过程中，过于追求团队的人情味，认为"团队之内皆兄弟"，而严明的团队纪律是有碍团结的。这会造成管理制度不完善，或虽有制度却执行不力的情况。
- **牺牲小我，顾全大局**。部分创业者认为，培育团队精神就是要求团队的每个成员都要牺牲小我，放弃个性，否则就违背了团队精神。其实，团队精神的实质是要充分利用和发挥团队每个成员的个体优势去推动公司发展。

**阅读材料**

#### 亏本的工程

蒲成进在一家工程装修公司工作了7年，从一个学徒成长为一名优秀的装修主管，手下有一个技术精湛的工程装修团队。在前不久，蒲成进因为装修材料的问题与公司行政主管大吵了一架，自知矛盾无法弥合决定辞职单干。让蒲成进感到宽慰的是，手下的技术骨干有一大半都选择继续追随他，于是他得以整合出一支精干的工程装修队伍，在工程装修这个领域开始了创业生涯。

蒲成进在行业里以讲义气和性格直爽著称，凭借往年积攒的名气和社会关系，他很快得到了第一笔业务，为某写字楼进行翻新装修。蒲成进团队对此驾轻就熟，在客户支付了 30% 的预付款后迅速带领团队进场施工，但是很快就出现了问题，因为蒲成进的团队只是一个装修团队，虽然技术很强，但是缺乏后勤支持方面的成员，没有人会管账、没有人专门负责购置材料等。施工现场出现了材料、工具不足等问题，蒲成进只得从施工一线退下，做起了管账、购置物资、供应伙食等工作。

原来在公司上班的日子里，工程的后勤保障都是由专人负责的，不用蒲成进操心，但是当他实际来处理这些工作的时候，又觉得千头万绪，手忙脚乱。蒲成进这时想要去扩充团队为时已晚，只能自己咬牙坚持。最终，由于后勤支持不利导致这个项目的工期拖长，成本上升，整个工程干完蒲成进反而亏了一些本钱。

启示：蒲成进团队由多个技术骨干组成，在技术上有明显的优势，但团队成员组成过于单一，有明显的同质化现象，导致一些必要工作没有合适的人去完成，最终造成亏损的结果。

### 课堂活动

**创业团队分析**

**活动方法：**班级活动，各同学选定一个自己感兴趣的企业或者其他组织，分析其创业团队构成。

**活动人数：**20 ~ 50 人为宜。

**活动场地及道具：**教室、桌椅若干，各同学自行准备制作展报所需的其他材料。

**活动规则：**各同学自行选择自己感兴趣的企业或者其他组织，通过各种方式去了解其创业历程，然后分析其创业团队的构成、类型等各种指标，最后将分析得到的成果制作成展报在班级公开展示，大家参观展报并投标选出"最佳展报"。

**活动提醒：**

（1）在活动前应该由同学商议或老师统一展报的大小及其他标准；

（2）选择的创业团队也可以是创业失败的，并分析其失败原因。

## 项目二

## ▨ 创业团队的组建 ▨

在对创业团队组建的相关知识有了充分的了解后，创业者就应该着手建立自己的创业团队了，组建创业团队的活动包含挑选创业伙伴、设计组织架构和制度构建等工作。创业团队的组建是创业的第一步，值得所有创业者认真对待。

### 任务一　挑选创业伙伴

组建创业团队的第一步就是挑选合适的创业伙伴，但是一个团队需要哪些人？需要什么样的人？这些成了困扰创业者的大问题。贝尔宾博士及其团队经过多年的研究与实践，提出了贝尔宾团队角色理论，这一理论得到了经济学界与商界的广泛认同。

贝尔宾团队角色理论认为利用个人的行为优势创造一个和谐的团队，可以极大地提升团队和个人绩效，且一个结构合理的团队应该由 3 个不同的导向，每种导向有 3 种角色，总共 9 种角色组成，如图 6-1 所示。

鞭策者　　　　执行者　　　　完成者

外交家　　　　协调者　　　　凝聚者

智多星　　　　专业师　　　　审议员

图 6-1　贝尔宾团队角色理论的 9 种角色

### 1. 行动导向型

行动导向型的团队成员主要负责执行团队的任务，包括以下 3 种角色。

- **鞭策者**（Shaper）。鞭策者是充满干劲的、精力充沛的、渴望成就的人，通常表现为有进取心、性格外向、拥有强大驱动力，在行动中遇到困难的时候，他们会积极找出解决办法。但是鞭策者容易表现出好争辩、不善交际等缺点。
- **执行者**（Implementer）。执行者具有强烈的自我控制力及纪律意识，偏好努力工作，并系统化地解决问题，往往将自身利益与团队紧密相连，从而较少体现个人诉求。执行者可能因缺乏主动性而显得呆板。
- **完成者**（Completer，Finisher）。完成者通常会坚持不懈地执着于细节的完美，他们勤恳尽责，希望将事情做到最好，因而无法容忍那些态度随意的人。

### 2. 人际导向型

人际导向型的团队成员负责协调团队内外部人际关系，包括以下 3 种角色。

- **外交家**（Resource Investigator）。外交家构图能力强，善于和人打交道，能够挖掘新的机遇、发展人际关系，从而发掘那些可以获得并利用的资源。外交家为人随和，好奇心强，但是他们的热情往往不能长久保持。
- **协调者**（Co-ordinator）。协调者成熟、值得信赖并且自信，能够凝聚团队的力量向共同的目标努力。协调者拥有快速发觉对方长处的能力，能够将人安排到合适的位置，从而更好地达成团队目标。
- **凝聚者**（Teamworker）。凝聚者性格温和、观察力强，善于交际并关心他人，能够适应不同环境和人。凝聚者是团队中较好的倾听者，既是团队中十分受欢迎的人，也是给予其他成员较大支持的人。

### 3. 谋略导向型

谋略导向型的团队成员主要负责发掘创意以及提供专业意见，包括以下 3 种角色。

- **智多星**（Plant）。智多星拥有极强的创造力，是团队中的创新者和发明者，为团队的发展和完善出谋划策。智多星运用自己的想象力完成任务，其想法可能会很激进，甚至会忽略这些想法实施的可能性。
- **专业师**（Specialist）。专业师是专注于某一领域的研究者，他们会专注于专业领域，不断提升自己的专业技能和拓展专业知识。然而由于将绝大多数注意力都集中在自己的领

101

域，专业师往往对其他领域没有足够的认识。

- **审议员**（Monitor，Evaluator）。审议员非常具有批判性思维，往往态度严肃、谨慎理智，对言语和装饰具有高度免疫力，执着于客观规律和事实。审议员倾向于考虑周全之后做出明智的决定，是团队的"保险丝"。

值得注意的是，虽然一个结构合理的团队需要由上述 9 种角色组成，并且这些角色都各具特点，但是并不意味着每一种角色的数量都一致，也不是说同一团队成员只能担任一种角色。事实上，一些团队成员可以肩负两种甚至更多种角色，而有的角色也需要多人共同担当。

阅读材料

**刘备的团队构成**

在《三国演义》中，刘备原本是一个落魄的皇室后裔，依靠织席贩履为生。在黄巾起义之后，刘备的平常日子也没法再过下去了，他参加行伍，开始了"创业"的历程。刘备最初的团队包括关羽、张飞、简雍等人。

关羽和张飞都是优秀的将领，刘备的团队很快凭借弱势兵力击败了部分黄巾起义军，获得了创业的第一笔资本，得以进入汉政权的正式序列。但是之后局势发生了巨大的变化，各路诸侯乘势而起，刘备团队却一直没能取得像样的战果，只能带着团队流浪。期间虽然一度占据了徐州一带的地盘，成了有上万人军队和根据地的军阀，但很快又接连败于袁术、吕布之手，失去了地盘和军队，只能放弃独立先加入曹操的团队中。

但是刘备并不满足于做曹操的附庸，起兵对抗曹操，很快失败，只能依附刘表，此时的刘备没有士兵、钱粮和根据地，只有一个不离不弃的核心成员团队，但刘备已然错失了最好的创业时期，此时曹操、孙权、刘璋等竞争对手都兵强马壮，其实力根本不是刘备所能对抗的，刘备团队创业的前途非常渺茫。这一切直到刘备遇到了诸葛亮。

诸葛亮填补了刘备团队缺乏高水平谋士的缺陷，先为刘备指明了战略上的目标和计划，又在战术上为刘备出谋划策。在诸葛亮的协助下，刘备很快凭借关羽、张飞等出色的将领取得了一连串的军事胜利，顺利地获得了原属于刘表的部分地盘，并与孙权联手取得了赤壁之战的胜利，保住了成功的机会。

之后，刘备又先后取得了蜀地和汉中的地盘，建立了蜀汉政权，创业成功。

**启示**：刘备在团队中是优秀的凝聚者与协调者，关羽和张飞则是优秀的执行者和完成者，但是该团队在创业路上频繁失败，原因就是缺乏谋略导向型人才。直到诸葛亮加入，担任了智多星的角色，他成功帮助刘备团队创业成功。

### 任务二 设计组织架构

组织架构指的是一个组织整体的结构，用以明确创业团队内部成员的相互职权关系，合理的组织架构能够使团队权责明确，对团队的运行和发展有至关重要的作用。通常来讲，创业团队的组织架构有两大类，分别是金字塔结构和扁平化结构。

#### 1. 金字塔结构

金字塔结构是一种典型的科层制，具有比较狭窄的管理幅度和较多的管理层次设计，职能划分严格，下级逐级向上级负责。金字塔结构又可细分为直线制、职能制和矩阵制等类型，它们各有优劣。

- **直线制**。直线制采用上到下的垂直领导，下级只接受一个上级的指令，各级主管对所属单位的一切问题负责。直线制结构比较简单，责任分明、命令统一，但是所有管理职能都集中在最高主管一人身上，因此只适合规模较小、业务单纯的初创组织。直线制结构如图 6-2 所示。

- **职能制**。职能制是指各级除主管外，还另外设立一些职能机构，承担管理职责和行使管理权力，下级除了接受上级主管指挥，还必须接受上级各职能机构的领导。职能制能够实现精细化管理，减轻直线领导人员的工作负担，但是形成了多头领导，容易出现多头指挥的情形。职能制结构如图 6-3 所示。

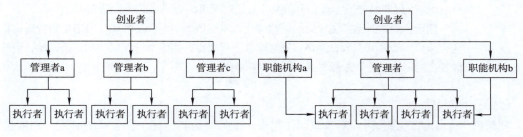

图 6-2　直线制结构　　　　　　　图 6-3　职能制结构

- **矩阵制**。矩阵制在组织结构上，既有按职能划分的垂直领导系统，又有按业务划分的横向领导关系的结构，矩阵制以业务为中心，有利于横向的沟通和协作，常被使用于某一单一业务的公关，其结构如图 6-4 所示。

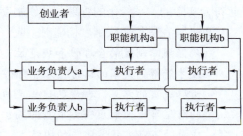

图 6-4　矩阵制

### 2. 扁平化结构

扁平化结构的组织特点是管理幅度较大，而管理层次较少，有利于缩短上下级距离，密切上下级关系，具有信息纵向流通快、管理费用低、高层可以及时了解基层情况等优点。而且由于管理幅度较大，管理者有较大的自主性、积极性和满足感。

但是较大的管理幅度对主管人员的素质提出了非常高的要求，而且管理幅度越大，要求就越严格、越全面。因此，只有对自己充满自信且能力出众的创业者才会选择扁平化结构的组织架构。

阅读材料

#### 斯达的蜕变

斯达制造厂是 A 市的一家老牌制造企业，已经经过了 3 代人的传承，主要业务是生产中小型农机具。整个制造厂有接近 5 000 名员工，产品销往 3 国 18 市，但是在最近几年，斯达制造厂却连年亏损，最终在即将倒闭之时被敦氏工业收购。敦氏工业派遣高级主管怀特主持斯达制造厂的重组以及恢复工作。

怀特到达斯达制造厂调查了相关情况，发现斯达制造厂机构臃肿，条块分割，人浮于事。全厂有 13 名厂领导、136 名中层领导和管理人员 411 人，有 49 个车间、处室。各系统自成一块，每个厂级领导各管一摊，相互沟通困难，互相推诿，效率低下。同时斯达制造厂还面临工艺技术落后、设备老旧过时等一系列问题，这样的企业难怪会一路走到破产倒闭的境地。

针对这样的情况，怀特对斯达制造厂进行了全面的重组，首先是对管理层进行大刀阔斧的削减，将 13 个厂领导精简到 5 个，136 名中层领导精简到 10 个以下，411 个管理人员精简到不足 200 个。在组织结构上，取消了过多的中间层，实行扁平化管理，设立由高级经理以及顾问组成的决策机构，将全厂分为生产部、技术开发部、财务部、企管部、销售部和事务部6大部门，在部门之外设立数据管理中心、文件管理中心两大职能机构协助企业管理。很快新的管理层就运作起来了。

新的管理层通过讨论和分析，进行大幅度的改革，决定将接近5 000人的员工数量下调到2 300人左右，将49个车间精简到24个，彻底地去除掉无盈利空间的大部分生产线，并对保留的生产线进行全面的升级换代。经过重组，斯达制造厂重新焕发活力。

**启示：** 斯达制造厂由于组织结构僵化，不能根据市场环境的变化做出及时合适的反应，最终导致经营失败，而怀特通过对其进行重组，将整个管理层结构重新设计，新的管理层对斯达制造厂进行改革，最终使其重生。

## 任务三　制度构建

要想使一个团队能够顺利、高效地运作起来，就需要为其匹配一套合适的制度。制度是以规范个体行为为目的的规则或运作模式，制度构建是指根据组织的战略规划和业务构成，建立起符合实际的、系统化的管理与运作制度体系。

创业者在进行团队制度构建时，应该遵循以下原则。

- **确保规章制度的合理性和规范性。** 制订制度是为了让成员遵守，只有合理的、规范的制度才能得到大家的认可，才能行得通。脱离实际的条文无疑等于一纸空文。
- **听取成员的意见。** 制度的建立是为了规范成员的行为，创造更大的效益，听取各位成员的意见可以使制度得到成员的拥护，不被成员认可的制度不仅无法发挥作用，还会引起成员的不满，损害团队的团结。
- **构建系统性的制度。** 在团队成立初期，设立的制度可以不多、不细化，但是必须全面、系统。系统性的制度具有稳定性，在团队后续发展过程中可以不断优化补充，而不必推翻重来。
- **留下余地。** 在团队创业初期，制度应该留有余地，这样既能使团队成员在制度框架下充分发挥主观能动性，不受制于条条框框，也便于制度在未来能与时俱进，灵活地改变。

阅读材料

### 初创公司的制度建立

去年底开始创业成立传媒公司的陈颖最近有些手忙脚乱。她原本是一家传媒企业的技术骨干，由于原来公司的转型和搬迁，她和一批老同事选择退出并自己创业，本来在原工作单位大家都积累了行业知识、技能和人脉关系，但是创业伊始，她就开始为管理头疼。"过年这几天，我都在定规矩，我发现自己在拿到第一单业务前，就要被亟须制订的各项制度累垮了。经营团队每天在外面跑，却难以监测工作成果；又比如员工出现错误，想惩罚又没有标准。这些制度哪些需要、哪些不需要我真的有点发蒙。"陈颖表示。

为此，她赶紧向一位职业经理人朋友取经，朋友告诉她："创业初期的企业，规章制度应简单、务实，不必制订太多、太细碎的规定去约束员工的行为。但是基本的工作、薪资、绩效、财务等制度要及早建立。"

根据朋友的建议，陈颖将几个合伙人召集起来，经过半天的讨论，得出了一份"员工手册"。在员工手册中，对岗位职责、考勤制度、薪金构成、奖惩标准等进行明确说明，能够使刚入职的员工很快地清楚知道自己应该做什么、不能做什么，有效地减少了工作中的低级失误。之后，陈颖又规范了公司在报销、成本核算和成本控制方面的制度，使公司的财务制度化，有效地控制了公司的现金流。

在宣布这些制度后，陈颖又特别宣布公司的制度每年会进行修订，并且鼓励员工发挥自己的能力去获取业绩，凡是公司制度上没有限制的都可以进行尝试。在合理的制度下，陈颖的传媒公司很快走上了正轨。

**启示：**陈颖的传媒公司在初创时没能建立起规范的管理制度，导致她一度手忙脚乱。在经过咨询后，该创业团队迅速建立起了执行性强、适应当下需要的制度，企业也很快走上了正轨。

## 课堂活动

### 组建团队

**活动方法：**通过不同的卡片为每一个参加活动的同学附加一些有益于创业的能力，然后自由组成创业团队。

**活动人数：**班级活动，以 20 ～ 50 人为宜。

**活动场地及道具：**教室、桌椅若干，提前准备各式身份卡片若干。

**活动规则：**按以下步骤进行活动。

（1）提前制作代表各身份的卡片，要求有的卡片上写有贝尔宾团队角色理论中各个角色的名称，有的则是空白卡片，所有卡片背面相同，其总数至少为活动人数的 3 倍。

（2）每个参加活动的同学抽取 3 张卡片，并表示能够担任卡片上的团队角色。

（3）所有同学自由组成各个创意团队并且担任一个团队角色，活动中不能展示自己的卡片。

（4）组队完成后看看哪一个创业团队的角色构成最合理，又有谁没能成功找到团队。

**活动提醒：**

（1）通过调整角色卡片和空白卡片的比例可以调整活动难度；

（2）同一同学如果拥有多种不同角色的卡片则可以兼任多种角色，如果 3 张都是空白卡片则代表没有任何能力；

（3）参加活动的成员应该尽量寻找自己的团队，哪怕是拥有 3 张空白卡片。

## 项目三

## 创业团队的管理技巧与策略

对于大学生创业者来说，组建一个创业团队，创立一个新的公司并管理公司使其走上正轨，是一项极具挑战性的工作。在管理创业团队的过程中，可以使用一些技巧和策略，让创业团队良好地运行。

### 任务一 注重人才培养

人才是企业发展的第一资源，初创企业虽然在人员、资金和精力上都很紧张，但也不能忽视对人才的培养。

作为初创企业，创业者受制于有限的资源和精力，没有办法贪多求全、全方位地培养人才，但是应该有意识地着重培养一些重要岗位的人才，不断地培养适合企业发展的精英型人员，组建人才岗位梯队，这样不仅可以增加团队的凝聚力和业务能力，也能够很快地用合适的人员来填补职务的空缺，从而减轻因人员更换给企业带来的损失。

**关键人物**

吴玉义在大学毕业后和朋友崔诗雅、高继云二人合伙成立了一个软件开发工作室，3人中吴玉义是代码编写高手，负责技术与产品开发；崔诗雅则是财务专业出身，负责公司的财务以及日常管理；高继云则负责推广销售和对外沟通等。

3人以一间小办公室和3台计算机起家，先是做一些公司的外包数据和代码，后来又自己开发了一套软件，在不懈的努力下终于在行业内站稳了脚跟，赚到了创业的第一桶金。这时候吴玉义表示应该扩大技术团队，引入更多的程序员，以便开发更大的软件项目。恰好此时省外有一家企业表示希望与工作室合作，如果合作达成，工作室的工作量将会成倍增加，所以吴玉义赶紧新招聘了两个技术员。

整个工作室对这个外省客户都非常重视，将其视为公司发展的重要机遇，为此高继云专程乘飞机到对方城市考察。但是在高继云出差的日子里，原来的客户来到了工作室，打算进行进一步的深化合作，由于高继云不在，吴玉义与崔诗雅只得放下手上的工作来接待客户，吴玉义与崔诗雅都没有太强的社交能力，与客户聊得不太投机，最终没能达成共识。几天后高继云从外省归来，又自己亲自上门，最终才和客户谈下了合作协议。

接下来的日子里，高继云更加忙碌，吴玉义几次希望为她招聘几个助手被她以"自己很忙，根本没时间带新人""新人容易误事"为理由拒绝了。直到有一天高继云到沿海某市出差遇上了台风，耽误了3天，这3天里吴玉义与崔诗雅虽然努力支撑局面，但是根本没办法填补高继云的空缺，有一个势在必得的项目被竞争对手抢走，工作室损失了数十万元。

**启示：**高继云在创业团队中无疑属于不可取代的关键人物，在创业之初整个创业团队运转良好，但是随着业务量的增大，原有的创业团队已经不再能适应新需要，吴玉义提前扩张了技术团队，而高继云则没有做人才储备，最终损失了一单业务。

## 任务二　创业团队内部冲突管理

人与人之间总会发生矛盾与冲突，在创业过程中也是如此。处理团队内部冲突是一件让创业者很头疼的事情，一旦处理不当，就会导致工作效率的下降甚至整个团队的瓦解。因此，创业者应该掌握创业团队内部冲突管理的相关技巧。

### 1. 什么是内部冲突

创业团队的内部冲突是指在人际关系或感情方面出现紧张情绪，主要表现为任务冲突、过程冲突和关系冲突3个方面。

- **任务冲突。**任务冲突主要是团队成员对工作目标和内容的分歧。
- **过程冲突。**过程冲突主要是团队成员关于完成工作任务的手段和方法的分歧。
- **关系冲突。**关系冲突主要是团队成员情感上的矛盾，其主要特征是敌对和愤怒。

创业团队内部冲突如果保持在一个合适的水平上，是可以满足企业对于多样化和创造性的需求的。但如果超出一定范畴，则会给创业团队带来负面影响。

### 2. 内部冲突的处理原则

为了将创业团队内部冲突控制在合理的范围内，不至于影响工作的进行和团队的稳定，创业者在管理团队时应遵循以下原则。

- 团队内部意见不统一是一种常态，创业者应使创业团队在不统一的意见中寻求合作的可能性，在一些正面的、建设性的冲突当中寻找更多可能性，做出最佳决策。
- 强调团队的整体利益和成就，不刻意突出某个人，在保证团队利益的前提下，根据业绩分配利益，这样做有助于使团队成员认可利益的分配。

- 决策者要广泛听取团队成员的意见，了解团队成员的诉求，但要避免出现"议而不决"的情况，适当的时候要果断拍板。
- 团队内部竞争是为了使团队更好地发展，一切都要以团队整体利益为导向，要避免过度冲突。
- 如果冲突过大，创业者应理性地做出判断，通过成员调整来维持团队的稳定和发展。要正确认识团队成员的变动，完善的团队架构需要经过实践不断地进行调整和磨合，团队成员出现变动是很正常的情况。

### 陌路兄弟

　　沈驰与徐立登是在一个院里长大的发小，成年后，二人又一起拿出全部积蓄走上了创业的道路，开始合伙承包工程。因为二人都有知识、有技能又勤劳肯干，哪怕遭遇困境二人也互相扶持，就这样熬了几年，终于做出了一番成绩。

　　但有一次，一单生意却让原本亲密的二人面红脖子粗地争论起来，原来有个客户提出一笔大订单，一旦完成就获利颇丰，但是该客户要求沈驰与徐立登这边垫资施工，即工程款要到完工后结清。但是这个工程规模大、工期长，垫资施工风险很高，于是沈驰想要婉拒这单生意，可徐立登觉得这单生意完成后收益很高，决定接下这个工程。沈驰与徐立登之间发生了激烈的争吵，最终沈驰无奈同意了徐立登的看法。

　　施工不到一个月，工程就遭遇了雨季停滞不前，而沈驰又恰巧听说徐立登将其一个不学无术的表妹安插在了公司里担任财务一职。沈驰找到徐立登理论，徐立登本来也正因为工期延误而烦躁，当即就与沈驰大吵了一架，沈驰坚持要要将徐立登的表妹开除，而徐立登则认为自己的表妹没有犯什么错误，沈驰是在借题发挥，向自己发难。二人的争吵无法平息，甚至惊动了公司的其他同事，几个老员工纷纷过来劝说，好不容易平息了争吵。但是沈驰认为自己无法再和徐立登继续合作，坚持带走了一部分员工与设备出去单干，而徐立登也因此没能完成工程，蒙受了巨大的损失。原本是发小和合作伙伴的二人从此成了竞争对手。

　　**启示：** 沈驰与徐立登原本是好友，在创业时二人一同奋斗，取得了一定的成果，但之后二人由于对矛盾处理得不当，关系破裂，还导致了创业团队的分裂。在创业时，合伙人之间应该秉持"亲兄弟明算账"的原则，事先划分职权，才能减少纠纷。

### 任务三　创业团队的激励

激励是激发团队成员潜力和积极性最有效的手段，既可以提高团队的工作效率，又可以使团队成员有获得感，增强团队凝聚力。但是对团队成员进行激励也是一个技术活，需要创业者遵循适当的原则、采取适当的方法。

#### 1. 团队激励原则

为了确保团队激励发挥其正面效应，避免因激励不当产生矛盾，创业者在进行团队激励时应该遵循以下 5 个原则。

- **公平。** 任何不公平的待遇都会影响团队成员的情绪和工作效率，并影响激励效果。如果团队成员取得同等成绩，创业者就应给予同等层次的奖励。这样有助于增强团队的凝聚力，使大家的目标集中于取得成绩。
- **及时。** 奖惩的时效性比奖惩的力度更重要，迟到的奖励其效果会大打折扣。创业者应该在创业团队成员有良好表现时尽可能地及时给予奖励。

- 灵活。不同的团队成员其需求不同，而激励效果又往往取决于团队成员的需求满足程度，因此，激励策略要具有灵活性，对不同的成员采取不同的奖励策略。
- 差异。因贡献程度不同，奖励程度也有所不同。贡献大则奖励大，贡献小则奖励小，无贡献则没有奖励，以便调动团队成员的积极性，使其为了获得更大的利益而努力奋斗。
- 适度。奖励不适度不仅会增加激励成本，还会影响激励效果。奖励过度会使被奖励者产生骄傲自满的情绪，失去进一步提高自己的欲望；奖励太轻则起不到激励效果，甚至会让被奖励者失去工作热情。

### 2. 团队激励方法

所谓团队激励，就是给予团队成员利益，根据利益形式的不同，团队激励可以分为物质激励和精神激励两种。

- **物质激励**。物质激励包括薪资、奖金、期权等，其中薪资是常见、主要的激励方式；奖金代表短期经济激励，具有很强的针对性和灵活性；期权代表长期经济激励，在未来可能会为团队成员带来丰厚的回报。
- **精神激励**。精神激励包括表扬、进修、升职以及扩大权力等，其中表扬能直接满足被激励者的心理需求；进修是给予被激励者提升自己能力的机会；升职与扩大权力是使被激励者掌握更多的资源和话语权。

通常来讲，团队成员参与创业不仅是为追求经济利益，也是为了获得成就感以及在权力和地位上获得满足感。创业者应该将二者结合起来使用，尽量发挥激励的最大效力。

**阅读材料**

**效率的困惑**

蔡昆旭在大学没毕业时就已经开始创业，如今已经是第 3 个年头了，3 年里，他将自己的九日商贸公司从原来的一间出租屋、两台计算机发展到了半层写字楼、200 多员工、年销售额超过 1 000 万元的规模。

但是最近，蔡昆旭发现自己公司员工的平均工作时间变长了，而工作量却不升反降，为此，他设立了一个特别奖金，在每个月末给工作量最多的员工发放一定的金钱奖励。在奖金的刺激下，员工们更是主动延长了工作时间，这使工作量明显上升，但是经过核算，原来的工作效率出现了进一步下降。

蔡昆旭对此非常困扰，他百思不得其解，最终只得求助于某大学工商管理学院的胡教授。胡教授亲自到九日商贸公司进行考察，并邀约了一名员工谈话，经过调查，胡教授发现九日商贸公司的员工普遍反映公司的办公设备老旧，影响工作效率。同时，公司内部有一种"为加班而加班"的气氛，加班成了常态，按时下班甚至会被说闲话，在蔡昆旭推出奖金后，加班的风气更加严重。

胡教授总结出了问题，向蔡昆旭建议更换部分办公设备，同时正确激励员工，提高工作效率。蔡昆旭听从了建议，将整个办公区重新规划布置，建立了舒适、便捷的办公环境，同时还鼓励员工在工作时间内保质保量完成任务，并对高效率的员工进行表扬以及发放物质奖励。

在这样的制度下，九日商贸公司的办公室很快恢复了活力，员工们的工作主动性和效率都得到了很大的提高。

**启示**：蔡昆旭在面对公司工作效率下降的情况下，使用一次性奖金的方式来激励员工，但是并没有获得成效，在准确了解问题原因后，他及时更改了激励的方法，迅速使工作效率回升。

### 任务四　创业团队的文化建设

创业团队文化是指团队成员在相互合作的过程中，为实现各自的人生价值，并为完成团队共同目标而形成的一种潜意识文化，是团队重要的软实力。哪怕团队成员更替，创业团队的文化可以不断传承、发扬，成为公司的基因，影响一批又一批的员工。

作为创业者，在创业初期应该着重培养以下3种团队文化。

- **勇气文化。** 在艰难的创业过程中，团队成员要有知难而上的勇气，敢于直面困难，敢于探索未知领域，尝试新的方法，并要勇敢地面对失败。
- **忠诚文化。** 团队成员只有忠诚于团队，才会为团队的发展贡献全部的才智。也只有通过团队的成功来实现个人价值并获得利益后，成员才会更忠诚于团队。收益是建立忠诚的基础，创业者应该给予合理的薪酬以及给予团队成员精神上的满足，提高团队的忠诚度。
- **学习文化。** 学习可以不断提高团队的知识和技能，只有善于学习的团队才能得到长远的发展。团队成员在创业过程中需要不断学习，努力吸收一切对创业有利的知识、技能和经验。

#### ● 课堂活动

#### 解决团队冲突

**活动方法：** 分小组活动，每组自行创作一个以团队冲突为核心的剧本，然后由其他小组来解决争端。

**活动人数：** 每小组4～6人为宜。

**活动场地及道具：** 场地为教室，道具由各小组自行准备。

**活动规则：** 各小组自行设计团队冲突的情节，编写剧本，然后以类似情景剧的形式在讲台上表演。在表演时需加入一个其他小组的成员，并由该成员来负责解决团队矛盾，考验其处理团队矛盾的方式。之后换下一组表演，所有小组完成后，由大家来评判被考验同学处理冲突的方式。

**注意事项：**

（1）接受考验的同学事先不能了解剧本；

（2）剧本在冲突发生之前应该有必要的铺垫，以便于被考验的同学进入场景；

（3）剧本无须过于注重细节，实际演出需要根据被考验同学的反应即兴发挥。

---

#### 课后思考与练习

1. 什么是创业团队？创业团队有哪些优势？
2. 列举创业团队的所有类型，并说出它们的优劣势？
3. 结合本模块中关于贝尔宾团队角色理论的相关知识，填写表6-1。

表 6-1　团队角色剖析

| 团队角色 | 鞭策者 | 执行者 | 完成者 |
|---|---|---|---|
| 需具备的素质 | | | |
| 可能的缺点 | | | |
| **团队角色** | 外交家 | 协调者 | 凝聚者 |
| 需具备的素质 | | | |
| 可能的缺点 | | | |
| **团队角色** | 智多星 | 专业师 | 审议员 |
| 需具备的素质 | | | |
| 可能的缺点 | | | |

# 模块七

## 识别创业机会与风险

创业是一种高风险的活动，充满了不确定性，而识别出有潜力、有价值的创业机会就是创业成功的第一步。在创业过程中，创业者随时面临各方面的风险，创业风险是对创业活动的直接威胁，只有合理应对创业风险才能取得最后的成功。创业机会和创业风险与创业活动息息相关，需要每一位创业者认真对待，本模块将对识别创业机会与创业风险的知识进行详细讲解。

**学习目标**

- 掌握创业机会识别与评估的方法
- 了解创业风险的特征和类型
- 掌握应对创业风险的方法

### 📑 案例导入

吴晶晶 2013 年从大连交通大学机械工程学院硕士毕业后入职了上海的一家机器人公司。在工作中，她很快发现了工业机器人的巨大市场潜力，于是毅然辞职创业，开始代理机器人销售。

吴晶晶的机器人代理销售做得很红火，她很快就不满足于只做代理了。在她看来，机器人市场未来的空间还很大，而现在的机器人产业还处于初创期，工业机器人的功能和价格还有很大的提升空间，只有自己研发制造机器人才能占据市场的优势地位，赢得未来。就这样，吴晶晶定下了研发制造机器人的志向。

吴晶晶是机械工程专业出身，有几年的代理机器人销售经验，在技术和行业经验上都具备了进军机器人研发制造领域的条件。但是开设机器人制造公司不同于代理销售，需要人工、场地、科研、设备等条件，这一切都需要靠大额的资本才能支撑起来。吴晶晶虽然在代理销售上做得红火，几年时间里也积攒了一笔钱，但是面对研发制造机器人仍然有巨大的缺口，这让她犯了难。

一筹莫展之时，有朋友建议她到江苏创业，因为江苏省出台了一系列创业扶持政策，对机器人研发制造这种高新技术企业的支持力度很大。抱着试一试的态度，吴晶晶咨询了相关部门。吴晶晶的创业计划得到了当地人民政府的高度支持，在用地、资金和税务等方面都得到了较大的优惠。在 2018 年 11 月，吴晶晶的机器人公司终于在江苏省东台市开业，该公司重点研发和生产农业、水泥、家电、建材、化工、纺织、医药等行业的"七轴行走机器人"，产品主要销往中西部地区的制造企业，2019 年预计销售额破千万元。吴晶晶的创业一开始就取得了满堂红。

无独有偶，南京大学新闻系硕士生顾若君也凭借扶持政策创业成功，她将目标瞄准乡村振兴，和爱人一起在家乡无锡惠山区创办了星诺农庄，汲取传统农业与现代农业优势，打造出了融合一二三产业的现代农业产业基地。

后来，她又让农产品搭上了互联网的快车，依靠"互联网 + 农业"打造了自主品牌的鸽蛋、水蜜桃产品。当地人民政府为她提供了多方面的帮助，在 2018 年星诺农庄配合省农科院兽医研究所、无锡动物疫病预防控制中心开展相关研究项目，以科技创新引领高质量农业发展。未来，顾若君和她的星诺农庄将会继续发展生态循环农业，带领乡亲们致富。

江苏省的创业扶持政策取得了良好的效果，自 2015 年来，全省一共有 17.65 万名大学生成功创业，带动就业 75.74 万人，创造了数十亿元的产值。

（案例资料来源：《新华日报》。）

**思考**

1. 吴晶晶在创业过程中遭遇了什么困难？她是怎么克服困难的？
2. 江苏省人民政府的创业扶持政策产生了怎样的效果？
3. 如果没有当地人民政府的扶持，吴晶晶创业会遇到哪些额外的风险？

项　目　一

## // 熟悉创业政策与环境 //

创业虽然拥有美好的前景，但对于想要投身创业的大学生来说，仅仅依靠自身的努力是远远不够的，只有对创业政策和创业环境有了正确的认识，才能够明确奋斗的方向，在创业活动中做到有的放矢，从而更好地开展创业活动。

### 任务一　当代大学生创业的形势

创业形势是指创业者在创业之初所面对的经济、政策、市场、环境、文化等所有对创业活动有影响的外部条件的总和。

大学生创业者是创业者群体中特殊的一类人群，和其他创业者相比，大学生普遍拥有更高的文化素养，更能够接受新鲜事物，但是也有缺乏社会经验、较少接受磨炼和挫折等缺憾，这使大学生在进行创业活动时面临特殊的形势。

### 1. 大学生创业的有利环境

近年来，各地人民政府高度重视大学生创业问题，积极营造良好的社会创业环境，大学生的创业环境得到了明显的改善。

- **政策支持。** 近年来不断有扶持大学生创新创业的政策出台，各地人民政府采用经济、行政和立法等手段为大学生自主创业提供了全方位的支持，包括减税、降费、资金扶持、低息甚至无息贷款、简化行政审批程序等。政策的支持为大学生创业者减轻了很大的负担，节约了大学生创业者的资金和精力支出，切实地改善了大学生创业的环境。

- **创业培训兴起。** 全国各大高校和社会组织在近年纷纷开设了各式各样的创业培训课程，这些课程可以在一定程度上填补大学生社会经验缺乏的缺点。同时大学生还能通过创业培训了解创业的相关知识，与其他创业者沟通交流等，切实提高自身的创业能力。

- **宽容失败的环境。** 创业具有高风险性，而且一旦失败就会使创业者蒙受巨大的损失。但是对于大学生创业失败的，审查机构审查其非人为故意造成的，可以免除其所贷资金的利息，并可相应延长还款期限；对于希望再创业并有提交可行计划的，甚至可以在未还清贷款的情况下，再次提供无担保贷款。这样宽容失败的政策无疑给了大学生创业者第二次机会。

### 2. 大学生创业的不利环境

除了上述的有利环境，大学生创业者还需要面对来自创业不利环境的挑战。

- **创业融资困难。** 对于经营者来说，资金就是商业活动的血液，没有资金的创业必然无法开展，绝大多数大学生创业者本身并没有足够支撑创业的资金，也没有可供抵押的财产，很难从银行等金融机构获取贷款。而风险投资基金则往往青睐于技术含金量高、管理较强的创业团队，通常也不会投资大学生创业者，资金问题使很多大学生创业项目只能夭折。

- **知识产权保护不足。** 虽然我国已经建立了完善的知识产权保护体系，但是由于社会对于知识产权的观念仍然较为淡薄，且职能机构的监管不到位，市面上仍然有制假、贩假的空间，而消费者也往往不会特别注意产品是否为盗版、假冒。而对于初创企业来说，知识产权维权的时间、金钱和人力成本都难以承担，难以根除假冒伪劣商品。

- **创业风险管理缺位。** 创业是一种高风险的活动，对于初涉社会的大学生创业者来说更是如此。大学生创业者往往对创业抱有理想化、乐观化的态度，在创业遇到困境甚至失败的情况下其生理和心理都会受到影响，进而引起其他的不良后果。

- **缺乏社会支持。** 在社会上很大一部分人，尤其是老一辈人，仍然对创业怀有偏见，认为大学生毕业后应该优先考虑当公务员或到国企、大企业等单位就业，而自主创业则是"瞎胡闹"。这导致大学生创业者往往会遭受到来自家人或朋友的压力。

### 任务二 大学生创业的帮扶政策

为支持大学生创业，各地出台了一系列的帮扶政策，涉及税收、创业培训、创业指导等各方面，是大学生创业的一项重大利好。了解最新的创业政策和方针可以说是大学生创业者走好创业路的第一步。

### 1. 宏观的创业帮扶政策

为促进高校毕业生以创业带动就业，更大程度地实现知识的产业化，国家相关部门出台了一系列的帮扶政策与措施。

- **大学生创业税收优惠。** 持人力资源和社会保障部核发的就业创业证的高校毕业生在毕业年度内（指毕业所在自然年，即1月1日至12月31日）创办个人独资企业、个体工商户的，可根据相关政策减免其当年实际应缴纳的增值税、城市维护建设税、教育费附加和个人所得税。对高校毕业生创办的小型微利企业，按国家规定享受相关税收支持政策。

- **创业担保贷款和贴息。**对符合条件的大学生创业者，可在创业地按规定申请创业担保贷款。各级人民政府要鼓励金融机构参照贷款基础利率，结合风险分担情况，合理确定贷款利率水平，对个人发放的创业担保贷款，并按照相关政策由财政给予贴息。

- **免收有关行政事业性收费。**毕业 2 年以内的普通高校学生从事个体经营（除国家限制的行业外）的，自其在工商部门首次注册登记之日起 3 年内，免收管理类、登记类和证照类等有关行政事业性收费。

- **免费创业服务。**有创业意愿的大学生，可免费获得人才服务机构和公共就业部门提供的创业指导服务，包括政策咨询、项目开发、风险评估、融资服务、跟踪扶持等创业服务。

- **大学生创业指导服务。**大学生创业者可享受各地各高校对自主创业学生实行的持续帮扶、全程指导、一站式服务。同时地方、高校两级信息服务平台可以为他们提供国家政策、市场动向等信息。除此之外，各地在充分发挥各类创业孵化基地作用的基础上，还因地制宜地建设了大学生创业孵化基地，并配以相关培训、指导服务等扶持政策。

- **开设创新、创业教育课程。**大学生创业者可享受创新、创业教育资源，参加面向全体学生开设的研究方法、学科前沿、创业基础等方面的必修课和选修课，同时还可以免费观看各高校资源共享的慕课、视频公开课等在线开放课程。

- **改革教学制度。**大学生创业者可享受各高校建立的自主创业大学生创新创业学分累计与转换制度。该制度明确地将开展创新实验、发表论文、获得专利和自主创业等方面的实践成果折算为学分，将学生参与课题研究、项目实验等活动认定为课堂学习。

- **强化创新创业实践。**大学生创业者可享受学校面向全体学生开放的大学科技园、创业园、创业孵化基地、各类实验室、教学仪器设备等科技创新资源和实验教学平台，还可以参加全国大学生创新创业大赛、全国高职院校技能大赛，以及高校学生成立的创新创业协会、创业俱乐部等社团。

由这些帮扶政策和措施可以看出，国家不仅通过减税、降费、贴息、贷款等多项措施来为大学生创业者提供实在的硬性帮助，还通过政策咨询、信息服务、项目开发、风险评估、开业指导、融资服务、跟踪扶持等"一条龙"创业服务来增强大学生创业者的软实力，真正做到了全方位、多角度、深化的创业帮扶，是大学生创业的巨大助力。

**2. 各地的创业帮扶政策**

各地积极根据实际情况，制定出台了具体的大学生创业帮扶政策，下面列举部分地区的大学生创业帮扶政策（各地会不断更新政策），以帮助大学生了解 各地对大学生创业的支持。

（1）北京市。

北京市作为我国首都，也是我国面积较大、人口较多的城市，吸引着无数大学生创业者。北京市的大学生创业帮扶政策主要有以下 4 点。

- **提供贷款。**凡持有北京市户口或再就业优惠证的大学生创业者，可以向北京市人民政府申请小额贷款。大学生创业者持本人学历证明到户口所在地或经营所在地的社保部门即可办理再就业优惠证。

- **优先工商注册。**毕业后未满两年的大学生想要创业的，可以在工商部门的注册大厅优先办理工商注册登记等手续，且简化核准流程，快捷办理。

- **减免税费。**大学生创业项目自工商部门批准其经营之日起一年内免交登记类、证照类和管理类行政事业性收费。如为城镇劳动就业服务企业，且当年安置待业人员（含已办理失业登记的高校毕业生）超过企业从业人员总数 60% 的，经主管税务机关批准，可免纳所得税 3 年，免税期满后，当年新安置待业人员占企业原从业人员总数 30% 以上的，经主管税务机关批准，还可减半缴纳所得税两年。

- 免费代管人事档案。北京市人民政府人事行政部门所属的人才中介服务机构免费为大学生创业者保管人事档案（包括代办社保、职称、档案工资等有关手续）两年。

（2）上海市。

上海市是我国经济较发达、商业较活跃的城市，也是大学生创业的活跃地区，上海市有关大学生创业的扶持政策如下。

- 免费评估创业潜质。凭本人身份证可在上海各区的创业指导服务中心预约创业能力在线测试评估系统的免费测验，帮助创业意向者了解其创业胜任能力、信息需求、培训需求，为创业者创业的前期准备提供参考。
- 创业能力培训。在上海市高等院校就读的学生及毕业生可以参加创业能力培训，培训考核鉴定合格的，可按规定的补贴标准享受补贴。
- 免息贷款。青年创业者通过路演答辩，可以获得最高 15 万元的由上海市人民政府免费担保并全额贴息的贷款。
- 财税补贴。上海大学生创业在 18 个月的初创期内，符合条件的给予有关房租补贴、社会保险费补贴、贷款担保及贴息的扶持。高校毕业生从事个体经营的，自工商登记之日起 3 年内可免交登记类、管理类和证照类的各项行政事业性收费。
- 创业天使基金。上海大学生创业只要有意向，就可以向大学生科技创业基金提出申请，根据大学生各自的不同情况可以获得 5 万~30 万元不等的基金资助。

（3）广东省。

广东省是我国的经济强省，拥有广州、深圳、珠海等一批经济发达的城市，是大学生创业的重点地区，也出台了很多关于大学生创业的帮扶政策。

- 税收优惠。针对不同的行业，对大学毕业生创业有相应的税收优惠政策。对毕业生从事咨询、信息、技术服务的独立核算企业或经营单位，自开业之日起，免征所得税两年；对毕业生新办商业、物资业、对外贸易业、旅游业、仓储业、居民服务业、饮食业、教育文化事业的独立核算企业，自开业之日起，免征所得税两年；对毕业生新办从事交通运输、邮电通信的独立核算企业或经营单位，自开业之日起，第一年免征所得税，3 年内减半征收所得税；对毕业生创办的农业生产产前、产中、产后服务的企业，对其提供技术服务和劳务所得收入免征所得税。
- 社保补贴。毕业 5 年内的高校毕业生自主创业，招用应届高校毕业生就业，与其签订一年以上期限劳动合同并按规定缴纳社会保险费的，本人及其招收的应届高校毕业生给予企业缴纳社会保险补贴，补贴期限不超过 3 年。
- 租金和孵化补贴。租用场地自主创业，正常运营 6 个月以上并吸纳 3 人以上就业的，给予最长两年的租金补贴。经认定的创业孵化基地为大学生提供一年以上减免费创业实训场地和孵化服务的，按相关政策享受创业孵化补贴。
- 创业项目征集补贴。从各地推荐的优秀创业项目中评选一批省级优秀项目以及获得省级以上创业大赛（包括其他省市省级比赛）前 3 名并在广东登记注册的创业项目，每个项目给予 5 万元至 20 万元资助。

## 政策造就创业明星

毕业于云南省艺术学院的"90后"女孩余艾怀揣创业的梦想回到了故乡曲靖市。她先是依靠自身专业，创办了一个舞蹈培训班，但是因为生源不足、地段太差和准备不足等原因，还没坚持半年就倒闭了。

初次创业失败的余艾并没有放弃，一次偶然的机会她看到了区里宣传创业的海报。抱着试试看的态度，她来到了区人社局进行咨询，区人社局的工作人员热情地接待了她，在了解情况后为她量身制定了帮扶方案。首先运用创业扶持政策，使余艾获得了云岭大学生创业无息贷款15万元和小微企业扶持资金3万元，解决了创业资金的问题；然后又动员余艾参加创业培训，全面学习企业管理知识，深入了解电商运营模式并提升她的管理能力；最后又推荐余艾参加曲靖市青年创业大赛，帮助她了解市场信息并结识更多优秀人才。

在曲靖市青年创业大赛上余艾虽然没能获得大奖，但是获得了中国网上轻纺城的注意，余艾在中国网上轻纺城的支持下成立了景晗布艺有限公司，创立了床品窗帘品牌"巧匠"。通过当地人民政府的帮助和自身的努力，建成了2 000平方米的生产加工车间和超5 000平方米的成品展示厅，打造了西南最大的窗帘布艺展厅。

现在这个项目基本运转良好，余艾的公司雇用了职工30余人，累计带动就业200余人，成了当地的创业明星。

**启示：** 余艾在大学毕业后仅凭一腔热情创业，很快遭遇失败，但是她在政策的引导下走上了再次创业的道路，依托当地人民政府的支持和中国网上轻纺城平台做出了成绩，实现了自己的创业梦。

### 任务三　大学生创业的现状及问题

随着经济的不断发展，大学生创业者的人数也在逐年递增。通过对过往大学生创业者发展状况的分析，可以了解大学生创业现状与存在的问题，为未来的大学生创业者提供有益的参考。

**1. 大学生创业现状**

麦可思研究院发布的《2019年中国大学生就业报告》（就业蓝皮书）显示，2018届大学生在毕业半年后，自主创业比例为2.7%，而2015届的大学生在毕业3年后投身自主创业的比例为6.2%。

分析麦可思公布的相关数据，可以发现大学生创业呈现高风险、高收益的特点。

- **高风险。** 高风险是指大学生创业存活率较低。根据2015届毕业生自主创业的数据，大学生创业3年存活率为44.8%，较2014届同期数据46.2%有一定的下降，说明创业的高风险性客观存在，大部分大学生创业者都无法支撑3年。

- **高收益。** 高收益是指相对于其他同学，大学生创业者的收入优势明显。2015届大学毕业生半年后自主创业人群的月收入为4 601元，3年后为9 726元，涨幅达111%，相较于同届大学生的平均收入水平（半年后为3 409元，3年后为6 005元，涨幅为76%），有明显的优势。

**2. 大学生创业存在的问题**

大部分大学生创业者都在创业3年内遭遇了失败，而创业失败的原因具有一定的共性，归纳起来，主要有以下7点。

- **资源缺乏。** 大学生创业者由于社会实践较少，缺乏社会经验和社交技能，在创业中往往会遇到资金、人脉和人力等资源短缺的情况。而创业的本质就在于获取、整合、配置资源并获得更大的价值，缺乏资源的创业者很难成功。

- **竞争激烈。**大部分大学生创业者在创业初期缺乏核心技术，只能选择服务业。数据表明大学生自主创业最为集中的行业分别为中小学教育辅导、零售业、综合餐饮等，这些行业市场饱和度高，竞争比较激烈，淘汰率高。
- **能力不足。**很多大学生创业者仅凭一腔热血，缺乏相应的能力，包括专业知识、基本技能、管理能力、心理承受力等，同时也常有对社会的认知不全面、抗打击能力不强的问题，这些问题也是导致大学生创业失败的原因之一。
- **行业选择不当。**一些大学生创业者盲目进入当下热门的、赚钱的行业，而不考虑自己是否具备从事该行业所需的相关专业知识和技能，最终导致创业失败。
- **眼高手低。**不少大学生不屑于从事服务业或技术含量较低的行业，而希望投身互联网、科技等领域。虽然大学生在知识水平上有优势，但这些行业的起点较高、盈利周期较长、创业风险和压力都非常大，很容易导致创业失败。
- **缺乏产品营销策略。**部分大学生创业者并没有准确地认识到产品和服务面向的受众与消费者群体，就贸然地推出新产品或服务，导致创业失败。
- **准备不充分。**创办企业不是一件容易的事情，开业前必须完成大量的准备工作，比如市场调研、制订创业计划、选择场所、装修店面、添置设备、招聘人员等。在没有做好相应准备的情况下贸然开业，业务开展不顺利很容易导致创业失败。

**阅读材料**

### 盲目的创业

小李在大学毕业后就一直打工谋生，但是心思活络的他早就想摆脱打工者的身份自己当老板，只是一直苦于找不到好的投资项目，又担心创业失败血本无归，这才始终没有开始自己的创业。一天亲戚结婚，小李在酒席上认识了一个远房亲戚，在攀谈中得知，这个亲戚靠生产塑料袋赚了很多钱，还准备扩大规模。小李一听这话如获至宝，抛开了创业应有的谨慎，当即决定自己也开办一个制造塑料袋的加工厂。

在没有做任何市场调查和前期准备下，小李就投入了10万元资金，在当地办起了一家小型的塑料编织袋加工厂。但由于前期没有充分了解该行业，小李就犯下了一个低级错误。因为生产塑料制品需要有场地堆放材料，可是小李却选择了一个很小的场地就动工生产了，导致没有场地堆放材料，厂里的生产经常需要停工。而这时小李的资金已经变成了场地租金、设备和原材料，也没有办法更换场地了。

仓促与盲目地创业，使困难接踵而至，除了场地问题，销路问题也让小李烦恼不已。本来以为都是塑料加工企业，远房亲戚能帮帮忙，可是小李生产的是塑料编织袋，而亲戚生产的是塑料手提袋，面向的是完全不同的用户群，根本没有办法提供帮助。小李没有办法，只有亲自奔波在各个市县推销。

产品不断地被生产出来，堆满了仓库，资金很快见底，而小李使尽了浑身解数也没能打开销路。面对拖欠的不少货款和马上要到的发薪日，小李只能无奈将加工厂低价转让了出去，吞下了创业失败的苦果。

**启示：**小李因为和远房亲戚的一次交谈就盲目地开始创业，既不懂生产，又没有销路，很快便以失败收场。

**课堂活动**

### 创业政策调查

**活动方法**：分小组活动，各小组自行通过问卷、访谈、咨询等方式调查当地大学生创业扶持政策的普及情况以及实施效果。

**活动人数**：每组 6 ~ 10 人为宜。

**活动场地及道具**：调查场地为学校附近，调查报告场地为教室，需要桌椅若干以及投影仪等设备，学生也可以自行准备所需的其他道具、材料等。

**活动规则**：各小组自行制订调查计划，通过向大学生发放问卷、访谈大学生创业者、咨询政府相关工作人员等方式调查当地大学生创业扶持政策的内容、执行情况、实施效果以及在大学生群体中的普及度等情况，生成调查报告并在班级中分享。

**活动提醒**：

（1）明确调查范围为"大学生创业扶持政策"，注意不要扩大或缩小范围；

（2）调查工作量较大，各小组可以分工协作，互相补充。

## 项目二

## // 把握创业机会 //

在创业活动中，资源＋努力＋机会＝成功，创业机会是影响初创企业生产和发展状况的重要因素。无法把握创业机会就无法创业成功，因此，寻找和识别创业机会是创业者必须具备的能力。

### 任务一　寻找创业机会

每一个成功的创业活动都是一个或多个创业机会的具体实现。所谓创业机会，就是指创业者能够通过投入和组织资源来获取价值的有利情况。创业的过程就是创业者识别创业机会，然后按照创业机会来匹配相应的资源，并最终获取收益的过程。

#### 1. 创业机会的特征

很多创业者将创业机会理解为能够赚钱的想法和点子，其实这只是创业机会的一个方面，真正具有潜力的创业机会通常具有以下特征。

- **隐蔽性**。创业机会具有隐蔽性，创业机会出现在每个人面前但不会被大众所认识，而隐蔽性也正是其价值所在。如果一个非常优秀的创业机会被大众所普遍认识，那么其潜在的利润空间也会被压缩到很低，其价值就被削弱了。

- **偶然性**。虽然创业机会的出现是市场、需求、技术等因素联系的必然产物，但是对创业者而言，发现创业机会往往不是刻意追寻的结果，而是偶然的灵光一现。

- **时限性**。创业机会不是一个常态的、确切的存在，而是一种随时变化的情境。随着市场、技术、需求等因素的变化，会不断产生新的创业机会、湮灭旧的创业机会。只有在时限内抓住创业机会才能产生效益。

- **抢先性**。创业机会的潜力是有限的，其能创造的价值是一定的，只有最先抓住创业机会的创业者才能够收获其大部分价值，而后来者可获得的利益会大大降低甚至无利可图。

#### 2. 创业机会的来源

该做什么？这是很多创业者头疼的问题，创业机会的特征使其获取没有特定的手段和渠道，往往苦心孤诣也求不得。但其实创业机会归纳起来，有以下几个来源。

- **潮流趋势**。潮流趋势反映了消费者的需求，是常见的创业机会来源，很多企业就是靠紧跟潮流，满足消费者需要而创业成功的，如移动电子商务潮流下的淘宝、京东。
- **创新改良**。创新是创业之本，通过提供新产品、新服务，或针对现有的产品与服务，重新设计改良，可以满足甚至创造消费者的需求，获取价值。
- **实践**。在实践中可以得到直观、深入的认识，从而有助于创业者发现隐蔽的、被人所忽视的需求或者改进的空间，这些都是有利可图的创业机会。
- **研究**。一方面，科学研究能够创造新技术、新材料、新能源等，有巨大的价值；另一方面，对于现有事物进行系统的研究和分析，也可以发现新的创业机会。

阅读材料

### 松元的突发奇想

21 岁的松元在日本东京市区的工厂上班，但他的住处却在 80 多千米外的郊区，他只能每天乘坐地铁或公交往返，耗时很长。而日本男人有每天下班后约上三五好友泡居酒屋的习俗，所以松元经常赶末班地铁或公交车回家。

由于车程很长而且喝了酒，松元常常会在车上不知不觉就睡着，等醒来后才发现自己早已错过了目的地，车子已经到了终点站。每次下车后，松元都非常懊恼，因为此时已没有任何返程车了，要想回到住处，唯一的办法就是打出租车。日本的出租车非常贵，松元曾咬牙发狠坐过几次出租车回住处，东京的出租车起步价是 660 日元，2 000 米后就按每 274 米增加 80 日元收费，过了晚上 11 点，所有的出租车费上浮 30%，松元每次坐出租车要花费数千日元。这种消费不要说刚刚步入社会工作的松元，一般的企业干部也吃不消。

由于怕坐过站，每次在末班车上，松元都极力让自己保持清醒，但强撑着不睡又让他感到非常痛苦。在末班车上，很多家离办公室较远的上班族都有和松元同样的苦恼。松元突然想到，如果自己能在地铁和公交车的终点站附近盖一些旅馆，让那些坐过站的上班族能有一个地方住，问题不就解决了吗？

说干就干，于是松元开始找合伙人，然后贷款购买了地皮，地铁和公交车的终点站都很偏远，因此它们附近的地价非常便宜，建旅馆的费用和日常运营上的开销都很低。松元旅馆每晚的收费却较高，和东京闹市差不多，但即便如此，依然有很多人前来住宿，因为跟昂贵的出租车费用相比，旅馆住宿的费用相对比较划算。现在松元已经开了近 70 家"终点站旅馆"，年收入高达 420 万美元，松元也从一个昔日连车都买不起的打工仔，摇身变成了一个富翁。

**启示**：机会无处不在，但能发现它们的人，大都是那些具有敏锐洞察力且敢想敢干的人，所以想要成功创业的人，一定要有一双善于观察的眼睛，能发现并抓住商机。

### 任务二　识别创业机会

创业机会客观存在，且每天都在更新，所以理论上所有人都有发现并把握创业机会，进而产出巨大价值的可能性。但是事实上能够发现创业机会的人凤毛麟角，所以怎么识别出转瞬即逝的创业机会成了每个创业者都需要考虑的问题。

#### 1. 在变化中寻找机会

彼得·德鲁克将创业者定义为"能寻找变化，并积极反应，把它当作机会充分利用起来的人"，充分肯定了变化对于创业者的重要性。创业机会是与多种因素变化联系的产物，会随着环境变化而变化，在变化中寻找创业机会是一种有效的手段。

- **市场环境变化。** 市场环境直接影响所有企业的经营，生产材料、人工、交通等因素都会引起市场环境的变化，在这其中很可能蕴藏新的创业机会，如肉类食物价格的上涨使进口肉制品的利润提升，进口肉制品就是一个很好的创业机会。
- **社会经济变化。** 社会经济的发展会带来需求以及潜在需求的变化，如社会经济发展良好，人们的收入得到提高，人们对于产品的品牌、外观等属性要求会随之提高，反之，人们则会关注产品的价格和耐用性等属性。
- **人口结构变化。** 个人的需求是多样的、变化的，但是一个固定人群的消费需求是相对稳定的，如我国人口老龄化加剧，则养老、养生、疗养等方面的需求就会旺盛；而随着"二孩"政策放开，母婴产品市场也得到了扩张。
- **生活观念变化。** 生活观念引导人们的行为，满足消费者生活观念的产品和服务能够得到消费者认可，如随着人们对食品健康的重视，拥有有机、无公害、无添加等标签的产品迅速占据了市场。

除此以外，产业结构的变化、个性化服务的追求、科技通信的进步、政策的出台等变化都能够产生新的创业机会，古往今来的每一次创业热潮都或多或少地依赖于变化带来的契机。

### 2. 寻找消费者需求

从消费者身上觅得创业良机是一个亘古不变的规则，创业者销售的产品或服务，最终面对的是消费者。分析调研消费者的需求，从中可识别创业良机。

要想从消费者身上识别良机，就需要观察消费者的生活和工作轨迹。由于每个人的需求不同，创业者应将消费者分类，从消费者分类群体中研究各类人群的需求特点，如父母注重子女的教育，儿女则担心父母的健康。值得注意的是，如果创业者能够发掘消费者隐藏的需求并率先提供能够满足其需求的产品或服务，则往往能够开辟竞争小而单位产品利润较高的新兴市场，取得较大的收益。

### 3. 发现并解决问题

问题是令人们"烦恼的事""困扰的事"，也是市场的痛点。如果创业者能着眼于人们的苦恼、困扰，有效提供问题的解决办法，实际上就是找到了机会。如外卖平台的出现解决了消费者无法便捷地获得食物的问题，快递解决了人们无法快速而便捷地传递物品的问题，二者都取得了成功。

阅读材料

### 卖菜的哲学

阿宾是个闲不住的人。大学毕业后，在写字楼工作了半年便辞职了，开始做起了"生意"。

阿宾的"生意"并不入他人的眼——开着三轮车卖菜。大学生辞职卖菜，这让大家大跌眼镜，但阿宾没有在乎他人的看法，他认为自己做的是正确的事。阿宾的卖菜方法与别人截然不同，其他卖家选择半夜起床赶早市，好到市场购进刚上市的新鲜蔬菜，然后卖个好价钱。但阿宾总是睡好吃足后，才发动他的三轮车，慢腾腾地赶往蔬菜批发市场。等他拉菜回来，天都黑了，但是阿宾一点也不着急，把车往院子里一放，往菜上洒些水，等着第二天一早赶早市。这种做法受到了邻里嘲笑，没有人看好阿宾。

而事实上，阿宾赚的钱比谁都多。原因就在于阿宾的3大"卖菜哲学"。

第一，蔬菜批发市场早上和下午的菜价不同，而且价格差别较大。外地菜商往往一到下午就沉不住气了，只要买家给出合适的价格就会把手中的菜甩卖掉，要不然，他们多耽误一天，就需要支付吃住等费用，阿宾就避免了这种情况。

第二，菜在夜间洒水后，可以保持鲜嫩葱绿。

第三，阿宾考虑到每个人居家过日子都要精打细算，越是便宜的东西越是抢手货。尤其是城里的老年人，喜欢早晨锻炼完后，再到早市上购买一天的蔬菜，老年人最注重性价比，所以，阿宾的菜根本不愁销路。

**启示：** 阿宾是一个拥有敏锐观察力的人，卖菜在很多人观念中都是一样的做法，而阿宾敏锐地察觉到了其中的机会，通过改变传统商业运作流程（从凌晨进货上午卖变为下午进货第二天一早卖），迎合了消费者（晨练老人）的需要，取得了可观的利润。

### 任务三　创业项目的可行性分析

创业机会有很多，但并非所有的创业机会都适用。作为大学生创业者，在创业初期掌握的资源往往既不够多，也不够全面，因此能够把握并利用的创业机会很有限。在这样的情况下，对创业项目进行可行性分析对创业者来说就尤其重要。

可行性分析是指通过对项目的主要内容以及配套条件进行分析和研究，并最终对项目的开展、运行和效益产出等情况做出预测。通过可行性分析，创业者可以对创业项目有更深入的认识。

#### 1．SWOT分析法

SWOT分析法是对自身的优势（Strengths，S）、劣势（Weaknesses，W）以及外在的机会（Opportunities，O）和威胁（Threats，T）进行分析判断的方法。因其兼顾内外因素（S、W为内部因素，O、T为外部因素），所以能够很好地将企业内部资源和外部环境有机结合起来，其分析方式如图7-1所示。

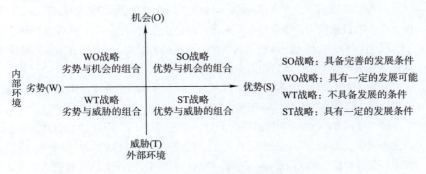

图7-1　SWOT分析示意

- **优势。** 优势是指创办企业有利的因素。如创办企业的资金充足、资源更丰富以及价格比同行更低、员工素质和技术更好等。
- **劣势。** 劣势是指创办企业不利的因素。如知名度不如竞争对手、自己没有其他创业者的丰富阅历、促销方式不佳、产品类型少等。
- **机会。** 机会是指外部环境存在对创办企业有利的因素。如行业政策扶持力度大、周边入驻了新小区、人流量增大等。
- **威胁。** 威胁是指外部环境存在对创办企业构成潜在威胁的因素。如周边有新的企业加入、原材料价格上涨等。

### 2. 运用 SWOT 分析法分析创业项目

运用 SWOT 分析法可以对创业项目进行整体全面的分析，简单易行且很有参考价值。运用 SWOT 分析法进行创业项目分析的程序主要包括以下 4 个步骤。

- **评估自身的优势和劣势。** 正确评估自身的优势和劣势是 SWOT 分析的基础，其完成度与准确度决定了分析结果的有效性。在进行优势和劣势评估时，创业者一定要尽量全面而准确地列出尽可能多的优缺点。
- **找出面临的机会和威胁。** 找出机会和威胁是对外部环境的考量，创业者应该将所有对企业经营有影响的因素都进行考量，并找出有利条件与不利条件。
- **评估创业项目的潜力。** 评估创业项目的潜力是指分析上面找出的各种条件，并且综合分析哪些劣势可以填补以及各种威胁的应对方法，最后评估这个项目的投入、成功率、产出等具体情况，判断其是否可行。
- **根据项目制订工作计划。** 在评估创业项目为可行的情况下，创业者就需要考虑如何实现创业项目，包括组织人员、调度资源、寻找投资等，优势越大、机会越多的创业项目越容易取得成功。

阅读材料

#### 运用 SWOT 分析法分析创业项目

小王是 2019 年的应届大学毕业生，他想在家乡办一家养殖场，因此，他对周边现有的同类养殖场和消费者的需求做了相关调查和记录。为了让自己的创业项目能顺利推进，他还使用SWOT分析法对企业自身情况以及外部环境进行了详细分析，具体分析内容如下。

优势（S）：本人乐观向上、善于与人交往、待人诚恳、勇于创新，有决心干一番事业；企业的营销渠道丰富，人工成本低，销售价格比竞争对手低；拥有充分的养殖业理论知识和一定的养殖技术；地理位置优越，交通便利；家庭支持创业。

劣势（W）：个人创业和实际操作的经验不足，难以听取他人的友善建议；优柔寡断；投入企业的资金较少，储备资金不充足；创办企业的人手不足；企业规模较小。

机会（O）：当地人民政府对大学生创业扶持力度大，并开设有创业的免费培训课程；本地区目前只有一家养殖肉牛的企业，竞争者少。

威胁（T）：环境污染问题加剧，肉牛存在疾病的威胁；租地的成本一直在上升；未来一年内可能有两家同类养殖企业加入。

通过运用 SWOT 分析法进行分析后，小王清楚认识了自己的优势与劣势。作为企业的创办者、管理者，自己虽然有广泛的人际交往，有养殖的知识和技术，但仍需要克服优柔寡断的性格缺陷，积累创业经验。针对分析结果，小王计划尽快进入市场，开源节流，储备更多的创业资金，动员家庭力量，筹备更多的创业人手，尽快做活企业，以便在其他竞争对手进入市场之前，顺利打响自己的企业品牌，拓展市场。

**启示：** 小王在创业前针对自己意向的创业项目进行了 SWOT 分析，不仅明确了自身的优势、劣势、机会和威胁，还在此基础上做出了接下来的规划，使创业活动有了明确的计划。

**课堂活动** · · · · · · · · · · · · · · · · · · · · · · · · · · · · · · · · · · · · · · · · · · ·

### 运用 SWOT 分析法分析创业项目

**活动方法**：分小组活动，每个小组自行寻找一个创业项目并且使用 SWOT 分析法来分析项目。

**活动人数**：每组 4 ～ 8 人为宜。

**活动场地及道具**：场地为教室，需桌椅若干。

**活动规则**：每个小组在课下自行准备一个创业项目，然后在课堂上，各小组交换创业项目，并使用 SWOT 分析法对自己手中的创业项目进行分析，填写表 7-1。

表 7-1　创业项目分析

| | |
|---|---|
| 优势 | |
| 劣势 | |
| 机会 | |
| 威胁 | |
| 填补劣势与应对威胁 | |
| 结论 | |

**活动提醒**：

（1）必须给出确切的分析结论，即该项目可行或不可行；

（2）准备的创业项目应该尽量翔实，给出创业项目的受众、投资、技术要求、经营周期、资源需求、人力需求等要素；

（3）在进行 SWOT 分析时，除了依据创业项目提供的材料，还可以在网络上查找其他有关信息作为补充。

## 项目三

## ∥ 评估创业风险 ∥

创业是一项高风险的活动，大部分创业者都没能取得创业的成果而是创业失败并蒙受损失。每一个创业者都要面对创业风险，因此，创业者要正确评估和防范创业风险。

### 任务一　什么是创业风险

由于创业环境的不确定性、创业机会与创业企业的复杂性以及创业者、创业团队与创业投资者的能力与实力的有限性，使创业活动具有偏离预期目标的可能性，这种可能性就是创业风险。创业风险具有以下特征。

- **客观必然性**。创业风险是客观存在的，是不以人的主观意志为转移的，是市场波动、经济运转、供需变化等因素作用下产生的必然结果。每一个创业者都要面对创业风险，每一家企业都要面对创业风险。

- **相对性**。创业风险是绝对会出现的，但是由于时间、空间、对象的差异，不同的企业承担的创业风险也不尽相同，而且随着外部条件的变化，创业风险自身也会随之增强或削减。因此，对于单独一个企业来说，创业风险是相对的。

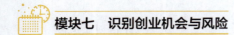

- **不确定性。**影响创业活动进行以及成功的因素很多，如资金、人力、技术、市场等，而这些因素都在不断地变化，所以创业风险也在不断地变化。各种不确定的因素都会导致创业风险的产生，因此，对于单独的一个企业来讲，创业风险是不确定的，不可预测的。
- **机会性。**创业风险往往还伴随着创业机会，呈现出损益一体的特点，在利用机会谋取利益时一定会冒风险，而挺过风险后则会获得收益。

### 任务二　创业风险的来源

创业风险的根本来源在于创业机会与创业企业的复杂性以及创业者、创业团队与创业投资者的能力与实力的有限性。但是在将创业项目进行具体实践的过程中，创业风险往往直接来源于企业的一些缺口。

#### 1. 融资缺口

融资缺口是一种常见的缺口，创业者通常可以通过可行性论证来证明其创业方向可行，但在实现创业项目的商品化的过程中，融资缺口会给创业带来一定的风险。融资缺口带来的风险具体可分为以下3个方面。

- **资金不足。**资金不足是较常见的风险，启动资金不足导致项目无法开展，或者创业中途资金链断裂导致项目无法继续，都是非常容易出现的风险。
- **负债过高。**大学生创业者普遍自身资金积累不多，只能选择借贷来获得资金开展业务，不仅要背负高额的利息，而且一旦遭遇断供就会导致创业失败。
- **股权旁落。**部分企业会选择接受投资入股，以股权换取资金，但是这样会导致投资者获得公司的话语权，创业者对公司的控制力减弱，甚至失去在公司的话语权与决策权，公司完全沦为投资方的附庸。

#### 2. 研究缺口

创业者在创业之初往往只有一个主观的想法和判断，而具体创业实践中却需要将想法和判断进行市场验证，这一过程需要大量复杂而且可能耗资大、耗时长的研究工作。所谓研究缺口，就是指创业者和初创企业可能无法负担这样的研究工作，这种研究缺口也可能形成创业风险。

#### 3. 资源缺口

创业过程是将资源转化为价值的过程，缺乏必备的外在或内在资源，创业项目将无从开展。资源缺口一般包括原材料缺口、设备缺口、运输缺口、存储缺口以及人脉缺口、消息缺口等。

#### 4. 管理缺口

创业不是单打独斗，需要依靠企业的运作来进行，而企业组织必须依靠管理才能高效运作，因此，创业者天然担负着管理企业的任务，而管理能力缺乏就会导致企业运转不良，造成创业风险。管理缺口主要有以下两种情况。

- 创业者是技术方面的专业人才，他们利用某一新技术进行创业，但不一定具备专业的管理才能，从而形成管理缺口。
- 创业者往往有很多"奇思妙想"的商业点子，但可能不擅长管理具体的事务，从而形成管理缺口。

#### 5. 信息和信任缺口

创业项目的实现通常需要多种角色的参与，如领导项目进行的创业者，负责将产品具体化的技术人员，提供资金并希望获利的投资者等，他们之间可能会有观念和想法的冲突，如果不能妥善地协调和沟通各方的想法，就可能造成创业风险。

- **创业者。**创业者往往对创业项目进行长期的、通盘的考量，但也会有一些大胆的、新奇的想法。同时创业者承担着很大的责任和压力，对于创业项目有很高的期待和要求。

- **技术人员。** 技术人员只用考虑技术，希望能够生产出尽量完美的产品，他们会要求投入很多的资源和时间来使产品更好。而创业者有时会给出"不可能的任务"且要求"又快又好"，令技术人员很头疼。
- **投资者。** 投资者的目的非常单纯，那就是效益产出，尽量快、尽量多的效益产出。投资者往往执着于降低成本、减少支出、缩短周期，而被其他人认为"杀鸡取卵""短视"等。

**阅读材料**

### 万家电竞的败落

茅侃侃出生于1983年，小学五年级开始玩计算机，14岁开始在《大众软件》等杂志发表数篇文章，并自行设计开发软件。2004年，21岁的茅侃侃正式创业，创办游戏公司MaJoy，将网络游戏搬到线下，采用实景、由玩家扮演的方式，技术领跑于市场已有的真人CS。创业5年后，这家公司每年创造的收益达15亿元人民币。

巨大的成功让茅侃侃如日中天，他作为"80后"创业者的代表登上了央视《对话》栏目，成了全国闻名的创业明星。2013年茅侃侃出任GTV电竞世界（游戏竞技频道）的副总裁，负责视频等业务。2015年，茅侃侃与万家文化成立合资公司万家电竞，并出任首席执行官。万家电竞的主营业务为游戏，这家公司备受市场期待，在游戏研发期，还只见投入不见产出的时候，就有多方资本有意投资，其中较受关注的就是2016年赵薇旗下的龙薇传媒宣布以30.59亿元收购万家文化29.135%的股份，这说明龙薇传媒对万家电竞的估值超过100亿元。但是在第二年，这起收购案就遭到了证监会调查，最终以失败告终。

这次融资失败使茅侃侃和万家电竞的资金出现缺口，之后，万家电竞的大股东万家文化被匆匆卖给了祥源控股。而祥源控股并不想接受万家电竞，给万家电竞下达了尽快剥离的要求。茅侃侃多次与祥源控股沟通无果，不甘心之下自己通过抵押汽车房产甚至向朋友借款的方式来筹措资金，但最终没能挽回颓势，只能破产清算。茅侃侃这个曾经的创业明星，遭遇了创业的滑铁卢。

因为股东万家文化的动荡，万家电竞最终成了一笔收购案的牺牲品，茅侃侃的失败正是因为他曾说过的"资本圈里无法控制的风险"。

**启示：** 茅侃侃与万家文化合作创办万家电竞，进军游戏项目，这个创业项目本来前途光明，但是由于资本这一不可控因素，万家电竞最终被一笔失败收购案拖累，出现资金缺口而破产。

### 任务三　创业各阶段的风险

创业风险无处不在，贯穿于整个创业过程中，但在创业的不同阶段，风险的表现形式及状态也有所不同。认识创业各阶段的高发风险有利于创业者及时警惕和预防相关风险，增加创业成功的概率。

#### 1. 创业前期的风险

创业前期指打算创业到创业初期这一阶段，该阶段是企业的筹备阶段，是创业者决定创业并寻找创业机会的阶段。因为创业者可能刚接触创业，对于创业风险没有太多的认识，所以很多创业计划都是在创业前期"流产"的。创业前期的创业风险主要有以下4种。

- **悲观主义。** 创业很难，唯有坚持才可"守得云开见月明"。如果创业者一味悲观，碰到问题就灰心丧气，失去激情和雄心壮志，失去面对现实的勇气，那么失败可能是难以避免的。

- **方向不明。**方向即创业的道路、思路，这是创业活动总体的走向与原则。如果经营方向或投入产业错误，那么创业活动也就大概率化为泡影了。
- **合伙人选择不慎。**合伙人是关乎创业成败的关键因素。选择了不恰当的合伙人不仅无法产生互激效应，获取更大的价值，还会互相拖累。
- **盲目融资。**资本是创业必须面对的问题。只有创业者具有足够的实力，才能吸引投资者，资本也才有可能流入创业企业，从长远来看，选择投资者应当谨慎。盲目融资可能会使公司深陷债务泥潭甚至失去控制。

### 2. 创业中期的风险

创业中期（成立企业 1~3 年）是创业企业大规模倒闭的时期，是一个企业成功与失败的重要拐点，处在创业过程中的人往往会在不知不觉中走入一些误区。下面将分析创业中期的一些共性风险。

- **目标游离。**在创业遇到困难的时候创业者可能会尝试更改创业方向和领域，但无论是公司领域、管理风格还是产品设计都没有绝对正确的选择，只有适合自己的选择。创业企业本身在资源资本上就有限，如果频繁更换目标往往会导致无法做好任何一件事。
- **业务领域不明。**每个企业在初创时几乎都只有单一的业务，但在企业经营过程中也可能会因为有利可图而发展一些"副业"，试图开展多样化经营，拓展盈利渠道，造成业务领域不明。其实初创企业往往没有足够的实力多业并举，这样反而会使核心领域衰退。
- **急功近利。**创业初期有一段只见投入不见产出的时期，而创业者可能还背负债务和理想，这就导致急功近利的现象出现。过于追求利润削减开支可能会导致产品质量下降、开发投入下降、营销投入下降等，为企业发展埋下隐患。
- **孤军奋战。**在创业中期，企业得到了发展，生产经营也会越来越多地和外界产生联系，创业者无法靠企业自己解决所有问题，而需要有一个良好的社会关系网络，需要合适的合作伙伴、供应商、经销商等。
- **管理人员选择不当。**在创业中期，创业者已经无法完全亲力亲为，而需要设立管理人员管理公司各方面事务。管理人员是公司整体管理制度、管理方案的编制者及执行者，对公司的运营有重大影响，一旦管理人员出现问题，公司的运作也会出现问题。
- **无财税意识。**企业创立并运行后，就要一直与财务、税务和工商管理部门产生联系。一些个人组建的创业企业，企业领导人既不具备财务记账意识也没有财务专业知识，这样不仅无法了解自己企业的经营状况，也有违规风险。
- **无成本观念。**成本是生产和销售一定种类与数量的产品所耗费资源的经济价值，包括材料费用、折旧费用、工资费用、销售活动费用等。很多初创企业没有成本观念，为企业经营带来了风险。

### 3. 创业后期的风险

创业后期是指企业成立 3 年以后。此时企业通常已经有了较为稳定的市场份额与核心消费人群，在营业收入上有了一定的保证，同时内部的组织构架和制度也趋于稳定，能够平稳运作。但此时企业仍然面临各种各样的风险。

- **盲目冒进。**当企业初具规模小有成就时，许多企业容易被自己营造的区域性知名度冲昏头脑，趁着手里有一定储蓄，不顾发展实际，盲目开拓超越实力的大市场。此时，如稍有意外，就可能造成巨大的损失，最终导致前期所有的努力都功亏一篑。
- **好大喜功。**随着企业规模的扩大和实力的增强，个人追求财富的欲望膨胀，再加上市场环境的规范化和竞争的激烈化，部分创业者的追求会有脱离实际的倾向。盲目追求规模、知名度、市场占有率，而忽视了产品与服务这一根基。

- **安于现状。** 有些创业者在事业小有成就之时就失去了进取心，不再计划将企业做大做强，也不再积极拓展新的业务。同时也不再敢于面对风险，只希望凭借现有的产品和市场持续盈利，最终只会被社会淘汰。

- **管理危机。** 一些创业者无比珍稀自己一手创立的企业，坚持将企业牢牢控制在自己手上，一方面牢牢把持话语权，拒绝新资本进入、拒绝使用职业经理人管理、拒绝摊薄自己的股权；另一方面任人唯亲，将自己的"心腹"安插在公司的行政、人力和财务等关键岗位上而不管他们是否有能力胜任，这样的企业很容易失败。

### 挥霍的代价

安安经营着一家网络服务设计公司，公司业务蒸蒸日上，在2018年的时候，月营业额能够达到30万元左右，在行业里站稳了脚跟。

好友小军看到安安的生意风生水起，决定入股。安安拿着小军投入的20万元，决定开发新的项目，于是租了新办公室，买了设备，准备大干一番。小军告诉安安，放弃与以前的合作伙伴合作，自己做渠道，可以赚取50%的另一半收入。想到几十万元的利润，加上本身事业有成的自信，在小军的劝说下安安踢开了渠道商决定自己做渠道。由于重新租房、购买设备等开销，根本拿不出独立开发铺设渠道的资金。急于扩张的安安决定用房子抵押贷款，但房贷压缩政策下，通过银行融资非常困难，由于安安对自己的还款能力信心十足，仍然用房子做抵押，贷了30万元。

有了足够的资金，小军过上了纸醉金迷的生活。小军投入的20万元中的10万元被提前从公司支取花掉了。安安没有及时制止小军的行为，还进行了纵容，并参与到纸醉金迷的生活中。因为小军告诉安安，这可以从明年的分红中扣出来，但这本是极不应该发生的事情。可想而知，小军拿到的钱没有立即运用到研发营销渠道上，加上快过年了，1月公司营业额猛涨，安安和小军更加肆无忌惮，以陪客户为由大肆挥霍现金。

就这样持续了半年，公司账上的钱越来越少，公司员工陆续离职，公司的订单全靠老客户带来，但是根本无法支撑开销。最后，安安已无法掌控局面，也没有人愿意帮忙，合伙人小军也无情地离开。最终，公司彻底崩盘。

**启示：** 安安的事业本来已经小有成就，但是在合伙人小军加入后，她又决定开发新的项目并且同时自己做渠道，但是没有足够的实力和资源积累，在资金吃紧的情况下，安安和小军还盲目自信，肆意挥霍，最终难免落得失败的下场。

127

### 任务四 创业风险的防范措施

虽然创业过程中各阶段的各种风险是难以预测且不可避免的，但是通过科学的方法，创业者可以未雨绸缪，针对不同风险的特点制订不同的防范措施，降低风险的发生概率。

#### 1. 识别创业风险

识别风险是应对一切风险的基础。创业风险识别是创业者依据企业活动，对创业企业面临的现实以及潜在风险运用各种方法加以判断、归类并鉴别风险性质的过程，识别创业风险通常包括以下4个步骤。

- **信息收集。** 信息收集是识别风险的基础，是指通过调查、问讯、现场考察等途径获得基

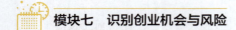

本信息或数据，然后通过敏锐的观察和科学的分析对各类数据及现象做出处理。

- **因素罗列**。因素罗列是指根据收集的信息，罗列企业在运营过程中可能遇到的风险，逐一找出风险因素。
- **风险分析**。风险分析是指通过对信息和风险因素进行分析，确定风险或潜在风险的范围。在分析过程中一定要在信息和风险因素的基础上进行综合分析，而且分析的方式要多样，既要进行定性分析，又要进行定量分析。
- **重点评估**。根据量化结果，进行风险影响评估，预计可能发生的后果，并且做好风险应对计划。

**知识拓展**

　　识别风险也有系统的方法，一般包括信息源调查法、数据对照法、资产损失分析法、环境扫描法、风险树分析法、情景分析法、风险清单法、流程图分析法、财务报表分析法、SWOT分析法等。

### 2. 应对创业风险

在明确了潜在的创业风险后，创业者就需要通过各种手段来应对创业风险，通常的应对手段有风险规避、风险保留、风险转移、控制损失等。

- **风险规避**。风险规避是常见、有效的应对风险的手段，是指放弃、停止或拒绝进行具有风险的行为，如中止交易、减小交易规模、离开市场、拒绝合作等。但是风险规避同时也放弃了潜在的利益，所以只适用于风险极高而收益不足的情况。
- **风险保留**。风险保留即在明确风险存在后不加理会，自行承担风险，该方法适用于风险低、潜在损失低、潜在收益高或者企业无力应对风险的情况。
- **风险转移**。风险转移是指企业通过保险、合同、金融工具等方式将商业活动的潜在损失转嫁给另一方或第三方的行为。如购买意外损失保险、在合同中规定对方担责、将风险业务外包等，但是风险转移本身需要企业付出成本。
- **控制损失**。控制损失是指企业不降低风险发生的概率而是选择降低风险发生后的危害，比如将风险资产与企业割离、设置修理或重建基金等。控制损失通常只有在损失幅度大且风险无法避免或转嫁的情况下使用。

### 3. 规避创业风险建议

大学生创业者往往富有激情和想象力，但是也容易忽视风险的存在，因此，在创业之前就应该通盘考虑创业需面对的各种风险。以下建议可以有效地帮助大学生创业者规避创业风险。

- **树立创业风险意识**。作为创业者，应该正确树立识别创业风险的基本理念，具备有备无患的意识、未雨绸缪的观念，并努力提升自己辨识创业风险的能力。
- **谨慎创业**。创业的风险是客观存在、不可避免的，大学生创业者应该谨慎地选择是否创业，在确定创业后也要谨慎选择创业的项目，找到既适合自己又符合市场需求的创业项目。
- **科学管理资金**。资金是企业的血液，大学生创业者应该学习金融相关知识，寻找多元化、适合的融资渠道，对资金进行科学的管理和使用，建立健全的、可操作的、合理的财务预算制度和结算制度。
- **规范企业经营**。大学生创业者一定要在创业初期就进行规范的经营，认真学习相关的法律法规以及行业规则、市场准则，使企业稳健运行。
- **积极获取信息**。大学生创业者应该积极地了解各方面的信息，包括政策的变化、市场的波动、行业的发展趋势、行业内其他企业的动向等，这些信息可以让大学生创业者全面、清楚、广泛地认识行业格局，为判断提供依据。

## 课堂活动

### "用买保险吗？"辩论赛

**活动方法：** 分小组活动，进行辩题为"在创业初期是否应该为公司财产投保"的辩论赛，正方立场为"是"，反方为"否"。

**活动人数：** 每小组4人，分别担任一辩、二辩、三辩、四辩。

**活动场地及道具：** 场地为教室，需桌椅若干。

**活动规则：** 各小组抽签选择正、反方，然后进行10分钟准备，准备完毕后小组之间两两进行辩论。由教师主持并担任裁判。

**注意事项：**

（1）应注意各辩手的职责；

（2）注意遵守辩论规则；

（3）在辩论时，其他同学不得喧哗、起哄等。

扫一扫

辩论赛流程及细则

## 课后思考与练习

1. 简述当前大学生创业的现状？
2. 什么是创业机会？创业机会有哪些特征？
3. 结合本模块介绍的各地人民政府出台的大学生创业帮扶政策，填写表7-2。

表7-2　大学生创业帮扶政策

| 地区 | 税收优惠政策 | 融资优惠政策 | 创业服务政策 | 其他特色政策 |
|------|------------|------------|------------|------------|
| 北京 | | | | |
| 上海 | | | | |
| 广东 | | | | |

4. 阅读以下材料，分析材料中企业遇到的创业风险及其成因。

一家高新技术企业的老总在一次首席执行官交流学习会中接触到知识管理。回想自己的公司，由于各司其职，缺乏沟通，出现了各自为政的现象，他意识到公司很有必要实施知识管理，于是在公司内部发起知识管理项目，并指定人力资源经理负责。人力资源经理通过学习与培训，与老总讨论得出知识管理最重要的是共享，建议购买知识管理软件平台，让公司各个员工定时提交相关的知识成果。

知识管理软件上线以后，人力资源经理制定了相关的制度，要求公司的研发工程师、销售人员必须每周提交知识文档。3个月后，人力资源经理向老总汇报知识管理的工作情况，知识库中已有相当数量的记录，但研发部门经理和销售部经理却表示文档中的内容他们部门的员工从来不看，而且由于"任务"，每天花时间上传知识文档，已严重影响了他们的工作。

一年后，老总关于公司管理的兴趣点转移，知识管理不了了之。

# 模块八

## 整合创业资源

没有平白产生的创业成果，创业需要以资源作为支撑。创业资源是创业企业生存和发展的基础，同时创业者的整个创业过程都是不断获取、调整、分配、组合以求获得更多资源和价值的过程。创业者能否获得足够的资源决定了创业企业能否建立，创业者怎样使用创业资源则决定了创业企业的发展情况。本模块将对创业资源的获取、整合以及创业融资方面的知识进行讲解。

**学习目标**

- 了解创业资源的概念和分类
- 掌握创业资源的整合策略
- 掌握创业融资的方式

**案例导入**

郑浩经营了一家汽车销售公司。一天，一个上海集装箱公司老板带着800万元现金找到了他，要求购买20辆斯太尔载重汽车。他得知上海宝钢一直有一笔600万元的废渣款收不回来，这笔烂账的欠款方是武汉大冶钢厂，而这家钢厂因为产品滞销生意十分惨淡。欠款中本金有400万元，利息有200万元。郑浩立即动身飞往武汉，调查武汉大冶钢厂，在武汉大冶钢厂积压的产品目录中，有一种用于汽车齿轮生产的专用钢材，但这种钢材一直是四川綦江齿轮厂生产齿轮迫切需要的原材料，只因綦江齿轮厂资金量不足，没钱购买，才导致其处于半瘫痪状态。

此时，一个大胆的计划浮现在郑浩的脑海中，郑浩首先去说服上海宝钢答应郑浩以400万元购买武汉大冶钢厂欠上海宝钢的600万元债权。上海宝钢看到武汉大冶钢厂濒临倒闭，一直在为要回这笔欠款伤透脑筋，此时虽然郑浩出价400万元购买600万元的债权，但总比一分钱收不回来更好，于是欣然签了合同。

此时已经变成武汉大冶钢厂欠郑浩 600 万元了。武汉大冶钢厂自然没有钱还郑浩 600 万元了。郑浩提出武汉大冶钢厂用这种钢材抵债，具体为用 600 万元债权加上 500 万元资金购买 2 600 吨这种钢材，但价格需下降 15%，武汉大冶钢厂看这样不仅能还了欠账，还销售了滞销的钢材，也欣然答应。

郑浩拥有了价值 1 265 万元的 2 600 吨钢材，他迅速飞往四川綦江齿轮厂，提出将这批钢材交付给对方使用，对方则需为郑浩生产出 3 000 套斯太尔载重汽车齿轮抵钢材的费用，生产 3 000 套斯太尔载重汽车齿轮只需要使用不到 2 000 吨钢材，四川綦江齿轮厂也同意了这个方案。郑浩心满意足地去见了斯太尔汽车公司的老板，他本来已经长期代理销售该公司的汽车，和老板有一定的交情，他提出自己陆续有 3 000 套斯太尔载重汽车齿轮的成品货源，想要卖给斯太尔公司，经过讨价还价，斯太尔公司最终以 20 辆斯太尔载重汽车以及 600 万元的价格买下了这批齿轮。

几天后，郑浩将 20 辆载重汽车交付给了上海集装箱公司老板，这笔生意他净赚了 500 万元。

**思考**

1. 郑浩在这场商业活动中投入了什么资源？获得了什么资源？
2. 武汉大冶钢厂和四川綦江齿轮厂因缺乏什么资源导致陷入困境？
3. 郑浩的商业活动中，各方都获得了什么？

## 获取创业资源

创业活动是创业主体通过对资源进行优化整合，从而创造出更大价值的过程，创业资源是创业活动能够开展并继续的"燃料"，可以说整个创业过程就是创业者尽力获取资源并将资源合理配置的过程。

### 任务一　创业资源的含义及获取

资源基础理论由麻省理工学院管理科学教授伯格·沃纳菲尔特在 1984 年提出，该理论认为企业是各种资源的集合体，资源是企业的基础。对创业者来说，没有创业资源就无法开展创业活动，缺乏创业资源就无法进行创业活动。

#### 1. 创业资源的含义

资源是指对于某一主体具有支持作用的各种要素的总和，创业资源是指所有对创业项目以及创业企业经营发展有所帮助的要素及其组合。这些资源在企业间是不可流动且难以复制的，互相组合作用即可变成产品或服务，从而产生新的价值。创业资源对于创业企业发展的意义如下。

- 创业资源是企业的构成要素。创业企业由各种创业要素构成，包括人力、资金、经营场所、技术、管理等都属于创业资源。脱离创业资源，创业企业就无法建立，更不要说开展创业活动了。
- 创业资源是生产经营的基础。创业企业的所有经营活动，不管是产品设计、生产、仓储

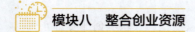
还是推广、营销、运输，都需要投入创业资源才能进行。如产品运输需要资金、车辆、人力等资源。

- 创业资源是企业竞争优势的源泉。不同企业拥有的资源不尽相同，各种资源都具有多种用途，企业的经营决策就是指定各种资源的特定用途。而决策一旦实施就不可还原，因此，企业会根据自身的资源配置情况来做出决策，资源的不同导致企业决策的不同，进而使企业各具特色，形成不同的竞争优势。

> **知识拓展**
>
> 　　运用资源基础理论也可以解释创业机会，创业机会识别的本质即是创业者对资源及其运用组合能否产出新价值的判断。创业机会的本质就是创业资源的一种新的、能够产生效益的运用组合方式。

### 2. 创业资源的获取

创业资源对创业者来说非常重要，在整个创业活动中，创业者都要想办法获取尽量多的创业资源。对初创企业来说，创业资源的重要性尤为显著，初创企业往往可以通过以下这些手段来获取创业资源。

- 购买。购买是最直接的获取创业资源的方式，是指使用资金从外部获取厂房、设备、原材料、技术工艺、办公耗材等资源以及雇佣员工的行为，其本质是将资金资源转化为其他资源。但是初创企业往往资金储备不足，无法完全依靠购买解决问题。
- 合作。对于一些没有能力获得的资源，比如昂贵的设备、专业技术等，初创企业可以通过与其他组织合作的方式来进行资源交换或资源共享。如企业可与高校、研究院、科研机构等单位合作进行技术开发与转化。
- 外部吸引。外部吸引是指通过公司未来发展的前景来吸引外部的个人或组织为公司投入资源，常见的获取投资就是吸引外部的资金资源。
- 内部积累。有一些创业资源可以通过内部积累的方式来获取，如进行技术开发就获取了技术资源；通过培训与学习提高管理能力就获取了管理资源；推销行为可以获得市场资源等。内部积累也是企业获取创业资源的重要手段。

> **知识拓展**
>
> 　　值得注意的是，企业获取资源并不着重于获取资源的所有权，而是要获得资源的使用权，如经营场所通常就通过租赁的形式来获得。获取使用权（如租赁、许可、授权等）一般较获得所有权投入更小，很适合初创企业。

### 任务二 创业资源的类型

创业资源是所有有利于企业经营发展的因素的总和，其中包含很多复杂的、多样的概念，根据不同的规则可以将创业资源分为不同的类型，不同类型的创业资源有其独特的作用与属性。

### 1. 按照控制主体的不同分类

按照各种资源控制主体的不同，可以将创业资源分为内部资源和外部资源两大类。

- 内部资源。内部资源是指创业者以及创业团队在创业之初自身所拥有的可用于创业的资源，如自身的人力、资金、技术、社会关系和自己建立的营销网络等。内部资源是企业的核心资源，优质的内部资源能够吸引到外部资源。

- **外部资源**。外部资源是指创业者从企业外部获取的各种资源，包括从外部筹集到的资金（借款、贷款、投资）、经营场所、设备、原材料以及雇佣的人工等。初创企业通常需要依赖于外部资源来实现经营和发展。

**2. 按照资源形态的不同分类**

按照资源形态的不同，可以将创业资源分为有形资源与无形资源。

- **有形资源**。有形资源又称实物资源，是指具有物质形态，能够用金钱准确衡量其价值的资源，如厂房铺面、资金、机器设备、原材料和产品等。有形资源是企业的实体，无形资源往往必须依托于有形资源才能发挥作用。

- **无形资源**。无形资源是指没有物质形态、无法用金钱准确衡量其价值的资源，包括信息资源、人力资源、技术资源、社会关系资源、品牌资源、企业知名度等。有形资源的价值是固定的，通过运用无形资源才能够为其附加新的价值，产出利润。

**3. 按照利用方式的不同分类**

按照对资源利用方式的不同，可以将创业资源分为直接资源和间接资源。

- **直接资源**。直接资源又叫生产性资源，是指直接作用于产品生产销售过程的资源，如机器设备、储存场地、运输设备、工人的生产劳动等。直接资源关乎产品的生产销售，每一种资源都是不可或缺、无可替代的。

- **间接资源**。间接资源又叫工具性资源，是指为直接资源服务的资源。一些间接资源能够转变为直接资源，如资金就可以转换为机器设备、人力、运输等直接资源；还有一些间接资源则可以使直接资源发挥更好的作用，如政策资源、社会关系等资源。

**4. 按照资源性质的不同分类**

按照资源性质的不同，可以将创业资源分为人力资源、社会资源、财务资源、物质资源、技术资源以及组织资源。

- **人力资源**。人力资源是指企业所拥有的用以制造产品和提供服务的人力，人力资源是创业企业的关键资源，是获取、利用和转化其他资源的基础。人具有主观能动性，创业者、创业团队拥有的技能、知识、洞察力、视野、期望等都会深刻而持续地影响企业的运营和发展。人力资源又分为两个方面，一是高素质人才的获取和培养，二是高数量的合格的产业工人的培养和获取，二者都对企业的发展至关重要。

- **社会资源**。社会资源主要指由人际和社会关系网络而形成的关系资源，社会资源不会直接作用于产品的开发、生产、运输和销售这一整套流程，却能够帮助企业获取、利用其他的资源，间接作用于企业的方方面面。同时，丰富的社会资源还能够使企业获得或抢先获得一些其他组织难以获得和接触到的资源，如一些隐秘的商业信息、市场变化的征兆等。

- **财务资源**。财务资源是指企业所拥有的所有以货币形式存在的资源，包括固定资产和流动性资源两种，固定资产如厂房、机器设备、原料、成品等；流动性资源包括现金存款以及可以变现的债券、股票、基金、期货等。财务资源是衡量企业价值的标准，扩大财务资源是企业经营的主要目标。同时财务资源尤其是流动性资源还能够灵活地转化为其他资源，在企业的经营活动中发挥重要作用。

- **物质资源**。物质资源是指企业所拥有的各种有形资源，如房屋建筑、生产设备、原料等；还包括自然资源，如地皮、矿山、林地等。

- **技术资源**。技术资源是指企业在产品生产加工、储存、运输的过程中特有的关键技术和工艺流程等，广义的技术资源还包括应用这些技术的专业设备。技术资源是企业的核心资源，它决定了创业企业资本规模的大小、市场竞争力的大小以及盈利能力。缺乏技术的企业最终只能沦为代工厂，无法成为贯通产业链的行业巨头。

- **组织资源**。组织资源是指企业的组织结构、制度建设以及企业的规范管理、市场营销策划等。其他资源的运用与发挥需要依靠管理和组织。

**阅读材料**

### 范蠡鬻马

春秋时期的范蠡由于帮助越王勾践伐吴而被大家熟知，但其实他还被后人尊称为商圣，是历代许多生意人供奉的财神。今天的与时逐利、薄利多销、洞察市场、重视经商环境等商家奉为圭臬的理论都是他首先提出的。其中范蠡鬻马的故事则是资源整合的经典案例，历来被各大学者津津乐道。

范蠡在还没有做官之前，游历天下，到了齐国之后，发现齐地牧场多，马匹便宜又剽悍。吴越地处东南，没有适宜的养马地，长期缺乏战马，因此，他认为将齐地的马匹运到吴越去贩卖一定能够赚大钱。

但是当时诸侯割据，战事不断，到东南吴越之地有千里路程，沿途盗贼猖獗，如何将马匹平安运送到千里之外的吴越呢？如果自己雇佣人员再加上沿途保护，这其中的开销过大，根本不是范蠡一人能够负担的。

范蠡在齐地一阵打听，得知有一个叫姜子盾的商人，常年来往于齐鲁和吴越之间贩运麻布，为保证货物安全，姜子盾早已买通沿途的各路强人，他运送的货物基本可以保证畅通无阻。范蠡计上心头，写了一张告示张贴于城门口，大意是说自己新建了一个马队，新店开业免费帮人向吴越运送货物。

这种前所未有的优惠幅度瞬间成了当地人津津乐道的新闻，姜子盾作为当地知名商人自然消息灵通，早早得知了这个消息。姜子盾一看范蠡这个优惠活动就觉得和自己的生意太对口了，于是上门来和范蠡谈合作。范蠡这个优惠活动本来就是为姜子盾量身定做的，自然早有准备，二人在和谐欢快的氛围中确定了合作关系。

就这样，范蠡的马队运送姜子盾的布匹从齐国南下，果然一路畅通，安全地抵达了吴越。卸下布匹，范蠡就地卖掉马匹，稳稳赚了一笔。

**启示**：范蠡通过整合外部资源，利用了姜子盾的社会关系资源，将马匹成功运输到了目的地，在自己获利的同时也将自己的运输资源交给姜子盾使用，在资源整合中实现了双赢。

### 任务三　整合创业资源的原则

整合是指把零散的东西彼此衔接，从而实现信息系统的资源共享和协同工作，形成有价值有效率的一个整体。创业资源本身都存在各自的价值，但是单靠单个资源无法创造新的价值，创业资源整合就是将不同的创业资源进行合理的组合搭配，使其互相作用协调，产生新的价值的行为和过程。

整合创业资源是一个复杂而动态的过程，稍有不慎就会造成资源浪费甚至给企业带来重大损失。对初创企业来说，因为自身拥有的资源少，抗风险能力差，尤其需要注意整合创业资源的方式方法，通常在进行创业资源整合时应遵守以下原则。

- **渐进原则**。对于任何一个创业企业或者创业团队来说，创业资源都是难以完全发掘、配置和利用的。因此，就必须遵循渐进的原则，根据对资源的需求程度以及资源开发与利用的成本、收益和不确定性的综合考虑，逐步地寻找和利用各种创业资源。也就是说，对于每一种创业资源，都应当选择一个适当的整合时机，以降低资源的维护成本。

- **双赢原则**。基本上，企业所发掘和应用的每一种创业资源实际上也都是一个相对独立的利益体。因此，在开发和使用这些资源的时候，就不能仅仅从创业企业的自身利益出发，而必须坚持双赢的原则。尤其是需要长期使用的创业资源，更要重视对方的既得利益，如实现员工（人力资源）与企业、经销商（社会资源）与企业之间的双赢。

- **量力原则**。不仅对于不同的资源需要渐进开发和使用，即使对于同一种创业资源，也需要进行逐步开发。尤其对创业团队和创业企业来说，资源开发的能力和经验都很有限，因此就更需要遵守量力而行的原则对每一种创业资源进行开发和使用。

- **当前利益与长远利益相结合的原则**。创业资源整合的根本目的是实现创业企业利益的最大化，但利益有当前和长远之分。因此，在创业资源整合的时候，应该充分协调好当前利益与长远利益之间的关系。在创业初期创业者可能会先追求快速盈利，但单纯基于当前利益而对创业资源进行过度开发最终会给企业的长远发展带来隐患。

- **缓冲原则**。对创业企业来说，遇到困难和挫折是常有的事情，要挺过困境可能更多地需要依靠创业企业的自有资源，任何一个利益主体都不会愿意冒太大的风险去帮助一个新创建的企业。因此，在资源整合的过程中一定要留有余地，以备不时之需，比如预留一些储备金以及原料等，可以有效帮助企业渡过困境。

- **比选原则**。比选原则主要用于整合外部资源，因为外部资源的多样性，能适用于某一创业任务的资源不唯一，使用不同资源都具有不同的收益、成本和不确定性。创业者要根据创业项目发展的需要、自身的实力以及这些资源的特点，选择最适合的资源。

- **提前原则**。寻找资源获得资源都需要一定的时间，不能等到需要的时候再去考虑资源的获取整合，创业者应当具有一定的超前眼光，适当提前做好相关的准备。

**知识拓展**

在某些情况下，有些外部资源可能会主动希望参与创业企业的资源整合。比如对于一个非常有前景的创业项目，可能会有很多机构愿意做其产品的代理；又比如对于一家技术精湛的创业企业，会有人主动上门希望能在专利转化上合作。

**课堂活动** •••••••••••••••••••••••••••••••••••••••••••••

### 创业资源盘点

**活动方法**：分小组活动，通过头脑风暴的方式盘点各自所拥有的所有创业资源，并分析能够获取的外部资源，然后各小组给出一个最大限度利用已有资源的创业项目，最后各小组之间进行资源的交换与整合，看能不能补足资源缺口。

**活动人数**：每组4~8人为宜。

**活动场地及道具**：地点为教室，需要桌椅若干，还需要A4纸与便笺纸若干。

**活动规则**：活动分为6个阶段，分别如下。

（1）组队，自行组成各个小组并选出小组负责人。

（2）各小组内部进行头脑风暴，枚举自己所拥有的所有创业资源。

（3）分析所有可以获得的外部资源。

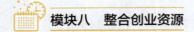

（4）寻找这些资源能够支持的创业项目，并列出资源的缺口。

（5）将可供交换的资源写在便签纸上，所有人将便笺纸贴在一起。

（6）各小组组长寻找自己组的项目所需的资源，并揭下便笺纸，看看资源缺口能否补足。

**活动提醒：**

步骤（5）也可换为小组间进行资源交换，自行寻找所需资源。（难度更高。）

## 项目二

### // 整合创业资源的策略 //

创业资源的整合不是想当然的，也不是刻意凭借直觉、臆测就能随意进行的活动。创业者在进行创业资源整合时需要选择一些既定的策略，以减少资源浪费、提高资源利用率并提高资源的组合效果。

#### 任务一 创造性拼凑策略

创造性拼凑是由国外学者发现的一种通常出现在初创企业中的现象，即创业者在面对资源困境时，选择忽视正常情况下被普遍接受的关于物资投入、惯例、定义、标准的限制，仅仅利用手头已有的资源，创造出独特的价值。而这些资源也许对其他人来说是无用的甚至废弃的。

##### 1. 什么是创造性拼凑

研究者发现在初创企业的发展伊始，大部分创业者都无法获取到"足够"的创业资源，他们总是面临资源缺乏的窘境。创造性拼凑就是在资源束缚下，创业者为了解决新问题、实现新机会，整合手边的已有资源，创造出独特的服务和价值的行为。创造性拼凑包含以下3层具体含义。

- 通过加入新元素，实现有效组合，能够使原有系统的结构发生改变，实现新功能。
- 新加入的元素往往是手边现有的东西，而并非人们认识中的"最优解""通用解"，甚至是与原系统不适配的，但是却被创业者通过一定的技巧和窍门组合到了原系统之上并实现了新功能，虽然不一定是最好的，但绝对可用。
- 这种加入新元素的行为是一种创新行为，其组合可能会带来超越原有系统的水平，即创造性拼凑不只是能够维持原来的系统，还能使系统产生新的突破。

##### 2. 创造性拼凑的要素

创造性拼凑是创业者在面对转瞬即逝的创业机会以及自身资源缺乏的现实困境下的必然选择。创业者应该掌握创造性拼凑的方法，创造性拼凑需要以下3大要素的参与。

- **手边的已有资源。**善于进行创造性拼凑的创业者手边往往有一些"零碎"，可能是一些零件、元器件、废旧产品等，也可能是一些技能、技巧、理念等，这些"零碎"是创造性拼凑的基础。在其他人手里这些"零碎"可能是鸡肋甚至是废品、垃圾，但是通过创造性拼凑就能发挥特定的功能，成为系统的一部分。
- **整合资源用于新目的。**对于这些"零碎"，可能连创业者都不确定其用途，但是在面对新问题时，创业者通过敏捷的思维和洞察力察觉到这些"零碎"的潜力，突发奇想地将其用在新的系统中，是一种基于新目的的创造性整合。
- **将就使用。**创新性拼凑是在时间紧迫和资源不足的情况下的权宜之计，由于拼凑使用的多是废旧材料或者其他系统的材料，因此在耐用度、性能和系统匹配度上往往会有一些不足，需要经常关注，对其进行维护或更换。

### 3. 全面拼凑与选择性拼凑

创造性拼凑根据拼凑的范围与程度不同，可分为全面拼凑与选择性拼凑两种。

- **全面拼凑**。全面拼凑是指创业者在物质资源、人力资源、技术资源、制度规范和顾客市场等诸多方面长期使用拼凑方法，在企业现金流步入稳定后依然没有停止拼凑的行为。全面拼凑的企业还表现出以下特点：往往过分重视"零碎"，经常收集储存各种工具、材料、二手旧货等；偏重个人技术、能力和经验；不太遵守工艺标准、行业规范、规章制度；创业者在每个领域都采用拼凑手段，久而久之企业容易被大众认定成标准低、质量次的"拼凑型企业"。

- **选择性拼凑**。选择性拼凑是指创业者在拼凑行为上有一定的选择性，有所为，有所不为。在应用领域上，他们往往只选择在一到两个领域内进行拼凑。在应用时间上，他们只在早期创业资源紧缺的情况下采用拼凑，随着企业的发展逐渐减少拼凑，甚至到最后完全放弃。由此使企业摆脱"拼凑型企业"的阴影，逐步走向正规化，满足更广泛的市场需求。

**阅读材料**

#### 拼凑的艺术

一个废弃的煤矿穿过格雷森的农场。煤矿形成了巨大的污水坑，并且产生大量沼气。沼气是一种温室气体，对人体有毒，因此煤矿不得不遭到弃用。格雷森的农场也被沼气毁了，从此无法进行耕种。

失去了农场收入的格雷森没有放弃，与合伙人一起挖了一个洞直通废矿井，这样沼气就从洞里涌出。然后他们又从本地工厂购买了一台二手柴油发电机，经过简单改造，使之能够燃烧沼气。发电机被架在洞口利用沼气发电，大部分电力通过翻新的变压器卖给本地电网。考虑到发电机产生大量的热，他便利用发电机的冷却系统加热水温，建造了一个温室，用于无土栽培番茄。

格雷森没有蓄电设备，于是在非用电高峰期时，他就用生产出的电力点亮特制的灯泡，用于加速番茄生长。考虑到温室里有种植番茄的营养液、水、免费的热能，格雷森决定养罗非鱼。他用冲洗番茄根部的水养鱼，并用鱼的排泄物作为肥料种番茄。最后，倘若手中还有多余的沼气，他就卖给一家天然气公司。

一个废弃的农场和有害的沼气在格雷森手里完成了变身，变成了可观的财富。

**启示：** 在别人眼里已经废弃的资源，格雷森创造性地将其拼凑在一起，建立了发电机、温室等设施，收获了电、温室蔬菜、罗非鱼以及天然气4类产品，创造了他人意想不到的财富，是资源整合的完美范例。

### 任务二　步步为营策略

步步为营（Bootstrapping）一词本意为"靴子的鞋带"，后来逐渐演化为"自给自足""不求人"的意思。在创业资源整合中，步步为营策略主要指在缺乏资源的情况下，创业者分多个阶段投入资源并且在每个阶段或决策点投入最少的资源的资源整合策略。

### 1. 步步为营的最终目的

在创业初期，由于项目需要不断地投入资源而并不会产生利润，因此创业者往往会经历一段"只见支出不见收入"的时期，而步步为营策略就是为了应对这种情况而产生的。步步为营策略要求创业者在需要投入资源的时间点投入尽量少的资源，其本质是通过尽量降低开销来尽快实现收支平衡。

　　研究者发现，使用步步为营策略不仅不会影响企业的发展，反而能凭借较小的资金需求更轻松地获得贷款，同时也有可能因开销少、盈利快而获得更高的公司估值，吸引更多的投资。

### 2. 步步为营策略的运用

　　步步为营策略看上去很美好，但实际应用的"度"不好把握，如果一次投入的资本过少，就可能导致经营出现问题，如果投入过多则失去了步步为营的意义。在运用步步为营策略时，创业者应该遵循以下准则。

- **有原则的节俭**。节俭是步步为营策略的主要体现，创业者会设法降低资源的使用量并谋求降低公司的运营成本。常见的策略有外包，即将企业的非核心业务（如储存、运输等）委托给其他专业公司来完成，这样就可以减少固定成本的投资，同时降低了运营成本。特别需要注意的是步步为营策略中的节俭是有原则的节俭，而非一味降低成本，甚至以次充好、粗制滥造。
- **自力更生**。步步为营策略还表现为企业不过多依靠外部资源的支持，这样可以减少经营风险，保存对企业业务的控制权。

### 任务三　挖掘内部资源的潜力

　　内部资源是企业的核心，一旦内部资源的配置出现问题，就会影响企业的正常运作。因此，创业者需要不断挖掘内部资源的潜力，争取在资源一定的情况下，通过对资源进行更好的组织和配置，最大限度地激发资源的价值。

### 1. 内部资源清单

　　创业企业内部资源通常可以细分为人力、财务、物资、技术 4 个主要方面，这些资源的整合方式各有不同。要想完成对内部资源的整合，创业者首先需要弄清楚所有内部资源的种类及其质量，建立起对资源的充分认知，然后才能进行资源开发、资源应用等活动。内部资源的整合清单如表 8-1 所示。

表 8-1　内部资源的整合清单

| 资源名称 | 考量项目 |
|---|---|
| 创业者及团队 | 素质、能力、社会关系网络、需求特征 |
| 企业员工 | 素质、能力、社会关系网络、需求特征 |
| 流动资产 | 成本、有效配置 |
| 固定资产 | 使用周期、成本、变现、有效配置 |
| 无形资产 | 后续研发、宣传强化、拓展应用 |

- **创业者及团队**。创业者和创业团队是企业的管理决策核心，决定了企业的发展方向和具体活动。对创业者及团队的整合主要考量其素质、能力、社会关系网络以及需求特征，需求特征可以理解为"想要什么""想让公司怎么样"。
- **企业员工**。企业员工是指企业所雇佣的工人，其与创业团队成员的区别在于只完成工作任务获取薪资，没有决策权，不承担经营风险。企业员工分布在研发、设计、生产、运输、销售、管理等各个岗位上，起到了将物质资源转化为价值的作用。在整合企业员工时需

要考量其素质、能力、社会关系网络和需求特征。

- **流动资产**。流动资产是企业经营活动中的"万能药"，能够便捷地转化为各种资源，在整合流动资产时需要考量其转化成本以及配置的有效性。
- **固定资产**。固定资产是指企业经营过程中所必需的物资，如地皮、厂房、设备等，固定资产会有一定的使用周期，其价值逐渐下降。在整合固定资产时应考量其使用周期、获取与使用成本、变现能力以及配置的有效性。
- **无形资产**。无形资产主要指企业的技术资产、品牌资产和口碑等，无法具体衡量其价值。对于技术资产，应该考量其后续研发的投入产出以及拓展其应用范围，对品牌资产和口碑则要考虑扩展影响、维护与深化。

### 2. 整合内部资源

与企业外部资源相比，企业内部资源具有很强的明确性，因此内部资源整合的根本目标不是像外部资源整合那样需要不断地发掘各种新的资源主体，而是如何更有效地配置和使用这些资源，尽量挖掘出其潜力。

- **挖掘人力资源的潜力**。在创业企业中，创业者和每一个员工都是不同的利益主体，因为具有一些共同的目标和需求才集合在一起，在大目标之下每个人又有一些自身的独特需求和目标。这种独特的需求和目标既为整合提供了可能，同时也对整合提出了挑战。趋利避害是人的本性，对人力资源的整合必须与激励机制结合起来，在成本适当的前提下使内部所有人的利益总和最大化应当是整合人力资源的根本目标。

**知识拓展**

　　此处所讲的人的利益不一定是经济利益，企业及个人的发展前景以及企业文化的渲染也都是整合人力资源的有效措施。此外，给予员工自我展示的机会和场合也是实现人力资源有效整合的重要手段。

- **挖掘财务资源的潜力**。财务资源不具备利益主体且具有很强的可度量性。因此，减少浪费、提高费效比就是整合财务资源的不二方针，强化财务管理是实现对财务资源有效整合的重要工具。企业应该建立完善的财务管理与决策的相关体系和制度，并对资产性资源的配置和使用进行财务核算，争取更大的经济效益。
- **挖掘物质资源的潜力**。物质资产的作用都很明确。固定资产除了升值外很难产出多余的价值，但是值得注意的是关于机器设备的折旧，往常的理论通常只注重机器设备的物理磨损，但其实很多技术含量较高的生产设备，其失去价值可能不是因为物理磨损，而是"技术磨损"，即机器仍可运转，但由于技术进步已经被新的机器设备取代了。基于此，就可以通过让这些机器设备进行更多的运转来尽量发挥机器设备的价值。
- **挖掘无形资源的潜力**。无形资源具有很深的潜力，如对技术的开发，产出高技术含量的产品就可以获得竞争优势，取得更大的利润空间，品牌资产和口碑也可以对产品附加价值。但是无形资源的开发是一个投入较高、见效慢且失败率较高的行为，企业必须充分衡量投入与预计产出的关系，尽量趋利避害。

总的来说，创业内部资源除了人力资源外，其他资源的作用都相对明确，只要配置合理就能发挥很好的作用。

### 任务四　吸引与获取外部资源

资源的多少决定了企业的发展与成就，要想企业获得快速发展与成长，仅仅依靠企业内部的资源是远远不够的，还需要从外部获取额外的资源，对外部资源的获取和整合是每个创业者都需要考虑的。

#### 1. 外部资源清单

与内部资源相比，外部资源的种类、构成和涉及的领域要多得多，常见的外部资源清单如表 8-2 所示。

表 8-2　外部资源清单

| 资源类别 | 具体资源 |
| --- | --- |
| 相关机构 | 工商行政管理部门、税务管理部门等 |
| 商业化的服务组织 | 银行、技术市场、管理咨询公司、会计师事务所、律师事务所、投资机构、信息数据公司、广告公司等 |
| 非营利性的服务组织 | 慈善基金会、公益组织 |
| 产业链相关组织 | 原材料供应商、机器设备供应商、经销商、代理商等 |
| 可能的合作伙伴 | 高校、科研机构等 |
| 竞争者 | 有竞争关系的公司 |
| 创业团队的个人社会网络 | 与创业团队成员有人际关系的人 |

与内部资源相比，外部资源的整合要复杂得多，这是由外部资源的以下 3 个特征所导致的。

- 外部资源都是相对独立的利益主体，与企业本身没有共同的目标和共同利益。
- 外部资源与创业者或者创业企业的关系较复杂，创业者或者创业企业对这些资源的开发、配置和使用的难度较大。
- 外部资源不是直接摆在创业者和创业企业面前的，而是需要去寻找、发掘或选择的，因此具有相当的不确定性。

#### 2. 整合外部资源

整合外部资源就是一个寻找资源并获取资源的过程，通常来讲，整合外部资源的过程分为以下 6 步。

- **建立个人信用。**创业者的个人信用是企业获取整个外部资源的名片，没有任何人或组织乐于同没有信用的人合作。信用的建立是一个长期的过程，创业者应该在创业最初就注意自己的信用，以便能够顺畅地获取外部资源。
- **积累人脉资源。**外部资源需要创业者自行寻找与发掘，因此创业者应该提前积累人脉资源，这样可以在需要某一资源的时候快速找到可以提供该资源的人与组织。通常来讲，人脉越广泛就能发现越多的资源，而交情越深厚就能越快捷或廉价地获得某资源。
- **测算资源需求量。**在进行外部资源整合时创业者应提前测算所需资源的种类与数量，如估算启动资金、预测营业收入，测算出资源的缺口，然后按照需要量去精确地寻找相关的资源。

- **编写商业计划**。编写一份商业计划，给出资源提供者预计能够获得的收益，才能用收益打动资源提供者，获取资源。
- **确定资源来源**。不断寻找符合自身需要的资源，确定资源的来源，最后能够找到同一资源的多个提供者，便于比价与后续谈判。
- **资源整合谈判**。与资源提供者开展谈判，争取以最小的代价获取需要的资源。

## 课堂活动

### 迷失丛林

**活动方法**：假设你在户外探险的时候迷失在了一片丛林里，你需要利用手边仅有的资源生存下去并发出求救的信号。

**活动人数**：班级活动，10~50人为宜。

**活动场地及道具**：活动场地为教室，需要桌椅若干。

**活动规则**：你迷失在了一片丛林里，你现在拥有的物品有身上的一整套衣物、一块电子表、一个背包、一些糖果和零食、一个空水壶、一把瑞士军刀和一支单筒望远镜，至少两天后才会有人经过这里，你需要在这两天里获得食物、饮用水以及保护自身安全，并且在两天后通过各种方式发出信号，吸引人的注意力来获得救援。现在请每一位同学想一想如何利用这些资源来完成这些任务。

**活动提醒**：

（1）物品还可进一步拆分，例如，可以取下鞋带作为绳索；

（2）丛林中还可以获得其他资源；

（3）你只是一个普通人，没有徒手攀岩或者捕捉动物的本领。

## 项目三

## 创业融资

融资是一个企业根据自身的生产经营状况、资金拥有状况以及未来经营发展的需要，通过一定的渠道筹集资金，以保证企业正常生产与经营管理活动有效进行的经济行为，也就是创业者获取财务资源的行为。

### 任务一 创业启动资金预测

资金困难是制约大学生自主创业的主要影响因素之一，大学生创业者必须清醒地认识到融资对创业企业的重要性，要清楚进行融资所必须具备的基本条件，掌握科学预测创业所需启动资金的方法。

#### 1. 什么是创业启动资金

创业启动资金一般指项目的前期开支，即自确定企业构思到企业开始运转后的前三四个月内企业必须购买的物资和必要的其他开支。创业所需的启动资金由投资和流动资金组成。

- **投资**。投资是指为开办企业购置的固定资产和一次性支出费用。开办企业必然要投资，但不同的企业投资的金额与项目各有不同。投资是初创企业的巨大支出，无论投资额的多少，创业者都应该合理地将投资降到最低限度。
- **流动资金**。流动资金是指企业日常运转所需支出的费用。在企业投入运营之后，很难立

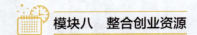

即带来收入，所以创业者要对所有可能发生的意外情况都有所准备。建议初创企业在启动阶段，最好备足 6 个月的各种预期费用，以备不时之需。

### 2. 投资预测

投资需要的资金是必需的开支，且要等到企业运营一段时间后，资金才能回笼，因此，开办企业前，必须要预测投资所需的资金。总的来说，投资分为两种，一种是固定资产投入，另外一种是一次性费用支出。

- **固定资产投入。** 固定资产投入一般是一项比较大的资金投入，是指企业为生产产品、提供劳务或经营管理而购置的使用寿命较长、价值较高的资产，包括企业用地、厂房建筑以及各种仪器、机器设备等。
- **一次性费用支出。** 一次性费用支出包括创办企业所需的无形资产投入、开办费和其他支出项目，其中无形资产是指企业拥有或者控制的没有实物形态的、可辨认的非货币性资产，如大型软件、专利权、特许经营权、土地使用权以及商标权等；开办费是指企业筹备期间的支出费用，包括开业前的市场调查费、培训费、差旅费、印刷费、注册登记费等；其他支出项目包括装修费、经营场所转让费等。

预测投资所需资金比较简单，只需要先将需要购置的资产分类，并分别列出每一类的具体项目以及所需金额，最后将所有金额相加即可。

### 3. 流动资金预测

流动资金预测就是预算企业正常运转后流动资金的需要量。一般情况下，企业需要运转一段时间后才会有销售收入，在单日收支相抵之前资金是一个净流出的态势。而流动资金具有周转期短、形态易变的特点，可以在一定程度上降低企业的财务风险。企业的流动资金主要用于支付以下 5 项费用。

- **原材料或商品存货。** 制造企业需要预测销售前购买生产产品的原材料资金，服务企业在提供服务前也需要某些材料，贸易企业在营业前需要储存商品。如果库存量较大，那么需要的流动资金也就较多。
- **租金。** 如果企业购买了经营场所，就无须支付租金。而大多数的企业为了降低资金投入，往往选择租赁房屋来实现自己的经营。所以企业在投入运营前，就需要支付租赁经营场所的租金。
- **工资以及保险。** 雇用员工则需要支付员工工资以及为员工购买社会保险，包括养老保险、医疗保险、失业保险、工伤保险和生育保险等。一些公司还会购买企业财产保险等商业保险。
- **推广促销费。** 企业开办运营后，需要通过各种手段和途径对自己的产品与服务进行促销，或者为新企业开办宣传造势，这也需要费用。
- **其他日常开支。** 企业在日常运营中，还需要支付水电费、通信费、网络宽带费、交通费以及购置办公用品的费用。

流动资金的需求量不同于投资，往往会出现较大的波动，因此，在计算出需要的资金量后还需要酌情多预留一些准备金，企业的流动资金预算一般至少需要能够支付 3 个月的费用。在企业运营一定时间之后，再根据实际的流动资金支出和收入调整原来的启动资金预测，使流动资金的估算更加准确和完整。

### 任务二　创业融资的基本条件

在创业的所有阶段，创业者都会有不同的资金需求，尤其是在创业初期，由于生产经营的需要，创办企业需要大量的启动资金予以支持。如果没有最初的、足够的资金支持，就只能选择融资手段。

大部分创业者渴望成功融资，但是融资是一种"让别人把钱给自己花"的行为，要让人心甘情愿地掏钱并非易事，一般情况下，只有具备以下条件的创业项目才能够相对轻松地融资成功。

- 项目本身已经经过当地人民政府有关部门的批准。
- 项目可行性研究报告和项目设计预算已经得到当地人民政府有关部门的审查批准。
- 引进的国外技术、设备、专利等已经经过当地人民政府经贸部门批准，并办妥相关手续。
- 项目产品的技术、设备先进适用，配套完整，有明确的技术保证，生产规模合理。
- 项目产品经预测有良好的市场前景和发展潜力，赢利能力较强，有较好的经济效益和社会效益。
- 项目投资的成本以及各项费用预测较为合理，生产所需的原材料有稳定的来源，并且已经签订供货合同或意向书。
- 项目建设地点及建设用地已经落实，生产所需的水、电、通信等配套设施已经落实，与项目有关的其他建设条件也落实到位。

在通常情况下，创业项目越符合以上条件，就越容易得到投资者的青睐，但是这些条件也不绝对，也有不满足以上条件而融资成功的创业项目，但是这属于小概率事件，不足以作为参考，创业者还是应该尽量满足这些条件。

### 任务三 大学生创业常见的融资方式

大多数大学生创业者没有个人积蓄，也没有房、车、保单等可供抵押的财产，在人脉资源等方面也有所欠缺，因此，可供大学生创业者选择的融资方式较为有限。

#### 1. 向亲人和朋友借款

新创立的企业早期所需的资金量较少，因此在这一阶段，除了创业者本人的个人积蓄外，向亲人和朋友借款就是较为常见的资金来源。创业者与这些人之间有一定的亲情、友情关系，容易建立起信赖感。

这种融资方式具有一定的局限性，只适用于家庭经济条件较好的大学生创业者，同时，如果创业失败，还会影响双方的关系，因此，大学生创业者应该在对方自愿的情况下进行借款，并以公事公办的态度将亲人或朋友的借款与其他投资者的资金同等对待。任何借款都要明确规定利率以及本息的偿还计划，对所有融资的细节都需达成协议，如资金的用途、资金的数额和期限、企业破产的处理措施等，并最后形成一份相关的正规协议。

#### 2. 大学生创业贷款

近年来，各级人民政府出台了大学生贷款的优惠政策，各高校学生在创业时可以申请专项贷款。根据各地政策以及大学生创业项目的区别，大学生创业贷款的额度与年限稍有不同，但是所有符合条件的大学生创业项目都可以享受减息甚至免息的优惠，因此，大学生创业贷款是一种理想的大学生创业融资手段。

（1）申请条件与所需资料。

各地政策的规定有所不同，申请条件与所需资料也有差别。在通常情况下，想要申请大学生创业贷款，大学生创业者一般需要满足以下5个申请条件。

- 年满18周岁，具有合法、有效的身份证明和贷款行所在地的合法居住证明，有固定的住所或营业场所。

- 持有工商行政管理机关核发的营业执照及相关行业的经营许可证，从事正当的生产经营活动，有稳定的收入和还本付息的能力。
- 申请者投资项目已有一定的自有资金。
- 贷款用途符合国家有关法律和银行信贷政策规定，不允许用于股本权益性投资。
- 在银行开立结算账户，营业收入经过银行结算。

大学生创业贷款需要的申请资料如下。

- 申请者身份证件（包括居民身份证、户口簿或其他有效居住证原件），有配偶者还需提供配偶的身份证件和婚姻状况证明。
- 申请者个人或家庭收入及财产状况等还款能力证明材料。
- 申请者营业执照及相关行业的经营许可证，贷款用途中的相关协议、合同或其他资料。
- 申请者担保材料，包括抵押品或质押品的权属凭证和清单，有权处分人同意抵（质）押的证明，银行认可的评估部门出具的抵（质）押物估价报告。

（2）申请流程。

大学生创业贷款的申请流程如图 8-1 所示，关于流程的具体说明如下。

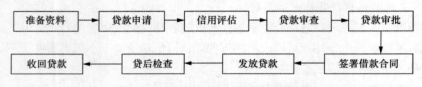

图 8-1　大学生创业贷款的申请流程

- 大学生创业者到当地劳动保障部门领取就业失业登记证等相关必要证件并准备好创业项目的相关资料。
- 大学生创业者到当地劳动保障部门申请贷款支持，劳动保障部门审核通过后就可以将该项目推荐到相关银行。
- 银行在审查完担保条件并实地进行项目考察后，认定全部合格就可以发放贷款了。如果手续齐全，整个贷款流程大约需要 1 个月时间。如果创业项目可行性大、前景好，创业者也可以申请商业性创业贷款。

### 3. 银行商业贷款

如果大学生需要的创业启动资金无法通过大学生创业贷款的方式满足，也可以向银行申请商业贷款，商业贷款的利息较高，但是放款额度上限也较高。银行贷款主要包括信用贷款、质押贷款、抵押贷款和贴现贷款。

- **信用贷款。** 信用贷款是指银行仅凭对借款人资信的信任而发放的贷款，借款人无须向银行提供抵押物或担保。信用贷款具有无抵押、手续便捷的优点，门槛也比较低，只要借款人工作稳定，征信记录良好，如信用报告、信用评估、信用信息良好，就能获得贷款。但银行对信用贷款的信用审核严格，且贷款额度一般在 10 万元人民币以内，所以只适合于创业者的短期小额贷款。
- **质押贷款。** 质押贷款是指以借款人或第三人的动产或权利作为质物发放的贷款。创业者可用自己甚至亲朋好友（需要本人书面同意）未到期的存单、国债、国库券及人寿保险单等作为抵押物，从银行获取额度为有价证券面值 80% ~ 90% 的贷款。同时借款人或第三方提供的财产的所有权移交银行。

- **抵押贷款**。抵押贷款是指按照《中华人民共和国担保法》规定的抵押方式，以借款人或第三人的财产作为抵押物发放的贷款。办理抵押贷款时，由银行保管抵押物的有关产权证明（所有权不变更），且抵押贷款的金额一般不会超过抵押物评估价的70%。
- **贴现贷款**。贴现贷款是指借款人在急需资金时，以未到期的票据向银行申请贴现而融通资金的贷款方式。贴现贷款具有流动性高、安全性大、自偿性强、用途确定、信用关系简单等特点。贴现贷款与质押贷款的区别：贴现是由银行购买借款人的未到期票据，而质押则是转移了财产的占有权。

可供贷款的银行很多，不同银行的利率、放款额度和审核标准都有所不同。为了节省筹资成本，大学生可以采用个人"询价招标"的方式，对各银行的贷款利率以及其他额外收费情况进行比较，从中选择一家成本低的银行办理相关贷款。

### 4. P2P 借贷

银行贷款的门槛相对较高，审核较严，贷款渠道较窄，无资金、无固定资产、无人脉、无经验的大学生较难获得充足的贷款。面对这种情况，大学生还可以选择通过合法的 P2P 网络借贷平台来筹资。P2P 小额借贷是互联网金融的产物，其商业模式是吸纳借款人小额度的资金，将其聚集起来借贷给有资金需求的人，具有门槛低、审核快的特点，但是贷款额度较小，且利息较银行基准利率高出不少。目前市面上的互联网借贷平台种类繁多，不同平台的借款条件、借款额度和还款利率不同，大学生选择互联网借贷平台时，应选择合法的、正规的、大型的、稳定的 P2P 网络借贷平台。

### 任务四　股权融资

上面所讲的融资方式都属于债权融资，是指创业者以一定条件，向资金供给者借钱，到期偿还本金和利息的融资方式。在债权融资中创业者并不卖出自己的股权，投资人也不做创业者的合伙人或者股东，而只借款给创业者，并收取一定的利息。与债权融资相对应的就是股权融资，即投资者向创业公司注入资本并获得股权的融资方式，投资者享受公司发展的红利与股权升值，同时承担股权贬值甚至公司倒闭的风险。

### 1. 风险投资

风险投资（Venture Capital，VC）是指由创业资本家（或其他出资人和机构）出资，投入拟创立的新企业或刚刚诞生的新创企业，向创业项目或新创企业提供资本支持，并通过提供资本经营服务等一系列的服务，帮助创业者完成创业过程，在创业成功后投资方会卖出股份套取现金。

风险投资的投资额一般较大，在投入资金的同时也会占据一定的管理权限，并且会随着所投资的企业的发展而逐步增加投入。风险投资一般具有以下特点。

- **高度风险性**。风险投资者主要的投资对象是刚刚起步或尚未起步的高科技创业企业，这些企业往往各方面的资源都比较匮乏，市场上的客户认可程度很低，管理团队的企业经营经验也较少，因此投资的风险性和失败率都非常高。
- **超额回报率**。与高度的投资风险相伴随的是超额的回报。风险投资在注入资金之后，往往会与创业者签订一系列的投资条款，以方便其在企业成长之后回收投资，在公司上市后风险投资者就可以在金融市场上出售自己的股份，实现风险投资的高额回报。
- **权益性投资**。权益性投资是风险投资的首要特征。风险投资者更看重投资对象的发展前景和投资增值状况，以便在未来通过上市或出售取得高额回报。权益性投资的特点决定了风险投资其他方面的特征。

- **投资中长期性。**风险投资的流动性较小，具有中长期性的特点，在实际投资的时候，一种常见的投资方式是分期投资。

- **投资者积极参与。**风险投资者往往拥有企业的部分控制权，部分风险投资者在投资的时候还会要求在董事会中的席位以及一些特定的否决权。为降低投资风险，风险投资者在向企业注入资金的同时，必然介入该企业的经营管理，参与企业的战略决策。

- **投资专业化。**由于风险投资的高度风险性和投资中长期性，为了降低投资失败率，风险投资者往往更愿意向自身熟悉的产业投资，即风险投资者一般要求所投资的产业具备很高的专业水准。在投资并介入企业运作后，风险投资者也会提供专业化的增值服务，给予企业针对性的战略支持。

### 2. 风险投资轮次

随着企业不同发展阶段的需要，在对外融资的过程中，融资的轮次顺序一般为种子轮、天使轮、A 轮、B 轮、C 轮，通常在 C 轮过后，企业就会谋求进行首次公开募股（Initial Public Offering，IPO），第一次将股份面向公众出售，也就是公开上市。在上市之后，风投资本逐步抛出公司股票套现离场，如果企业没能完成 IPO，则会继续进行 D 轮及 D 轮以后的融资。

每一个轮次的融资都与创业公司的发展阶段紧密相关，不同阶段，风险资金挑选项目的标准也不尽相同。了解风投资金挑选项目的标准有利于创业企业成功融资。

- **种子轮。**种子轮指的是企业发展的最初阶段，这轮融资通常目标为培育创业的种子或想法。种子轮的企业往往只有一个想法和尚未完成的产品，商业模式未被验证，所以投资风险极高。但是种子轮投资成功的收益极高，比如，假设在 2004 年向一个有潜力的互联网公司进行了价值 50 万美元的种子轮投资，10 年后这 50 万美元可能产生高达 2 000 倍，约合 10 亿美元的投资回报。有的孵化器或者自由投资人会关注种子轮投资，不过投资金额有限，通常在 50 万~200 万元人民币之间。

- **天使轮。**天使轮资金通常关注项目团队到位、有初步的商业规划和成熟的产品的公司，是由自由投资者或非正式风险投资机构对原创项目构思或小型初创企业进行的一次性的前期投资，融资金额大多是几百万元人民币。那些给处于困难中的创业者带来投资和帮助的投资人又被称为"天使投资人"，天使轮也由此得名。

- **A 轮。**A 轮投资资本看中的是初创企业是否已经配备成熟的团队，是否已经拥有产品和数据支撑的商业模式，是否在行业内拥有强大的技术优势，通常青睐产品正式上线，正常运作一段时间并有详细完整的商业模式和盈利模式的创业公司，有没有实际盈利并不重要。A 轮的风险资金一般来自垂直领域的风投基金或者行业技术领先的龙头企业，量级多在 1 000 万~1 亿元人民币之间。投资方会在产品和管理方面给予建议，也会根据创业者的需求提供相应的资源。如果初创企业在这一轮取得了行业巨头的资金支持，则意味着不仅仅是获得了企业发展所需的资金，更是获得了强大的战略资源和技术背书。

- **B 轮。**B 轮风险资本面向有成熟的产品和盈利模式、企业业务迅速扩张、发展进入相对成熟稳定的阶段的企业。随着轮次的不断递增，投资的风险也在逐渐减小，资金来源大多是上一轮跟投、新的风险投资公司以及私募股权投资加入，量级一般在 2 亿元人民币左右。另外企业在 B 轮中也很有可能被资金实力雄厚的行业巨头收购，对投资人和创业者来说也是很不错的结局。

- **C 轮。**C 轮融资大部分是为了企业上市做准备。此时资本看重的是企业的盈利能力和用户规模，企业的覆盖范围、应用场景和市场占有率都会是衡量企业成功与否的重要标准。

C 轮投资的风险已经较小，往往会吸引对冲基金、投资银行、私募公司和大型二级市场集团等机构投资人参与，投资金额在 10 亿元人民币以上。

上述都是基本的划分，还有一些特殊的轮次，比如 Pre-A 轮、A+ 轮、C+ 轮、Pre-IPO 轮等，区别无非是投资额多少问题，越往后的轮次金额越大。在这些融资轮次中，特别重要的是天使轮和 A 轮，代表项目从理论落到实际，真正走入市场，而后面的融资则大多只是帮助企业做大做强。

### 字节跳动的飞跃

北京字节跳动科技有限公司成立于 2012 年，是较早将人工智能应用于移动互联网场景的科技企业之一，字节跳动在发展过程中从来没有缺过钱。2012 年 4 月，公司就从海纳亚洲等 3 家公司获得了 300 万美元的天使轮投资，依靠这笔投资，字节跳动在一个月内就上线了内涵段子 App。同年 7 月，公司又获得海纳亚洲的 500 万美元 A 轮投资，充足的资金使该公司在当年的 8 月就上线了独立研发的"今日头条"客户端，该应用通过海量信息采集、深度数据挖掘和用户行为分析，为用户智能推荐个性化信息，从而开创了一种全新的新闻阅读模式。该 App 受到网民的热捧，迅速上升到了应用下载榜的前列，为字节跳动带来了大量的用户。

2013 年，今日头条推出了头条号功能，进军自媒体创作，同年 9 月，获得俄罗斯 DST 的 1 000 万美元 B 轮投资，此时公司估值已经高达 6 000 万美元。2014 年 6 月初，红杉资本与新浪微创投领投 1 亿美元的 C 轮投资，公司估值到达 5 亿美元。2015 年 4 月，今日头条的用户数达到了 2.4 亿；8 月，TopBuzz 上线，字节跳动正式进军国际市场。

2016 年，火山小视频、西瓜视频、悟空问答与抖音先后上线，字节跳动大大拓展了自己的经营领域，抖音取得了巨大的成功；当年底公司获得 10 亿美元 D 轮投资，公司估值达到 110 亿元人民币。2017 年 9 月公司获得 20 亿元人民币的 E 轮投资；2018 年底公司完成约 40 亿元人民币的 Pre-IPO 轮投资，投前公司估值达到 750 亿美元。2019 年，字节跳动的预计广告营业收入达 1 000 亿元人民币，完成这个目标，百度用了 18 年，而字节跳动只用了 7 年。

**启示：**字节跳动的发展历程可谓是行业的标杆，该公司的扩张速度与增值速度均创造了国内的新纪录，其中的奥秘就是通过不断融资，然后顶着亏损用大笔支出迅速获得海量用户，最后再通过广告实现盈利，融资已成为创业企业高速发展的不二手段。

### 任务五　创业企业融资的常见问题

融资的过程对创业者来讲，实质上是推销自己的公司、产品和梦想的过程。初创的企业可以算是创业者的第一件作品，向投资者推销的作品。在这一过程中一定要注意避免以下问题。

- **廉价出售技术或创意。**创业者为了急于得到启动或周转资金，往往在融资时急于求成，认为"只要能获得启动资金就好"，有不少拥有核心技术的创业者会廉价出售自己的技术或创意。当技术或创意廉价出售后，他在企业中的"分量"会降低，甚至丧失发言权，导致不能对企业的一些重要决策进行干涉。

- **损害股东利益。**创业的过程也是投资者（股东）对资金的投资保值增值的过程。创业者和投资者是一个事物的两个方面，只有通过企业这个载体，才能达到双赢的目标。只有能为股东创造价值的创业者，才能得到更多的融资机会和成长机会。

- **融资战略缺失。**在筹资和融资的过程中，也需要完善的策划和充分的准备。融资的具体

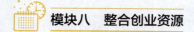

战略设计是总体战略设计的一项重要内容。只有做好充分的准备才更有机会成功融资。

- **缺少对融资方案的比较。** 获得资金的方式有很多种，通过对多维的融资渠道进行深入的比较与选择，可以有效降低融资成本，提高融资成功率。

- **过度包装。** 有些创业企业为了融资，不惜对财务报表弄虚作假，进行"包装"融资，这是错误的做法，投资方和银行都是财务方面的专家，脱离企业的基本经营状况的财务报表很难骗过这些专业机构。

- **缺乏资金规划和融资准备。** 企业融资是企业发展过程中的关键环节，创业企业要想获得快速发展，必须有清晰的发展战略，并营造一个资金愿意流入且能够流入该企业的经营格局。资本的本性是逐利，不是救急，更不是慈善。创业企业在正常经营时就应该考虑融资策略而非在资金困难的时候寄希望于"突击融资"。

- **缺少必要的融资知识。** 很多创业者有很强的融资意愿，但缺少相应的融资知识，往往把融资过程简单化、理想化。创业者应该熟悉融资知识，除银行贷款和股权融资外，还要熟悉租赁、担保、合作、并购及无形资产输出和转让等方式。

- **盲目对外出具融资担保函。** 由于创业融资比较困难，一些创业企业之间往往存在相互出具融资担保的情况，出具融资担保函就意味着承担了一定的担保责任，盲目担保常常给创业企业带来很多意想不到的风险。

- **忽略企业治理结构建设。** 很多创业企业在不断扩张的同时，企业管理却越来越粗放、松散，不注意在企业发展过程中不断完善公司治理结构，也没有注意增强自身的融资能力和规避企业扩张过程中经营风险的能力，这是企业发展的巨大隐患。

- **融资缺乏信用。** 信用是企业重要的无形资产，银行和投资者青睐那些产品有市场、法人代表对企业的管理控制能力强、经营规模和经济效益呈向上趋势并拥有长期稳定销售合同的中小企业，而不可能投资失信的企业。

**课堂活动** ●●●●●●●●●●●●●●●●●●●●●●●●●●●●●●●●●●●●●●●●●●●●●●●●●

### 模拟融资

**活动方法：** 分小组活动，各小组分别扮演创业公司和风险投资公司进行融资谈判。

**活动人数：** 每小组 4~8 人为宜。

**活动场地及道具：** 场地为教室，另需桌椅若干，活动道具为卡片若干、不透明抽奖箱一个。卡片分为两种，一种是创业公司卡，其中信息包括创业项目、公司估值、资金需求额；另一种为风投公司卡片，其中信息包括投资的资本额度、预计收益率。

**活动规则：** 活动程序如下。

（1）各小组代表上台抽取卡片，并扮演卡片上信息所代表的角色。

（2）第一轮融资，创业公司与风险投资公司进行谈判，获取投资，投资结果可表示为：×× 风险投资投资 ×× 创业公司 ×× 万元，占股 ××%。

（3）风险投资公司扣除投资额，未获得足够资金的创业公司倒闭，获得足够投资的公司从新估值。（估值公式为投资额 ÷ 所获取股份 = 新估值，如 10 万元获得公司 10% 的股份，则公司总估值为 100 万元。）

（4）第二轮融资，创业公司与风险投资公司谈判，寻求更多的投资。

（5）风险投资公司扣除投资额，未获得足够资金的创业公司倒闭，获得足够投资的公司重新估值。

（6）第三轮融资，重复融资轮次直到风险投资公司的额度用尽。

（7）计算各个创业公司的市值，看看哪家创业公司规模最大，哪家风险投资公司获取了最大的收益。

活动提醒：

（1）风险投资公司可以投资多个创业公司，也可以由多个风险投资公司共同投资同一创业公司；

（2）风险投资公司手中的资本也可互相转卖。

## ‖ 课后思考与练习 ‖

1. 什么是创业资源？创业资源有哪些获取方式？

2. 看下面所列举的资源名称，说说它们分别属于哪一种类。

例：租用的厂房，属于外部资源、有形资源、直接资源和物质资源。

创业者的编程技能　获得使用许可的专利　创业者通过房屋抵押得到的贷款　赊欠来的一批原料

公司将产品运输外包给物流公司　孵化园减免了公司的水电和物业管理费　律师朋友提供免费法律咨询

3. 阅读下面材料，谈谈文中创业者是如何整合创业资源的。

牛根生和几个伙伴从伊利出来，刚创立蒙牛时，面临没有奶源、没有工厂、没有品牌的局面。他先是通过人脉关系找到了哈尔滨一家乳制品公司，这家公司设备都是新的，但是生产的乳制品质量有问题，同时营销渠道没有打通，所以产品一直滞销。牛根生提出让该公司进行生产，为该公司提供技术并承担多种产品的销售铺货，该公司欣然同意。之后又打出"蒙牛甘居第二，向老大哥伊利学习"的宣传，借助伊利提高了自己品牌的知名度。之后又联系了奶农、农村信用社和奶站，让奶农从信用社贷款购买良种奶牛，蒙牛做担保；奶牛生产出来的奶由奶站接收，由蒙牛负责销售。就这样，牛根生从无到有建立了整个奶源、运输、生产加工、销售的产业链。

4. 根据本模块中介绍的关于大学生创业常见的融资方式的相关知识，填写表 8-3。

表 8-3　大学生创业常见的融资方式对比

| 融资方式 | 优势 | 缺点 |
| --- | --- | --- |
| 向亲人和朋友借款 | | |
| 大学生创业贷款 | | |
| 银行商业贷款 | | |
| P2P 借贷 | | |

# 模块九
## 设计商业模式与创业计划

大学生创业不是只凭一腔激情和一个想法就能够成功的，在创业之前，创业者必须思考怎样赚钱，围绕怎样赚钱这个核心延伸出的一整套方法就是商业模式，而实现商业模式的所有工作的集合就是创业计划。创业者只有拥有明确的商业模式以及创业计划才能创业成功，本模块将对商业模式的设计、《创业计划书》的编写以及路演活动的相关知识进行讲解。

### 学习目标

- 掌握商业模式的设计方法
- 掌握《创业计划书》的编写方法
- 了解路演活动的过程和技巧

### 案例导入

在今天，很多人可能对 360 公司和它的免费软件 360 安全助手、360 软件管家等产品耳熟能详。但在 360 创始人周鸿祎创业之前，杀毒软件还处于收费时代，市场由瑞星、金山等公司占据。

周鸿祎"无视"行业规则，推出 360 安全助手，该软件供用户免费下载和使用，并且其性能可靠，凭借免费策略，360 安全助手很快拿下几个亿的安装量，打垮了许多对手。但是，由于免费，周鸿祎靠 360 安全助手一分钱也赚不到，而且为了维护好这几个亿的免费用户，还要大量烧投资人的钱。

但是周鸿祎显然胸有成竹，他又推出了 360 软件管家，当时的网络环境很差，计算机非常容易中毒，而下载的软件许多都是"流氓软件"，各种捆绑安装，而且难以完全卸载，让广大网民很烦心。周鸿祎推出的 360 软件管家，免费提供经过净化的软件给用户下载，其中也包括 360 自己做的软件（比如 360 浏览器），360 此举，让用户终于用上了干净的软件。不出人所料，360 软件管家也获得了海量的用户，然而 360 软件管家和它提供下载的软件也都是免费的，这下钱花得更多了，周鸿祎距离盈利仍然遥遥无期。

周鸿祎发现在360软件管家提供的软件里，最受欢迎的是360浏览器。通过浏览器，360终于找到了能够带来盈利的利器——导航和搜索。接下来就很简单了，360浏览器默认的首页是360网址导航，360网址导航上面布满了密密麻麻的广告位，在导航页最显眼的位置是360搜索框，因为360安全助手和360软件管家所积累的巨大用户流，360网址导航的广告位受到了各大广告商的热烈追求。周鸿祎将360网址导航变成了一个聚宝盆，不仅一举扭转了公司的亏损，还让360公司迈入了行业前列。而在当时一赫赫有名的收费杀毒软件瑞星，在2011年也被迫放弃了收费模式，但市场份额流失过大，如今已经基本退出了个人用户计算机防护领域。

完美世界控股集团董事、纵横文学首席执行官张云帆将360这种商业模式称为"3级火箭"，意思是像火箭发射一样，前两级火箭只是为了给最后一级火箭提供动力，将最后一级火箭助推送入太空。在360的商业模式中，就是用360安全助手（第一级火箭）吸引巨大流量，然后用360软件管家（第二级火箭）增加用户黏性，最后用360浏览器的广告位（第三级火箭）实现变现。

**思考**

1. 360公司为什么不直接用杀毒软件赚钱？
2. 360公司如果跳过前两级火箭直接推出360浏览器能成功吗？
3. 你还知道哪些"3级火箭"式的商业模式？

## 认识和设计商业模式

在经济全球化浪潮下，技术变革加快、商业环境不确定性增大，决定企业成败最重要的因素不再是技术，而是商业模式。商业模式是现代企业竞争制胜的关键，要想获得成功，创业者必须设计一个好的商业模式。

### 任务一 什么是商业模式

商业活动的目的是盈利，商业模式就是商人用以牟取利润的模式。通俗地说，就是一个问题：怎么赚钱？每个创业者在创业前都会思考这个问题，并且抱着自己的答案走上创业路，而市场和时间会验证所有的答案。

### 1. 商业模式的含义

人类在最开始的商业活动中其实就已经在朦胧地思考和探索商业模式，到20世纪90年代，商业模式这一概念才被广泛使用和传播。人们都知道，小卖部的商业模式是赚取货物买卖间的差价，工厂的商业模式是赚取成本与产品间的差价，这都非常容易理解，但是抽象到所有的商业活动上，商业模式的定义又该如何阐述呢？

商业模式是企业整合资源与能力，进行战略规划，以充分开发创业机会，并且实现利润目标的内在逻辑，是所有企业与企业之间、企业的部门之间乃至与消费者之间、与渠道之间存在的各种各样的交易关系和联结方式的总和。

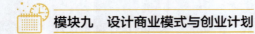

简单来说，商业模式就是一个企业满足消费者需求的系统，这个系统组织管理企业的各种资源（包括资金、原材料、人力资源、销售方式、创新力等），形成能够提供消费者无法自给自足而必须购买的产品或服务，因此具有自己能复制而别人不能复制，或者自己在复制中占据市场优势地位的特性。

> 海尔集团总裁张瑞敏认为，商业模式"说到底就是消费者价值最大化，只要符合了这一点就没问题。如果脱离了消费者价值最大化，搞各种复杂的模型和公式都没有用。商业模式是一个让消费者和企业双赢的方式，不是一个模型"。

### 2. 成功商业模式的特征

在人类长时间的商业活动中，有无数新的商业模式涌现，因行业、企业类型和社会经济形势等因素的不同，能够成功的商业模式也有所不同，但总体来说，成功的商业模式一般具有以下特征。

- **创新**。成功的商业模式往往在某一个环节上进行了改进，或是对一般商业模式进行了重组、创新。商业模式的创新贯穿于企业经营的整个过程，贯穿于企业资源的开发模式、制造方式、营销体系等各个方面。今天的行业巨头大部分都是从创新开始的，如微软、苹果、阿里巴巴、腾讯等都是新商业模式的开创者。

- **价值**。商业活动的价值最终落在消费者头上，商业模式需要通过向消费者提供独特的价值来赢得市场。这个独特的价值可能是新的思想，而更多的时候是产品和服务独特性的组合。总之，商业模式要么可以向消费者提供附加的价值，要么可以使消费者能用更低的价格获得同样的利益，或者用同样的价格获得更多的利益。

- **壁垒**。成功的商业模式需要通过确立自己的与众不同（如对消费者的贴心关照、强大的实施能力等）来建立行业壁垒，提高竞争者模仿复制的成本和难度。如360公司的"安全卫士+软件管家+浏览器"模式，其盈利在于浏览器上的广告与竞价排名收入，而消费者则是安全卫士和软件管家带来的，这样的商业模式就让人难以模仿。

- **盈利**。商业活动的目的在于利润，成功的商业模式可以让企业在激烈的市场竞争中，成功进入利润区，并在利润区内停留较长时间，创造出长期持续的、高于行业平均水平的利润。当下互联网行业虽有"流量为王，先亏后赚"的商业模式，但是也有如墨迹天气这样虽然拥有5亿多用户，却迟迟找不到稳定的变现手段，只能靠不断融资输血维持的企业，其当下的商业模式显然是需要改进的。

#### 知乎的变现难题

2019年8月12日，知乎正式官宣完成F轮融资，本次融资金额为4.34亿美元，由快手领投、百度跟投，腾讯和今日资本原有投资方继续跟投。知乎自2010年发布，是全国较大、较活跃的网络问答社区，截至2018年末，已经拥有2.2亿用户，是非常具有影响力和价值的网站，但是知乎至今没能找到很好的变现渠道，长期处于亏损之中，只能依靠不断融资输血继续运营。

2016年4月1日，知乎推出了知识付费产品"值乎"，其与"分答""得到"等共同开创了"知识付费元年"，在网络上引起了一阵知识付费的潮流，但是这次商业化行为很快失败，所有的知识付费平台都没能成功。之后，知乎又围绕知乎 Live 做出了包括会员制在内的一系列付费项目，收效也远不如预期。

后来，知乎又推出了"男性小红书"——CHAO 社区，主打"男生种草"，希望通过电商引流来实现盈利。小红书、微博、淘宝直播、抖音等平台都验证了向电商平台导流这一商业模式的可行性，但是知乎的 CHAO 社区没能成功。其中的原因有很多，最主要的原因就是知乎以具有较高知识水平男性为主体的用户群并不喜欢"种草"模式，也很少因为"一时喜欢"而迅速产生购物行为，转化率过低。

知乎又将目光转向了广告，推出了官方化的广告渠道"品牌提问"，但知乎崇尚"理性""事实"的社区氛围对广告（包括软文）天然反感，品牌提问一经推出立即受到了不少知乎网友的质疑，在上面进行的推广甚至起到了反作用，这一模式也宣告失败。如今，知乎又开始公开招募 MCN，MCN（Multi-Channel Network）是一种多频道网络的产品形态，它将专业生产内容（Professional Generated Content，PGC）联合起来，在资本的有力支持下，保障内容的持续输出，从而最终实现商业的稳定变现。也就是说，知乎要成体系、成规模地培养广告者，并要让他们在社区中进行各种推广营销活动，并希望以此获利。不知道知乎这一次能否实现盈利。

**启示：** 知乎无疑是一个成功而成熟的网络社区，拥有巨大的用户群，其用户黏性也很高，但是坐拥如此资源，知乎却一直没能找到一条盈利的路线，其商业模式值得思考。

### 任务二　商业模式的构成要素

商业模式是一种包含了一系列要素及其相互关系的概念性工具，用以阐明某个特定实体的商业逻辑，它描述了企业能为消费者提供的价值以及企业的内部结构、合作伙伴网络和关系资本等用以实现这一价值并产生可持续盈利收入的要素。具体来说，商业模式包含以下 6 个要素，其相互关系如图 9-1 所示。

**图 9-1　商业模式各要素间的关系**

- **定位**。一个企业要想有生存空间并能实现持续盈利，首先必须要明确自身的定位。定位就是指企业应该做什么，它决定了企业应该提供什么样的产品和服务来实现消费者的价值。定位是商业模式体系中其他有机部分的起点，也是企业战略选择的结果。
- **业务系统**。业务系统是指企业达成定位所需要的业务环节、各合作伙伴扮演的角色以及利益相关者合作与交易的内容和方式。业务系统是商业模式的核心。
- **关键资源能力**。关键资源能力是指让业务系统运转所需要的重要的资源和能力。
- **盈利模式**。盈利模式是指企业获得收入、分配成本、赚取利润的方法。具体来说，它是指在给定的业务系统中，各价值链所有权和价值链结构已经确定的前提下，企业利益相关者之间利益分配格局中企业利益的表现。

- **自由现金流结构。** 自由现金流结构是企业经营过程中产生的现金收入扣除现金投资后的状况，其贴现值反映了采用该商业模式的企业的投资价值。不同的现金流结构反映了企业在定位、业务系统、关键资源能力以及盈利模式等方面的差异，体现了企业商业模式的不同特征，决定了企业投资价值的高低、企业投资价值递增速度以及企业受资本市场青睐的程度。
- **企业价值。** 企业价值即企业的投资价值，是企业预期未来可以产生的自由现金流的贴现值，它是评判企业商业模式优劣的标准。

### 任务三　初创企业商业模式设计

对于初创企业来说，设计出一个可供执行的商业模式是必要之举。一个成功的商业模式，可以帮助企业更高效地赢得市场竞争，实现快速增长，而没有明确商业模式的企业不仅无法打动投资人，甚至可能会迷失方向。

#### 1. 商业模式设计的基本要求

在商业模式上，没有最好，只有最适合，但是以往人类的实践经验表明，成功的商业模式通常符合定位精准、扩展快、壁垒高、风险低这4项标准。在设计商业模式时，企业应重点从这4个方面入手。

- **定位精准。** 大而全的思想不适用于初创企业，初创企业定位的核心是寻找到一个细分垂直市场，并为这个市场提供满足需要的、有价值的、独特的产品。定位细分市场可以更好地做好消费者体验，节省推广成本，也可以让消费者更方便快捷地找到想要的信息，让消费者愿意为此付费。但并不是随意找一个细分市场并提供优质的产品和服务就可成就一个优秀的市场定位，关键在于，要寻找一个持续增长、大规模、快速的市场。
- **扩展快。** 这里的扩展主要是指关键资源的扩展，关键资源是否快速扩展，是衡量商业模式能否迅速做大及其盈利能力的关键因素。任何企业的收入规模根本上都取决于消费者数量及平均消费者贡献两个因素。要想快速增长，就要设计能快速增加付费消费者数量的各种策略，或者是提高平均消费者的贡献额。
- **壁垒高。** 好的商业模式一定要和自身的优势紧密结合起来，最好是自己独有的优势，构筑出较高的竞争壁垒，否则竞争对手就能轻易模仿你的商业模式，也就能轻易分走你的市场与流量，对于企业来说是致命的。
- **风险低。** 设计商业模式还要综合评估企业可能面临的各种风险，这里的风险包括政策及法律风险、行业竞争风险、潜在的替代品威胁、价值链龙头威胁等。评估风险的最终目标是要识别出所有可能的风险，制订相应的应对策略，使风险保持在合理范围能够可控和被管理。

#### 2. 初创企业商业模式设计的工具——精益创业画布

埃里克·莱斯（Eric Ries）提出的精益创业理论为企业提供了一个探索商业模式的工具。精益创业理论认为企业首先要集中资源开发符合核心价值的产品，然后通过不断学习和有价值的用户反馈对产品进行快速迭代优化，以适应市场发展的需求，最后将创业公司带入循序渐进的良性发展之中，使企业投入较少的资源就能够验证自己的想法。

（1）精益创业画布的元素。

精益创业理论还提出了精益创业画布这一工具，这一工具可以帮助大学生创业者清晰地梳理商业模式。精益创业画布共有9个基本要素，如图9-2所示。

- **问题。** 问题即需求痛点，问题和消费者群体的匹配是商业模式设计的核心。创业者在明确目标群体后，可以通过和目标人群进行交流、沟通或者做一些小规模的测试、调研等方式，得知并验证痛点的存在。

- **客户细分**。没有一种产品能够满足市场中的所有群体，只有创业者对消费者的定位足够准确，由此推出的产品或服务的针对性才会较强，才能贴近消费者的核心需求，在此基础上才能较好地实现盈利。

| 问题 | 解决方案 4 | 独特价值定位 3 | 竞争优势 9 | 客户细分 2 |
|------|------------|----------------|------------|------------|
| 1 | 关键指标 8 | | 渠道 5 | |
| 成本分析 7 | | 收入分析 6 | | |

图 9-2 精益创业画布的基本要素

- **独特价值定位**。独特价值定位是商业模式设计中最难的部分。寻找独特价值最好的方法是直接从要解决的首要问题出发去寻找独特卖点，也可以针对种子用户来做设计，总之要提供别人没有的或比别人更受消费者喜欢的产品或服务，这是企业获得消费者与利润的基础。

- **解决方案**。大学生创业者在创业早期资源有限，可以通过开发与小范围推广最小化可行产品（Minimum Viable Product，MVP）来验证自己的想法和解决方案。如果消费者接受了 MVP，那么说明创业初期设计的解决方案是正确的。反之，就需要重新去挖掘消费者的需求，针对每个需求痛点，重新思考能提供的最简单的解决方案，然后重新编写，经过验证和测试并反复修改后，将解决方案完善。

- **渠道**。渠道是企业产品和服务与消费者之间的桥梁，大学生创业者可以选择利用个人媒体（微信、微博、抖音等）以及参加展销会、上门推销等低成本手段。有实力的则可以选择电视、网络等渠道的广告或者经销商渠道。

- **收入分析**。对于收入的分析和预估也是很重要的，大学生创业者只能在合适的时机通过不同的方式让消费者付费，以此来验证自己的盈利模式的可行性。目前主要的盈利模式包括销售商品、广告收费、会员服务模式、增值服务模式等。

- **成本分析**。在创业初期对于成本也要有严格的考量。大学生创业者在对成本进行分析时，应重点关注产品发布前需要多少成本，包括固定成本和变动成本，然后把收入和成本结合起来分析，计算出一个盈亏平衡点，以此来预估需要花费多长时间、资金和精力才能达到盈亏平衡点，从而进一步检验自己的商业模式是否可行。

- **关键指标**。不管是何种类型的产品或服务都有衡量其价值的关键指标，如流量、收入、用户数、用户留存率等。创业者要综合这些关键指标实时地评估项目的进展情况，并对接下来的打算进行调整。

- **竞争优势**。企业推出的产品或服务必然要面对市场竞争，面对市场竞争，要么通过技术壁垒等手段让人学不会、抢不走、拦不住、赶不上，要么做到人无我有、人有我优、人优我廉、人廉我变，始终快人一步。

（2）精益创业画布的实施。

精益创业画布可以有效厘清创业企业设计商业模式时需要考虑的事项，适合于大学生创业者。制作精益创业画面的过程可以分为以下 3 个步骤。

- **写出初步计划**。创业者在编写初步计划时，不要刻意追求提供最好的问题解决方案，而要试着形成一整套完整的商业模式，并保证在该模式下所有元素都能够相互配合，哪怕画布中有空白项也没有关系。
- **找出风险最高的部分**。检验企业所提供的产品和服务是不是消费者想要的，消费者是否愿意为此付费，及时对不合理的环节进行改善，以便加速执行优化方案。
- **测试计划**。针对商业模式的各个环节进行参与式观察和深度访谈，有效地测试该商业模式的可行性。

### 杨雪梅的商业模式设计

　　杨雪梅所在的乡村自古就以手艺精湛的银器匠人而在当地闻名，但是由于地理位置偏僻，当地村民的收入水平较低，银匠生意越来越难做，银匠手艺人也大多转行。杨雪梅是村里少有的大学生，在大城市上大学的她觉得村里的银匠手艺流失非常可惜，想要利用这一创业优势创业，同时帮助村民致富。

　　杨雪梅了解到最近"古风""汉服"等文化在城市里流行，这种风格的饰品也有很广阔的市场，而且现在该行业中没有一个强势的龙头企业。杨雪梅觉得这是将家乡银器发扬光大的好机会，于是决定使用精益创业画布设计自己的商业模式，很快她就完成了精益创业画布的制作，如表 9-1 所示。

表 9-1　杨雪梅的精益创业画布

| 问题：<br>产品较为单一，品类不全，客户认知度低，设计过时 | 解决方案：<br>利用淘宝直播和短视频引流，引入专业设计 | 独特价值定位：<br>文创制品，拥有高雅的审美趣味，每一件都是独创设计，不可复制 | 竞争优势：<br>手工制作，工艺传承，相对低价 | 客户细分：<br>古风爱好者，喜欢饰品的年轻女性 |
| --- | --- | --- | --- | --- |
| | 关键指标：<br>设计、消费人群、销量 | | 渠道：<br>淘宝、淘宝直播、短视频 | |
| 成本分析：<br>设计师薪资、工人工资、贷款利息、原材料成本、运费 | | | 收入分析：<br>产品利润 | |

　　完成了创业精益画布，杨雪梅更有信心，她决定回乡召集银器匠人，并聘请一位专业设计师，通过网店售卖原创手工银器饰品，将家乡的手艺传向全国。

　　**启示**：杨雪梅在萌生的创业想法后，通过精益创业画布的方式对整个商业模式进行了设计和梳理，并针对性地安排了后续的措施，增加了自身对创业的把握。

### 任务四　商业模式的演变与创新

仅仅了解初创企业商业模式和设计商业模式的方法是不够的，商业模式不是静态的，而是不断演变和发展的。企业还需要通过各种手段来发展自己的商业模式，以维护商业模式结构的稳定性，对抗其他竞争对手的挑战。

#### 1. 商业模式的演变

商业模式的演变是指创业者根据自身创业资源和创业环境的变化，主动地对商业模式做出改变，以便更好地发展企业，赚取利润。

一个商业模式，是对一个组织如何行使其功能的描述，它定义了企业的消费者、产品和服务以及业务流程。商业模式的演变经历了以下 4 个历程。

- **店铺模式。**店铺模式是最古老也是最基本的商业模式，它是指在具有潜在消费者群的地方开设店铺并展示其产品或服务。店铺模式赚取的利润主要来自商品购入与卖出之间的差价，后来也发展出了广告收入、服务收入等。
- **"饵与钩"模式。**"饵与钩"模式也称为"剃刀与刀片"模式，或"搭售"模式。在这种模式里，基本产品（饵）的售价很低，但与之相关的消耗品或服务（钩）的价格却十分昂贵。其核心是通过廉价（甚至亏本）的基本产品获取顾客，然后通过后续的消耗品或服务来盈利，如吉列曾经通过免费送剃须刀获取了大量顾客，占据了绝对优势的市场份额，但是其送的剃须刀只适用特定的刀片，吉列随后通过卖刀片赚取了巨大的利润。
- **硬件＋软件模式。**硬件＋软件模式由苹果公司发明，苹果公司将硬件制造和软件开发进行有机结合，通过提供高质量的软件增加消费者对硬件使用的黏性，并以独到的 iOS 系统在手机端承载这些软件。消费者购买到苹果手机后就只能使用 iOS 系统里的软件，在更换手机时，则往往因为习惯的软件而继续购买苹果手机。
- **其他商业模式。**除上述商业模式外，商业史上还有很多其他的别出心裁的商业模式，如 20 世纪 50 年代，麦当劳和丰田汽车创造了新的商业模式；20 世纪 60 年代沃尔玛的混合式超市模式；20 世纪 70 年代联邦快递和玩具反斗城商店的经营里出现了新的商业模式；20 世纪 80 年代家得宝公司、英特尔公司和戴尔公司的商业模式；20 世纪 90 年代西南航空、网飞、易趣和星巴克咖啡的商业模式。这些商业模式都取得了巨大的成功，值得广大大学生创业者学习揣摩。

扫一扫

其他商业模式

**157**

### 2. 商业模式的创新

商业模式创新是改变企业价值创造的基本逻辑，是提升消费者价值和企业竞争力的活动，其最终目标是让企业以新的方式来盈利。不同阶段的商业模式创新，其过程特点和设计方法是不同的，下面介绍两种商业模式的创新形式，即原始创新与模仿创新。

（1）商业模式的原始创新。

商业模式的原始创新是指以前所未有的商业模式为消费者提供产品和服务，又可具体分为构成要素创新、系统性创新和逆向思维创新 3 种。

- **构成要素创新。**商业模式是由不同的要素组成的，因此，商业模式的创新可以看作不同构成要素的创新，前面介绍的精益创业画布工具中的任意要素都可以进行创新。
- **系统性创新。**系统性创新是指从整体出发对商业模式进行创新和构建，包括向谁、何时、何地、缘由、怎么做以及成本，整体性地调整与产品和服务相关的所有方面。系统性创新往往伴随产品、合作网络、价值主张等元素的创新，最终达到为企业利益相关者带来利润的效果。
- **逆向思维创新。**逆向思维创新是一种反其道而行之的创新方法，其参照物是行业当前龙头的商业模式或主流商业模式，首先找到行业领导者或行业主流商业模式的核心点，然后确保可以为消费者提供更高的价值，以此制订逆向商业模式。

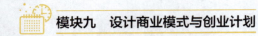

（2）商业模式的模仿创新。

模仿是商业模式创新的基础，几乎一切成功的商业模式都是在不断模仿的基础上进行创新的。模仿创新可以分为全盘复制和借鉴提升两种。

- **全盘复制**。顾名思义，全盘复制就是指对优秀企业的商业模式进行直接复制。在许多知名互联网企业身上，都可以找到与之对应的原型。比如在百度、搜狐身上，就可以看到国外互联网公司的影子。
- **借鉴提升**。借鉴提升是指企业通过将模仿得来的商业模式与自身的商业模式和资源嫁接在一起，赋予其全新的形式或内容。比如，腾讯的商业模式就是在对其他商业模式不断借鉴、创新中成长、成熟起来的，最终使腾讯成为成功的互联网公司之一。

### ● 课堂活动

#### 精益创业画布

**活动方法**：分小组活动，各小组选择自己喜欢的公司，在通过各种渠道了解其商业模式后，为其制作精益创业画布。

**活动人数**：每组 4~8 人为宜。

**活动场地及道具**：地点为教室，需要桌椅若干，A4 纸若干。

**活动规则**：各小组以 A4 纸作为白板画布，进过内部讨论选择一家企业，通过各种渠道了解其商业模式，为其制作一幅精益创业画布，并分析其商业模式成功（或失败）的原因，各小组完成制作后对精益创业画布进行统一展示。

**活动提醒**：

（1）精益创业画布每一格可以填入多个元素；

（2）不能有空白格子；

（3）可以用箭头表示各元素间的关系。

### 项目二

## ∥ 编写《创业计划书》∥

市场环境变化万千，任何一个大学生或团队在创业之前，都应该对创业的目标有一个科学的设计和规划，制订一份切实可行的创业计划。《创业计划书》就是落在纸面上的创业规划，编写《创业计划书》是创业者表达自己创业规划的重要手段。

#### 任务一　《创业计划书》及其作用

创业学专家杰克·M·卡普兰和安东尼·C·沃伦在《创业学》一书中提出，创业计划书是一个沟通工具，它可以告诉其他人企业想要完成的目标是什么，企业实现目标的过程和方法是怎样的，同时也是衡量实际和预期收益差距的基础，并建议所有的创业者都应该编写《创业计划书》。

#### 1. 什么是《创业计划书》

《创业计划书》是创业者计划创立的业务的书面摘要，它以描述与拟创办企业相关的内、外部环境条件和要素特点为业务的发展指南，是衡量业务进展情况的标准。《创业计划书》是市场营销、财务、生产、人力资源等职能计划的综合。

## 2. 《创业计划书》的作用

《创业计划书》是商业模式的书面体现，是呈现创业构想的载体，也是展现创业者如何实现创业过程的一份资料。一份好的《创业计划书》，是未来创业行动的指南，同时也为企业获得贷款、融资等带来方便。

- 指导创业者的创业行动。编写《创业计划书》的过程是一个调研与思考的过程，可以使创业者综合考虑创业的各个因素，并在这个过程中清楚地看到哪些才是适合所创建企业的要素，使创业者进一步明确自己的创业思路和经营理念。

- 提供创业信息。一份完整、规范的《创业计划书》包含了创业过程中的各种信息，如行业分析、产品（服务）介绍、市场策略、生产计划、风险预测等，它可以告诉他人，创业者的创业计划并不是一次纸上谈兵，而是一个科学的、可行的未来展望。

- 有利于获取外部资源。《创业计划书》是展现创业计划的工具，可以帮助他人了解创业项目。一份详细的《创业计划书》可以帮助创业者取得合伙人的信任，增加合伙人的信心；可以帮助创业者更加容易地获得投资人的青睐，获得融资；可以帮助创业者争取资金扶持、场地提供、税收减免等。

### 同样的商机，不同的结局

有5个年轻人组建了一个创业团队，他们想要在大城市的公园里放置大型数字看板。于是他们直接找到投资者，对数字看板的前景和发展、自己团队的优势进行了一番谈论，然而投资者却毫无兴趣。

此时，另外一个团队也对数字看板感兴趣，他们首先进行了详细的市场调查，调查内容如下。

（1）上海公园里目前有多少户外广告？

（2）每个公园的日均人流量有多少？

（3）要放置多大的数字看板？

（4）放多少个才能达成最佳的销售数字？

然后对数字看板与传统看板的优劣势进行了分析，并以数字公式计算出数字看板可能带来的收入。但当他们把构想告诉投资人时，却得到了否定的回答。在投资人看来，数字看板本身是一项技术创新，这个出发点的确是有商机的，但是这个创新对任何人来说都一样，所有的创业者都处于同一个起点，这个团队没有明确地表示出这个事业能成功的关键，即能否取得独占性的资源（成为独家经营的企业），以及最重要的广告销售能力。

与此同时，第三个团队也看中了这个卖点，他们与前一个团队的不同之处在于，他们编写了详细的《创业计划书》，在《创业计划书》中明确地表述了关于传媒销售、广告营销以及如何吸引广告顾客的方法和执行手段，并附上了团队在这方面的优势。

这些说明为这个创业计划加了不少分，最终第三个创业团队获得了投资人的支持。

**启示**：有《创业计划书》的创业者更能获得投资人的青睐，因为投资人可以从《创业计划书》中找出这个项目能否成功的关键点，并了解到具体的执行步骤，以确保这个创业计划是切实可行的，而不是让他们投入的资金"打水漂"。

## 任务二　《创业计划书》的内容

《创业计划书》是创业项目的完整体现，一份完整的《创业计划书》应包括封面、计划摘要、产品（服务）介绍、行业分析、市场预测及分析、营销策略、生产制作计划、人员及组织结构、销量预测、财务规划、风险与风险管理等内容。

- **封面**。封面的设计要给人以美感，要有艺术性。一个好的封面会使阅读者产生最初的好感，形成良好的第一印象。封面应包括项目名称、团队、主要联系方式等内容。如果企业已经设计好了标志，也可以在封面中展示出来。

扫一扫

《创业计划书》范文

- **计划摘要**。计划摘要是《创业计划书》内容的精华，往往在编写《创业计划书》的最后阶段才完成，但却是投资者除封面外最先看到的。计划摘要涵盖计划的要点，要求一目了然，以便投资者能在最短的时间内评审创业计划并做出判断。一般而言，计划摘要包括公司介绍、管理者及其组织、主要产品和业务范围、市场概貌、营销策略、销售计划、生产管理计划、财务计划、资金需求状况等内容。

- **产品（服务）介绍**。产品（服务）介绍部分应提供所有与企业产品和服务有关的细节，以及企业所实施的所有的调查内容，包括产品（服务）的概念、性能及特性，主要产品（服务）介绍，产品（服务）的市场竞争力，产品（服务）的研究和开发过程，发展新产品（服务）的计划和成本分析等。产品（服务）介绍要用词准确，通俗易懂，尽可能少用专业术语，使不是专业人员的投资者也能明白，最好再附上产品原型、照片或其他介绍内容。

- **行业分析**。行业分析部分应该正确评估所选行业的基本特点、竞争状况以及未来的发展趋势等。

- **市场预测及分析**。市场预测部分应包括市场现状概述、竞争厂商概述、目标顾客和目标市场、本企业产品的市场地位、市场细分和特征等内容。进行市场预测时，既要分析消费者的具体需求，也要分析主要的竞品。

- **营销策略**。营销策略部分应当包括市场机构和营销渠道的选择、营销队伍的组建和管理、促销计划和广告策略以及价格决策等内容。由于营销策略受到各种因素的影响，变数较大，所以应该留出调整的余地以及多种预案。

- **生产制作计划**。生产制作计划部分应包括产品制作和技术设备的现状、新产品投产的计划、技术提升和设备更新的要求、质量控制和质量改进的计划等内容。

- **人员及组织结构**。人是企业的核心，在《创业计划书》中应该对主要管理人员加以阐明，介绍他们具有的能力、他们在本企业中的职务和责任、他们过去的详细经历及背景。此外，还应对公司结构做简要介绍，具体包括公司的组织结构图、各部门的功能和责任、各部门的负责人及主要成员、公司的薪酬体系、公司的股东名单（包括认股权、比例和特权）、公司的董事会成员、各位董事的背景资料等。

- **销量预测**。销量决定盈利规模，《创业计划书》一般需要估算企业未来半年或一年的销售量。预测销量应该尽量科学，切勿为了吸引投资者投资而高估销量，这样反而会降低投资者对《创业计划书》的信任度。

- **财务规划**。财务规划的重点是现金流量表、利润表以及资产负债表的编制。现金流是企业的生命线，对流动资金需要预先有周详的计划和进行过程中的严格控制；利润表反映的是企业的盈利状况，即企业在经过一段时间运作后的经营结果；资金负债表反映的是在某一时刻的企业状况，投资者可利用资产负债表中的数据得到所需指标的准确值，用于衡量企业的经营状况以及可能的投资回报率。

160

- 风险与风险管理。创业是高风险性行为，《创业计划书》对风险描述得越详细，交代得越清楚，就越容易引起投资者的兴趣。创业风险分析应该包括竞争风险分析、市场风险分析、管理风险分析、技术风险分析等，同时还应有风险的应对方法。

### 一页纸计划摘要

大四学生张明，首次参加了本地各高校联合举办的创新大赛。在大赛上，张明展示了和校友们共同研发的室内绿化项目，并引起了风险投资者的兴趣。尤其是张明的那份一页纸的计划摘要。那么，张明的计划摘要都有些什么内容呢？让我们一起来看一看。

项目简介：本公司着力打造"人与自然"和谐共处的居住理念。随着社会经济的发展，人们的居住条件得到了改善，但其生存环境却在不断恶化，尤其是装修污染问题日益严重。目前，新装修的房屋绝大部分室内环境都达不到国家环保的标准，而由于室内空气污染引起的支气管炎、肺癌、呼吸道疾病以及白血病患者的数量也在不断增加。如何通过室内绿化设计达到美化环境、消除污染将成为人们装修时最关注的问题。

项目进展：项目初始投资100万元。经过3年的发展，公司营业收入及利润将每年递增，到第5年营业收入将达到460万元，税后利润达到120万元。

竞争优势：绿化环保产业是国家重点扶持和重点发展的产业。目前，市场上还没有将室内绿化设计与植物的特效功能（如清除有害气体等）联系在一起的公司，该领域处于市场空白阶段。另外，各地人民政府对该产业有相关的补贴政策。

产品介绍：通过室内绿化项目，消费者可以在健康与舒适的环境中生活。同时还能减少消费者因室内空气污染而引发的疾病。

团队介绍：创业团队由一群充满激情与创新精神的大学生组成，该团队拥有园林植物与观赏园艺专业的研究生，技术经济及管理专业的研究生，以及植物相关专业的本科生。其中，团队创始人还取得了室内绿化装饰师证书。

启示：张明的项目之所以能够吸引风险投资者的目光，原因就在于他的"一页纸计划摘要"。这份计划摘要简洁明了，不但让投资者明白了该项目的商业价值，而且清楚地介绍了所提供的产品，以及该产品是如何解决消费者的问题的。

### 任务三　《创业计划书》的编写步骤

《创业计划书》是一份规范的文件。大学生创业者要写出一份内容翔实、条理清晰、令人可信的《创业计划书》，就需要按照一定的步骤来进行《创业计划书》的编写。通常《创业计划书》的撰写可以分为以下6步。

#### 1. 经验学习

大学生创业者大多数都没有撰写《创业计划书》的经验，此时，可以先通过网络搜集国内外较为成功的《创业计划书》范文、模板及相关资料，研究这些资料所包含的内容和写作手法后，吸收其中的精华，为自己编写《创业计划书》打下基础。

#### 2. 创业构思

一个优秀的创业构思对创业企业的成败起着至关重要的作用，如果构思不正确，企业后期将很难经营，甚至可能会破产倒闭。创业者在进行创业构思时，要冷静分析、谨慎决策，考虑多方面的问题，包括团队的组建、资源的获取、企业的运作、盈利的模式以及可能的问题及解决方案等。

### 3. 市场调研

没有调查，就没有发言权。市场调研是创业者直接获取创业所需信息的方式，市场调研的结果是创业计划落实和细化的重要参考，因此，市场调研应该详尽、具体，尽量得到真实可信的数据。市场调研的主要内容包括市场环境调查、市场需求调查、市场供给调查、市场营销调查以及市场竞争调查 5 个方面。

- **市场环境调查。** 市场环境调查主要包括政治法律环境调查、社会文化环境调查、经济环境调查以及自然地理环境调查等。具体的调查内容可以是国家的方针政策、法律法规、经济结构、市场购买力水平、风俗习惯、气候等各种影响市场营销的因素。
- **市场需求调查。** 市场需求调查的主要目的是估计某个产品的市场规模的大小及产品潜在的需求量。市场需求调查的具体调查内容包括消费者的需求、消费习惯、消费者关注的产品属性以及市场需求量、市场价格水平等。
- **市场供给调查。** 市场供给调查主要包括产品生产能力调查、产品实体调查等，具体调查内容包括产品产量、生产周期、铺货渠道、市场接受度以及产品使用寿命等。
- **市场营销调查。** 市场营销调查是指针对目前市场上经营的某种产品或服务的促销手段、营销策略和销售方式等进行调查，包括促销方式、折扣水平、宣传手段等。
- **市场竞争调查。** 市场竞争调查是通过一切可获得的信息来查明竞争对手的策略，具体调查内容包括竞争对手的规模、数量、营销策略以及分布与构成等，市场竞争调查是创业者制订营销战略的重要参考。

### 4. 方案起草

收集到足够的信息后，创业者即可开始起草《创业计划书》。《创业计划书》中包含内容较多，创业者应该明确各个部分的作用，以做到有的放矢。同时，在撰写《创业计划书》的过程中创业者还应该咨询律师或专业顾问的意见，以确保《创业计划书》中的文字和内容没有歧义，不会被他人误解或者招致法律风险。

### 5. 修饰

在确定具体方案后，创业者还应该对《创业计划书》进行修饰，在撰写《创业计划书》的过程中，要注意控制篇幅，简要的《创业计划书》一般为 4 ~ 10 页，全面翔实的《创业计划书》一般控制在 40 页以内。

对于呈递给投资人的《创业计划书》，应该装帧精美，封面要简洁有新意，封面的纸质要坚硬耐磨；版本装订要精致，要按照资料的顺序进行排列，并提供目录和页码；最后还要附上《创业计划书》中支持材料的复印件。

### 6. 检查

《创业计划书》应该规范而严谨，所以最后要对《创业计划书》的文本和内容进行检查，以保证《创业计划书》的正确和美观。

- **对文本进行检查。** 主要是查看文字描述、语言措辞、数据运算等是否准确，以及表格图形、资料引用、版式、数据处理等是否存在不合理。
- **对内容进行检查。** 主要是从投资者的角度进行审视，对《创业计划书》所反映的内容的完整性、科学性和合理性等进行检查。

## 编写《创业计划书》

**活动方法：**分小组活动，各小组自行选择一个创业项目，并根据该创业项目编写一份《创业计划书》。

**活动人数：**每组 6~10 人为宜。

**活动场地及道具：**活动场地为教室，需要桌椅若干、书写纸若干。

**活动规则：**各小组自行讨论出一个创业项目，并分配各自在该创业项目中担任的角色，然后针对这个创业项目编写《创业计划书》，要求各自编写自己角色相关的内容（如担任财务主管的同学编写财务规划部分的内容）。

**活动提醒：**

（1）市场调研环节可以省略，通过网络等手段来获取相关信息；

（2）无须过多装饰；

（3）参照范文写作。

## 项目三
## // 路演创业计划 //

在完成了《创业计划书》之后，创业者还要合理有效地对《创业计划书》进行推介，推介《创业计划书》最好的方法就是路演。通过路演可以将创业者的想法推介出去，吸引投资者投资。路演可以使创业者少走弯路，节省时间和精力。

### 任务一　路演的目的及形式

路演是指在公共场所进行演说、演示产品、推介理念以及向他人推广自己的公司、团队、产品和想法的一种方式。通过路演，可以让投资者真正读懂企业的项目，从而做出更为准确的判断。

#### 1. 路演的目的

创业者路演的目的是通过对创业项目的公开展示，促进投资者与创业者之间的沟通和交流，进而吸引投资者进行投资。

路演是吸引投资者投资的手段。在通常情况下，投资者每天看到的《创业计划书》和接触到的项目很多，有的投资者甚至一天就要阅读上百份《创业计划书》，所以在筛选项目时只能凭借一些市场份额、盈利水平等硬性指标，很难了解项目的独特之处，进而导致很多优秀的创业设想都与投资者擦肩而过。而路演可以同时让多个投资者认真倾听创业者的讲解和说明，同时还可以让投资者们有一个思考和交流的过程。

#### 2. 路演的形式

路演的主要形式是举行推介会。在推介会上，创业者需要向投资者就公司的产品、发展方向、盈利模式等做详细介绍，充分阐述企业的投资价值，让投资者能深入了解具体情况，并能准确回答投资者所关心的问题。

通常来说，路演推介会可以分为以下 3 种形式。

- **参观型推介会。**参观型推介会是指企业邀请投资人到企业内部来参观，使投资人在参观企业的过程中感受到公司的文化、产品的好坏，从而产生投资的兴趣。参观型推介会适合于具有创新能力以及有影响力的企业。

- **活动型推介会**。活动型推介会是指企业通过举办沙龙的方式来吸引投资人，这种形式的路演有利于培养企业与投资者之间的关系，具有可观的长期效果，适用于企业文化和精神很突出，能够吸引和影响投资人的企业。
- **现场展示型推介会**。现场展示型推介会就是让企业和投资人直接对接、直接负责，让企业与投资人心交心，让投资当场发生，这样做的好处是便捷，而且成功率极高。

### 任务二　路演的 5 大要素

路演的最终目的就是让创业者、投资者双方进行高效对接。在路演平台上，创业者需要事先做好准备，去阐述自己的创业项目并与投资者现场问答。要想项目路演成功，创业者就要学会合理处理以下 5 大关键要素。

- **有一个大愿景**。在路演中，创业者需要展示一个吸引人的大愿景，告诉投资者企业未来的发展方向。这个愿景可能会很远，但是没有关系，创业者应该用一个宏大的愿景来展示自己的自信、热情和长远的志气。
- **详细解释如何使用投资**。投资者很关心创业者在获得投资后会怎样使用这笔资金，这也是问答的焦点。创业者需要了解不同部门的资金使用情况，以及每一个商业项目的资金使用情况，然后向投资者传达包含企业运营成本、收入增长率、利润等的详细财务规划，或者提出一个可预知投资回报率的营销策略，向投资者表达其投资的收益情况。
- **展现竞争力**。无论创业项目的产品或服务是否已经产生收入，创业者都需要在路演时向投资者展示出该产品或服务已经拥有的竞争力。竞争力最显著的表现就是利润或者关键资源的获取量，如用户数、访问量等。
- **团队构成**。投资者很清楚，通常一个强大的团队会推出很好的产品和品牌，并最终赢得市场。创业者在路演中应该对自己的核心团队进行介绍，最好是给团队中的创始人做一个包括创始人的工作履历以及具体的工作内容的个人介绍。
- **解决痛点的能力**。所有出色的路演，几乎都是围绕某个行业痛点来展开的，首先描述该痛点再给出自己的解决方案。创业者在路演时一定要表述清楚自己的产品或服务解决这一行业痛点的方法以及所需的资源。

### 任务三　为路演准备的资料

路演是面对多个投资者进行的创业项目展示，要想展示得准确、得体又令人信服，就需要在路演前进行充分的准备，下面将介绍大学生创业者应该为路演准备的相关资料。

#### 1. 路演台本

路演的第一个环节就是创业者以创业项目为主题进行演讲。为了保证演讲质量，避免忘词、表述混乱，创业者应先将演讲内容进行梳理并记录下来，并根据路演时间安排准备台本，具体方法如下。

- **根据路演结构撰写演讲内容**。路演可以分为项目介绍和项目展示两大部分，在项目介绍部分，需要说明项目是做什么的、市场有多大以及项目的增长潜力有多大；在项目展示部分，创业者需要围绕自己的项目，阐明项目解决的痛点、竞争优势，并介绍团队成员，提出融资需求。
- **梳理演讲内容并标注重点**。创业者应该对演讲台本的逻辑关系、核心数据进行梳理，切忌表述前后矛盾、数据错误。同时在台本上标注重点，概括核心内容，做到详略得当。另外，在语言表述上应该力求简洁明了，切忌废话连篇、表述不清。
- **对提问环节进行准备**。投资者针对演讲内容进行提问，创业者也要事先对提问环节进行准备，创业者可以在路演前进行角色互换，假设创业者自己是投资者，想一想有哪些问题是投资者提问概率较大的，提前准备这些问题的答案。

### 2. 路演 PPT

PPT 演示文档清晰直观，其画面可以作为创业者演讲的补充，一份图文并茂、文字精练的 PPT，可以为演讲者提示思路，让投资者抓住演讲重点。对于路演所用的 PPT，创业者需要注意以下 3 点。

- **篇幅**。路演 PPT 的篇幅控制在 15 页左右为宜。创业者根据路演台本上标注的重点，把想要强调的关键词内容，比如产品或服务、市场状况、竞争分析、商业模式、团队介绍、融资需求等，醒目地展示给投资者。
- **制作**。路演 PPT 在版式设计、色彩风格上要统一，不宜过于花哨（艺术类项目除外）；多用图表少用文字，大篇幅的文字会占用投资者大部分的注意力，让其感到疲劳；在话题承接的地方，可以使用过渡页或使用问句引入下一个话题，吸引投资者的注意。
- **内容**。路演 PPT 的内容应该包括痛点（需求）与时机、解决方案、市场规模、产品或服务展示、竞争优势、商业模式、团队和融资计划等，创业者应根据具体的情况进行灵活调整。

### 3. 完整的《创业计划书》

路演时间有限，因此大学生创业者可以为每一位投资人准备一份内容详尽的《创业计划书》。《创业计划书》可以全方位地介绍项目，让投资者详细地了解项目的各个细节。

一份完整的《创业计划书》几乎囊括了投资人感兴趣的所有内容，内容比创业者进行的演讲要充分和具体一些。投资者如果有意向就会仔细阅读《创业计划书》，对创业者、创业公司和创业项目进行更深入的了解。

### 任务四　路演的步骤与技巧

路演是一项严谨而规范的商业活动，创业者想要通过路演的形式打动投资人，拿到珍贵的资金，就需要掌握路演的基本步骤和一些技巧。

### 1. 路演的步骤

路演需要进行公开演讲，演讲的对象又是手握资金的投资人，这种局面无疑会使很多创业者紧张。其实路演的过程通常可以分为 5 步，创业者只要严格按照这 5 个步骤进行路演，基本上可以保证路演的效果。

- **提出问题**。提出问题是指创业者首先应该提出一些具有社会共性的问题，这样不仅可以引起投资者的兴趣，也可以为后面将要推介的项目或产品做铺垫。
- **扩大问题**。扩大问题是指挖掘顾客的痛点。
- **提出解决方案**。解决方案是指创业者在此次路演中要推介的项目。
- **给出顾客见证**。顾客见证是指人们都喜欢听自己所认识和了解的事物，如果创业者没有任何案例，投资者就会感觉这个产品不太真实。
- **邀请投资者参与**。风险投资者往往拥有企业的部分控制权，部分风险投资者在投资的时候还会要求在董事会中的席位以及一些特定的否决权。为降低投资风险，风险投资者在向企业注入资金的同时，必然介入该企业的经营管理，参与企业的战略决策。

### 2. 路演的技巧

路演是与投资者直接对话的活动，要用一个不确定性很大的创业项目去打动投资者，获取到资金，是一件颇为棘手的工作，一些创业者可能参加了多次路演，但效果都不太理想。下面具体介绍路演的一些技巧，以帮助创业者更好地完成路演活动。

- **路演的内容。**路演的内容就是要向受众传达的内容，也是路演能否成功的一个前提条件。路演的内容一定要提前准备好，要符合所讲的主题，并且要具备良好的逻辑，介绍时一定要抓住要点。如果时间充裕，路演前可以多排练，以保证对内容的熟悉程度。

- **语音、语速、语调。**创业者需要声情并茂地将路演信息传达给投资者，语音是指创业者要发对音，语调是指演讲要有感情，这样更易于投资者接受和理解。在语速问题上，创业者需要让投资者能够清楚地了解创业者传达的信息要点，同时还要注意保持良好的节奏感，在指定时间内不急不缓地完成一场完整的路演。

- **个人状态。**在路演活动中，投资者还会对创业者本身进行评判，在向投资者推介自己的创业项目时应表现出充满激情、积极向上的个人状态，展现出对自己项目的信心以及愿意为项目付出巨大努力的准备。

- **肢体语言。**肢体语言是指利用人的身体部位来传达人的思想，如手势、面部表情等。使用肢体语言的目的除了沟通，还有一项就是与投资者互动，创业者应该使用肢体语言让投资者感受到创业者对他们的关注度。

- **表露个人素质。**投资者首先需要创业者有聆听别人的能力。如果创业者在推介自己的项目时只顾表现自己而不顾投资者的感受，则很难让自己的项目受到投资者的青睐。与此同时，创业者需要诚实地回答投资者的问题，不要夸大其词，要让投资者觉得创业者是可以信任的。

- **运用数据支持。**运用数据明确告诉投资者企业的目标人群、项目实施计划以及自己的竞争优势，同时再给投资者提供一份详细准确的财务预测。虽然数据略显枯燥，但是创业者应该牢记，只有数据才是最直观、最有说服力的。

**166**

**阅读材料**

### 两次路演

向辉是某大学师范专业的学生，他不满足于未来做老师，想自己创业，于是组建了一支创业队伍，借助互联网的东风做了一个基于微信的移动互联网教育平台。由于创业资金的缺口，他决定进行创业路演。

第一次路演，台下坐着几排的投资人以及更多的观众，参加推介会的创业者也很多。向辉在中间上场，他有兼职授课的经历，也有一定的演讲基础，他一点也不怯场，将自己的项目完整地讲述了出来。他的表现不错，但是投资人并不买账，觉得向辉的想法太大，要完整地实现工作量很大，建议他选择其中一项进行深挖，如专注升学辅导，因此，并没有人表示出明确的投资意向。向辉在台上没有反驳，但是他坚持自己的想法是正确的，虽然现在项目还没上线成型，具有投入大、盈利慢、周期长的缺点，但是项目的市场空间很大，单独深挖某一项内容并不能支撑项目长期稳定的盈利。

路演结束后，向辉特意留下来，找了对他项目提出强烈疑问的投资人吴先生，单独跟吴先生交流了半个多小时，确定其完全明白了这个项目才告辞。半个月后的一天晚上，向辉接到了一个电话，对方是万格资本，表示从吴先生处知道了向辉的项目，对此很感兴趣，想要约个时间进一步沟通。几天后，向辉带上3个负责技术的成员去了万格资本，进行了一对一的约谈。万格资本也是做好了约谈准备，4个专业的投资人和向辉面对面地交谈了项目，还给了向辉很多指点，辅导其完善《创业计划书》、梳理商业模式，并介绍了教育行业招生的现状、移动互联网在学校招生中的地位以及向辉团队所需要注意的问题。

约谈在友好的气氛中结束，万格资本拟向向辉团队提供 50 万元的种子轮投资，并在推广、技术等方面为向辉提供帮助。向辉很高兴，他的移动互联网教育平台终于迈出了从设想变成现实的关键一步。

**启示：** 向辉一共进行了两次路演，第一次是大会型的路演，第二次是一对一的面谈路演，虽然第一次没能成功融资，但是对项目进行了一次传播，最后通过投资人吴先生间接被万格资本发现，取得了万格资本的投资。

### • 课堂活动

#### 路演模拟

**活动方法：** 分小组活动，各小组进行模拟路演。

**活动人数：** 每组 6 ~ 10 人为宜。

**活动场地及道具：** 场地为教室，另需将桌椅若干，其他所需道具由各小组自行准备。

**活动规则：** 在上一个课堂活动中，各小组已经编写了详细的《创业计划书》，下面各小组就要根据自己的《创业计划书》进行模拟路演，每组路演时间为 5 分钟，问答时间为 2 分钟。各小组抽签决定上场顺序，前一轮路演的小组作为下一组的投资人，第一组则由最后一组作为投资人，负责提问并为其打分，看看那一组得分最高。

**活动提醒：**

（1）路演形式为现场展示型推介会；

（2）各小组应按照路演的步骤进行模拟路演。

## ∥ 课后思考与练习 ∥

1. 什么是商业模式？商业模式有哪些要素？

2. 尝试通过模仿下文中的商业模式，设计出一个新的商业模式并制作精益创业画布。

任我游旅行网打破了传统的跟团游模式，不设导游，而将一些旅游达人培训成了"旅行定制师"。顾客只要向旅行定制师提供目的地、人数、时间以及偏好等数据，旅行定制师就会根据自身的经验为顾客设计一整套自由行方案，由顾客自行开始自己的旅途。任我游旅行网则通过咨询费、拼团、广告等获取收益。

3. 根据自己的日常经验，列举几个不同商业模式的企业，了解其商业模式并分析它们的特点和经营模式，填入表 9-2 中。

表 9-2　不同商业模式企业的对比分析

| 行业 | 企业（品牌）名称 | 特点 | 经营模式 |
| --- | --- | --- | --- |
| 网络购物 | | | |
| 微商 | | | |
| 快递 | | | |

4. 构思一个创业项目，为其制作一份路演 PPT。

在做好创业的一切准备后，大学生创业者就可以创立一个新的企业来具体开展创业活动，此时创业者需要管理整个企业，使企业正常运转并开展生产经营活动。而企业设立与管理方面的工作千头万绪，大学生创业者绝大部分都没有相关经验，此时难免焦头烂额。本模块将对企业设立以及管理的知识进行讲解，以帮助大学生创业者有条不紊地处理相关事务。

**学习目标**

- 了解创业企业的类型和组织形式
- 掌握设立创业企业的流程
- 掌握新创企业管理的策略

**案例导入**

张云飞在大学毕业后并没有选择找工作，而是和几个朋友合伙创业。他们挑好了创业项目，凑足了资金，租好了办公场地，连招聘启事都印好了，但没想到在公司注册上遇到了麻烦。张云飞第一次去办理相关手续的时候，连公司注册登记的程序都搞不清楚，结果第一步就出了问题——他们商量好的公司名字"腾晖商业贸易有限公司"已经被注册了，无法登记。张云飞并没有准备其他的名字，只得返回公司，又把几个合伙人叫来开会，吃一堑长一智，大家这下集思广益想出了 5 个备选名。

这一次，张云飞信心十足地又去办理公司注册，可没想到公司名称没有问题，在其他地方却出了问题。原来在注册新公司时，需要提供公司地点的产权或租赁合同，张云飞他们所租用的办公场地，是另一家公司因为闲置而转租的，但该公司并非该场所的原始产权方。在这种情况下，张云飞除了要提供他们与该公司的转租合同，还需要提供该公司与产权方的原始租赁合同的复印件，张云飞根本没有准备这份文件。

又一次失败让张云飞很沮丧，但是他冷静了下来，向工作人员详细地询问了关于公司注册的流程与所需的材料，工作人员耐心地给他讲解了相关规定，并告诉他可以去服务台拿一份注册公司的程序介绍宣传手册，上面有详细的程序讲解。张云飞拿着宣传手册回到了公司，几个合伙人见他又没能处理好公司注册，也对他有些埋怨，但是他们很快便抛开负面情绪，一起研究和学习这份宣传手册。最终在确定了需要的材料和程序后，张云飞再一次来到了办事大厅。

这次的办理很顺畅，张云飞在递交了相关材料后，工作人员审核无误，并让他回去等消息。大概一个星期后，张云飞接到通知，公司注册成功，可以领取营业执照。

**思考**

1. 张云飞在注册公司时犯了什么错误？
2. 在进行公司注册时，创业者应该进行哪些准备？
3. 公司注册对公司经营有什么样的意义？

## 项目一

### // 设立创业企业的准备 //

大学生创业者在选定了创业项目、明确了创业计划、筹集到了足够的创业资源后，还需要依托一定的组织形式，才能进行创业实践。这个组织形式就是企业——以营利为目的，运用各种生产要素向市场提供商品或服务的社会经济组织。大学生创业者应该事先了解创业企业的类型和组织形式，以便于根据自身情况进行选择。

**任务一　认识创业企业的类型**

根据创业资金的不同来源或主创人员的不同构成，创业企业可分为独立创业、合伙创业、团队创业和家族创业等类型。如何选择合适的创业企业类型，是每一个大学生创业者都必须面对的重要问题。

**1. 独立创业**

独立创业即创业者依靠自己的力量进行创业活动，适合于个体工商户、私营企业和自由职业3种类型的创业者。

- 个体工商户。个体工商户是指在法律允许的范围内，依法核准登记，从事工商业经营的自然人或家庭。这类组织只需要业主有相应的经营资金和经营场所，然后到工商部门办理登记手续即可开业。由于注册资本无数量限制、从业人数无数量限制、开办手续比较简单等特点，个体工商户成为部分资金不充足、人脉资源薄弱的大学生初次创业的选择。
- 私营企业。私营企业是指由自然人投资设立或由自然人控股，以雇佣劳动力为基础的营利性经济组织，包括独资企业、合伙企业和有限责任公司3种类型。其中，有限责任公司可以依法取得法人资格；私营独资企业和私营合伙企业由于都不符合企业法人条件，不能取得法人资格。

169

法人是具有民事权利能力和民事行为能力，依法独立享有民事权利和承担民事义务的组织。法人制度使多数的人及一定财产成为权利义务主体，便于从事法律交易；同时法人制度也将法律的责任限定于法人的财产，避免个人的财产受到影响。

- **自由职业。** 自由职业是指不受公司或企业制辖，以个人能力或特长为个人劳动力的一种职业，如艺术家、律师、自由撰稿人等。

独立创业的优势是利益驱动力强、工作效率高、营运成本低、灵活性强，但也有经营规模小、经营方式单一、决策随意性大、创业者常处于孤军奋战的境地等劣势，故而并不适用于所有创业者。

### 2. 合伙创业

合伙创业是指由两个以上的创业者通过订立合伙协议，约定共同出资、合伙经营、共享收益、共担风险，并对合伙企业债务承担无限连带责任的创业模式。其类型可以根据合伙人出资的形式和承担的责任分为普通合伙和有限合伙，也可根据合伙人身份的特点分为个人合伙和法人合伙。

合伙创业通常能够拿出更多的资源进行创业，且可以发挥集体的智慧，容易形成内部的监督机制，有承担市场压力和风险的能力。但是每个合伙人承担风险的能力和心态不同，容易影响企业的发展决策，导致合伙人之间产生矛盾，影响企业的发展甚至导致企业内部分裂，因此适合于有协作意识、信义品格和宽容精神的创业者选择，同时创业者在挑选合作伙伴时也需要慎重考量。

### 3. 团队创业

团队创业是创业者组织创业团队，依靠团队的力量进行创业活动的创业形式。美国学者对 104 家高技术公司进行了研究，结果表明：年销售额达到或超过 500 万美元的公司中，有83.3% 的公司是由团队创立的。由此可见团队创业的优越性。其优势与劣势在本书模块六中已经进行过详细介绍，这里不再赘述。

### 4. 家族创业

当今世界，家族企业是普遍和主要的企业组织形式之一，美国和英国的大多数企业都是家族企业。家族创业主要包括夫妻创业、父子创业、兄弟创业等类型。

家族创业的优势包括以感情的力量团结、鼓励成员，不需要雇佣大量的骨干员工，创业骨干队伍稳定等；劣势是成员之间缺乏明确的责任、权利和义务的明文约定，容易各行其是，造成企业成员角色被家庭成员角色代替，影响企业正常运转等。

对于绝大多数大学生创业者，创业过程中可能会有家庭力量支持，但不会达到家庭经营企业的程度，故不算家族创业。只有有家族企业背景和家族企业资源的创业者会使用这种形式开展创业活动。

**录用亲戚导致的管理麻烦**

王子腾是某大学工商管理专业的大三学生，有一次回家过年，一个表哥跟他说想自己创业。原来这个表哥是计算机专业的硕士生，有一次在跟导师一起做项目时发现了商机，自己编写了两套医护机器人的程序并申请到了著作权，现在想依靠自己的专业本领创业，他看中了王子腾的商务管理专业背景，想要和王子腾合伙，让王子腾负责公司的日常管理等事务。

王子腾觉得这是个机会，同时表哥也值得信任，于是和表哥一起投入了 50 万元开始创业。在创业前期，表哥只负责写代码，其他所有事务基本都由王子腾负责。王子腾每天起早贪黑地联系客户、准备材料、招聘新人，终于打开了局面，和两家小公司签订了技术支持协议，通过提供技术支持获取报酬。

公司很快走上了正轨，转眼间又到了年关，已经颇有积蓄的王子腾和表哥二人回家过年，着实在亲朋面前风光一番。可是没想到亲戚们听说他俩开了公司发了财，纷纷过来请托，这个想给儿女谋一个工作，那一个想去公司"帮帮忙"，纷纷想在公司里面任职。王子腾很想回绝，但是却不知怎么开口，就连王子腾的妈妈也过来说和，认为亲戚间本该帮衬，家里人用着也放心。王子腾只能推脱说自己会考虑，但没想到表哥那边已经招架不住，给公司添置了一个出纳、一个行政，这下王子腾也没有办法，也接收了两个人员。

在新的一年里，这些亲戚员工错漏不断，甚至抱团欺压普通员工，王子腾很生气，表哥却劝他不要伤了和气。直到有一次，出纳居然在报销差旅费时索要回扣，在公司引起了轩然大波，几个业务骨干直接提出了辞职。王子腾因此当众宣布开除了出纳，但是当天下午王子腾就接到母亲的电话，说那个出纳的父母过来求情，声泪俱下，让王子腾再给那个出纳一次机会。

**启示：**王子腾和表哥合伙创业，亲戚之间互相信任、紧密合作，在前期取得了一定的成果，但是由于错误任用了几个不靠谱的亲戚，导致公司的管理和财务等方面出现了问题，影响了公司的经营发展。

## 任务二　创业企业组织形式的选择

不同的创业者、不同的创业项目、不同的创业资源适用不同的组织形式，只有对创业企业的概念、组织形式有了深入的了解后，创业者才能做出正确的选择，找到适合自己的企业组织形式，让创业活动事半功倍。

企业是指依法设立的、以营利为目的、从事商品的生产经营和服务活动的独立核算经济组织。现代企业的组织形式按照财产的组织形式和所承担的法律责任不同，通常划分为不设立公司的企业和设立公司的企业，不设立公司的企业形式为个体工商户、个人独资企业、合伙企业，设立公司的企业通常称为"公司"。公司又分为有限责任公司和股份有限公司两种。下面分别进行介绍（个体工商户除外），并将介绍一人有限责任公司。

- **个人独资企业。**个人独资企业简称独资企业，是指由一个自然人投资、全部资产为投资人所有的营利性经济组织。独资企业是一种很古老的企业组织形式，至今仍被广泛运用，其典型特征是个人出资、个人经营、个人自负盈亏和自担风险。
- **合伙企业。**合伙企业是指由两个或两个以上的自然人通过订立合伙协议，共同出资经营、共负盈亏、共担风险的企业组织形式。
- **有限责任公司。**有限责任公司又称为有限公司，是由符合法律规定的股东出资组建，股东以其出资额为限对公司承担责任，公司以其全部资产对公司的债务承担责任的企业组织形式。
- **股份有限公司。**股份有限公司又称为股份公司，其资本划分为股份，每一股的金额相等。公司的股份采取股票的形式，股票是公司签发的证明股东所持股份的凭证。《中华人民共和国公司法》规定，股份有限公司的股东以其所持股份为限对公司承担责任，公司以其全部财产对公司的债务承担责任。

- 一人有限责任公司。一人有限责任公司是指只有一个自然人股东或者一个法人股东的有限责任公司。一人有限责任公司的股东不能证明公司财产独立于股东自己的财产的，应当对公司债务承担连带责任。

在了解了创业企业的组织形式后，大学生创业者就可以根据自身的具体情况来进行选择，大学生创业者在选择企业组织形式时，要多咨询、多比较、多考虑，根据自己的实际情况选择一个最适合的企业组织形式。

**阅读材料**

### 合伙人

刘玉群在 2014 年和两个同学合伙成立了辉映智能灯具公司，最初的股权分配是刘玉群自己占 45% 的股份，他的两个同学分别占 27.5% 的股份，并约定由刘玉群负责公司的日常运营和管理，3 年后开始分红。

到 2016 年的时候，公司业务取得了初步发展，按照当初约定，刘玉群主持分红，但分红的时候出现了一个巨大的分歧。刘玉群作为大股东，他希望留更多的钱作为公司经营使用，而他的两个同学则希望用这笔钱来做分红，这时候矛盾就产生了。为了维持公司的稳定发展，刘玉群决定做出让步，取消分红，而将自己的部分股份再分给合伙人一些，把自己的股份从 45% 降到 33.4%，让另外两个股东变成 33.3%，这样的做法缓解了公司的矛盾。

2017 年年末，在一个销售渠道改革的方案上，刘玉群和两个合伙人之间再次出现了分歧，此时两个合伙人的股份加起来达到了 66.6%，占据了绝对优势，刘玉群面临失去公司主导权的险境。

危机之下，刘玉群选择退出，公司的估值为 2.4 亿元，合伙人代表公司用一亿元的现金回购了他的股份。当两个合伙人成功挤掉刘玉群之后，还没来得及高兴，所有代理商和经销商就宣布停掉了和辉映智能灯具公司的合作，公司一下子没办法开展经营。这些代理商和经销商都是李玉群一手建立的合作关系，都支持李玉群，合伙人被迫无奈又把李玉群找回来，李玉群回来只有一个条件——两个合伙人要出局。李玉群引进融资用 1.6 亿元将两个合伙人的股份赎回，让辉映智能灯具公司实现了从普通合伙公司到股份有限公司的转变。

**启示：**在辉映智能灯具公司的股权斗争中，两个合伙人虽然掌握了股权，但是只是在法律上控股，相反李玉群虽然在股份上占据下风，但是实际控制着公司，所有的经销商和供应商都支持他，因此合伙人也就没办法踢开他。

**知识拓展**

创业企业的组织形式并不是固定的，当需要更换形式时，可以通过行政手段进行更改，如非公司可以变更为公司，有限责任公司可以变更为股份有限公司等。创业者不必为了组织形式过于纠结，选择适合当下的形式即可。

**· 课堂活动**

### 分析企业类型

**活动方法：**分小组活动，各小组搜集独立创业、合伙企业、团队创业和家族创业的真实案例，结合案例分析各种企业类型的利弊。

**活动人数**：每组人数在 4～8 人为宜。

**活动场地及道具**：活动场地为教室。

**活动规则**：每组同学自行搜集符合要求的案例，并分析其成功或失败的原因，以及每种企业类型的利弊；小组同学依次得出自己如果要创业会创办何种类型的企业；最后每个小组的同学依次上台陈述观点。

**活动提醒**：最后的结论需与自身具体情况相结合。

## // 设立创业企业的流程 //

公司设立是指公司设立人依照法定的条件和程序，为组建公司并取得法人资格而必须采取和完成的法律行为，其第一步是公司注册。在国家完成"五证合一"改革后，公司设立的具体流程为办理"多证合一"→刻章→银行开户→税务登记。

### 任务一 "多证合一"工商注册

"多证合一"是指商事主体的营业执照、组织机构代码证、税务登记证、社保登记证、统计登记证、刻章许可证、住房公积金缴存登记等，在商事登记部门"一表申请、一门受理、一次审核、信息互认、多证合一、档案共享"登记模式的基础上，只发放记载有统一社会信用代码的营业执照。

营业执照和社会信用代码就像是企业的身份证，办理工商注册是设立新企业必不可少的一步。工商营业执照如图 10-1 所示。

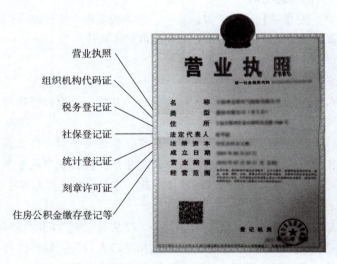

**图 10-1　工商营业执照**

### 1. "多证合一"的办理流程

"多证合一"制度推行后，对于被整合的证照，企业无须再办理，只需到工商部门办理"一照一码"营业执照即可，减少企业往返各部门奔波之苦，为企业节省大量的时间和精力。"多证合一"的办理流程也相对简单，下面进行详细介绍。

- **提交申请**。商事主体申请人通过全流程网上登记系统填写"多证"联合申请书，并把相关材料提交到商事登记部门，由商事登记部门统一受理，实现"一表申请"和"一门受理"。

- 商事登记部门审核。商事登记部门审核"多证"联合申请材料。"多证"申请经商事登记部门审核后，视为同时经机构代码部门、税务部门、公安部门及社保部门等相关部门审核。审核通过后，商事登记部门将相关登记信息和办理结果共享至代码登记部门、税务登记部门、公安部门和社保部门，实现"一次审核"和"信息互认"。

- 领证。经商事登记部门审核通过后，商事主体申请人即可持本人身份证，或法定代表人（法人企业）、负责人（分公司、分支机构）、投资人（个人独资企业）、执行事务合伙人（合伙企业）或者经营者（个体工商户）持本人身份证，根据网上注册系统提示前往指定发照窗口申请领取纸质营业执照，实现"多证合一"。

- 归档。档案原件由商事登记部门保存，档案影像共享给代码登记部门、税务登记部门、公安部门、社保部门等相关部门，实现"档案共享"。

扫一扫

"多证合一"登记
信息确认表

　　各地产业分布存在较大差异、涉及的证照数量不一，需要整合的证照也存在较多差异，因此，"多证合一"改革没有具体明确整合的证照，"多证"到底是指哪几个证件，国家并没有做出统一的规定，需要由各省（区、市）根据实际情况来定，按照能整合的尽量整合的原则来进行即可。

174

### 2. "多证合一"的办理材料

就新创企业而言，要想顺利完成"多证合一"的办理流程，需要准备以下资料。

- 拟任法定代表人签署的《企业设立登记申请书》（原件一份）。
- 经办人身份证明（复印件一份，验原件）。
- 全体股东（发起人）签署的章程（原件一份）。
- 股东（发起人）的主体资格证明（复印件一份，自然人身份证明验原件，单位资格证明加盖公章，注明"与原件一致"）。
- 法定代表人、执行董事或董事长、董事、监事、经理的任职文件（原件一份）及其身份证明（复印件一份）（法定代表人身份证明验原件；执行董事或董事长、董事、监事、经理身份证明的复印件上需注明"与原件一致"并由法定代表人签字）。

### 任务二　印章刻制与管理

企业所用的印章具有法律效力，其刻制、补办、挂失等都有专门的规范。新创企业申请刻制相应的印章，需持营业执照复印件、法定代表人和经办人身份证复印件各一份，以及由企业出具的刻章证明、法人代表授权委托书到公安局指定的机构进行刻章。

### 1. 公章类型

公司常用的具有法律效力的印章包括公司公章、法人章、合同专用章、财务专用章、发票专用章5种。

- 公司公章。公章是公司所有印章的权威，代表公司的最高效力。不管对内、对外它都代表了公司法人的意志，使用公章可以代表公司对外签订合同、收发信函、开具公司证明。
- 法人章。法人章就是公司法人的个人用章，它对外具备一定的法律效力，可以签订合同、出示委托书文件等。

- **合同专用章**。合同专用章是公司对外签订合同时使用的。相关合同的签订在公司经营签约范围内必须盖上合同专用章才能最后生效，因此，它代表公司需承受由此产生的权利和义务。一般公章可以代表合同专用章使用。

- **财务专用章**。财务专用章的用途比较专业化，一般针对单位会计核算和银行结算业务使用。

- **发票专用章**。发票专用章就是公司在经营活动中购买或开具发票时需加盖的印章。当然，在发票专用章缺少时，可以用财务专用章代替，反之不可行。

## 2. 公章遗失

公章代表了企业的效力，一旦出现遗失、被盗等情况会产生巨大的法律风险，影响公司的经营。凡是企业遭遇公章遗失或被盗的，应该立即采取相应措施控制风险，减少损失，具体流程如下。

- **报案**。公章遗失，企业应该主动报案，法人需持身份证原件及复印件、工商营业执照副本原件及复印件到丢失地点所辖的派出所报案，领取报案证明。

- **登报声明**。公司可遣人持报案证明原件及复印件、工商营业执照副本原件及复印件在市级以上每日公开发行的报纸（如法制晚报、市晨、晚报等）上做登报声明，声明公章作废。报纸会在第二天刊登声明。

- **补办公章**。自登报起公示 3 天后，法人需持整张挂失报纸，工商营业执照副本原件、复印件，法人身份证原件及复印件（身份证需正反面复印），法定代表人拟写并签名的丢失公章说明材料（需详细写明公章丢失的原因时间地点、报案的时间地点、登报声明的时间和登报所在的版面），到公安局治安科办理新刻印章备案。

- **刻章**。原公章作废，新刻公章大概 3~7 个工作日完成。

175

### 刻错的公章

俊郎电气从事高低压电器及成套设备、配电开关控制等设备生产，是温州市一家保持较快增长速度的企业。2019 年 9 月，在该公司正打算投标新项目时，却意外发现因刻章店的疏忽，企业公章上的备案号错了。

公章刻错可不是一件小事。按照以往的惯例，俊郎电气需重新刻制公章，并一一更正之前错误公章涉及的业务，跟国家电网、万科等重要客户逐一办理变更手续，这一整套流程下来需要花费 3 个多月的时间。并且在刻章期间，公司也无法参与投标、竞标及其他业务拓展，还将严重影响公司短期资金回笼，可以说因为公章的错误，俊郎电气一下就从一家朝阳企业变成了半只脚踏出悬崖的危险企业。

恰好此时温州市经济和信息化局（以下简称"经信局"）的工作人员来到俊郎电气开展"万名干部进万企"的进企问需活动，俊郎电气公司董事长抓住机会向经信局的工作人员陈诉了企业遇到的难处。经信局的工作人员当即表示会尽力帮助协调俊郎电气解决这一难题。

为了解决这一难题，温州市经信局有关负责人牵头市县两级经信和公安部门对该问题进行了专题研究。经过 6 次专题会商后，基于最大限度帮扶企业的原则，公安部门决定主动为企业担责，请示省公安厅，在得到同意批复后，采取"将错就错"的做法，直接在全省企业公章备案号数据库内将俊郎电气的备案号变更为公章上的备案号。

这一做法涉及省、市、县 3 级公安部门的权限分工，此前从未有先例。最终，在方案出台后的短短 3 个工作日内，企业难题得到化解。

（案例材料来源：浙江在线。作者：邵晨婵。本书对案例进行了适当修改。）

**启示**：公章对企业来说至关重要，由于公章的错误，俊郎电气面临 3 个多月内无法开展任何业务的局面，这势必会造成严重的损失。温州市经信局及时协调各部门，采用前所未有的方式帮助俊郎电气解决了难题。由此可见，创业者在拿到公章后一定要仔细核对，确保正确。

### 任务三　开立企业银行账户

创业者要创办一家企业，就必然涉及资金往来，需要通过银行进行资金周转和结算，这就不可避免地要和银行打交道，因此，创业者需要了解办理银行开户、销户等手续的相关知识。

#### 1. 银行账户的种类

按照我国现行的现金管理和结算制度，每个企业都必须在银行开立存款结算账户（即结算户），用来办理存款、取款和转账结算。银行存款结算账户分为以下 4 种。

- **基本存款账户**。基本存款账户是企业的主要存款账户，主要用于办理日常转账结算和现金收付，以及存款单位的工资、奖金等现金的支取。该账户的开立需报当地人民银行审批并核发开户许可证，开户许可证正本由存款单位留存，副本交开户行留存。一个企业只能在一家商业银行的一个营业机构开立一个基本存款账户。
- **一般存款账户**。一般存款账户是企业在开立基本存款账户以外的银行开立的账户。该账户只能办理转账结算和现金的缴存，不能办理现金的支取业务。
- **临时存款账户**。临时存款账户是企业的外来临时机构或个体工商户因临时开展经营活动需要开立的账户。该账户可办理转账结算以及符合国家现金管理规定的现金业务。
- **专用存款账户**。专用存款账户是企业因基本建设、更新改造或办理信托、政策性房地产开发、信用卡等特定用途开立的账户。该账户支取现金时，必须报当地人民银行审批。

#### 2. 银行开户手续的办理

在办理银行开户手续时，开户人需要填制开户申请书并提供有关证明文件。开立不同的账户，所需材料也不同，具体材料如下所示。

- **基本存款账户**。需提供当地工商行政管理机关核发的企业法人执照或营业执照正本。
- **一般存款账户**。需提供基本存款账户的存款人同意其附属非独立核算单位开户的证明。
- **临时存款账户**。需提供当地工商行政管理机关核发的临时执照。
- **专用存款账户**。需提供有关部门批准的文件。

#### 3. 银行销户手续的办理

开户人可以根据需要撤销其在银行开立的存款账户。开户人撤销存款账户时，应与银行核对账户余额，经银行审查同意后，办理销户手续。销户时，企业应交回剩余的重要空白凭证和开户许可证副本。办理银行销户手续时应遵循以下规定。

- **一般存款账户**。一般存款账户余额不得超过企业在开户银行的借款余额，超过部分开户行将通知开户单位 5 日内将款项划转至基本存款账户，逾期未划转的，银行将主动代为划转。一般存款账户借款清偿后要办理销户。
- **临时存款账户**。临时存款账户的使用期限不得超过一年，超过一年的将予以销户。
- **改变账户名称**。开户人改变账户名称的应先撤销原账户，再开立新账户。

- 非活跃账户。开户行对一年内未发生收付活动的单位账户，将对开户人发出销户通知，开户人应当自收到通知之日起 30 日内（以邮戳日为准）到开户行办理销户手续，逾期不办理将视为自愿销户。

**知识拓展**

2019 年 2 月，中国人民银行发布《中国人民银行关于取消企业银行账户许可有关事宜的决定》，决定自 2019 年 2 月 25 日起在全国范围分批取消企业银行账户许可，2019 年底前实现完全取消。届时境内依法设立的企业法人、非法人企业、个体工商户在银行开立、变更、撤销基本存款账户和临时存款账户（含取消许可前的存量基本存款账户、临时存款账户的变更和撤销），由核准制改为备案制，人民银行不再核发开户许可证，开户许可证不再作为企业办理其他事务的证明文件或依据。这意味着企业只需在银行一端即可完成开户全部事宜，开户环节、开户时间将大幅压缩。

**阅读材料**

### 出借银行账户遭处罚

某市税务局稽查人员在对某食品公司的税收情况进行例行检查时，一笔会计分录引起了稽查人员的注意。原来在 2017 年 7 月，该企业从某商贸公司收到货款 263 100 元，会计分录为"借：应收账款 263 100 元""贷：其他应付款 263 100 元"。而且凭证中附有一张收条，署名为万某。

看似简单的会计分录和收条却引起了稽查人员的注意：这笔分录为什么没有计提税金呢？正确的会计分录应为"借：应收账款""贷：主营业务收入""贷：应缴税费——应缴增值税（销项）"。而该笔分录没有计提税金，是一笔不正常的分录。经进一步查询该公司近几年的账务资料，稽查人员发现该食品公司与该商贸公司并无其他业务往来。面对稽查人员的询问，负责人张某则表示当初聘请的代账会计已辞职不干，自己不清楚此事。稽查人员经初步分析认为，该食品公司没有将上述货款计提税金，属于隐匿销售收入偷逃税款，应该根据有关规定进行补税罚款处理。

这时，一直不说明真相的该公司负责人张某转口承认了是帮别人走账，并将账户借予他人使用的事实。原来，借用人万某原是该商贸公司财务人员，个人经营了一笔业务，由于万某没有办理税务登记证件，于是利用工作上的便利，私下协商使用了该食品公司的账户取走了货款。稽查人员随即延伸调查万某，但万某已辞职不干，无法查找。根据《中华人民共和国税收征收管理法实施细则》的有关规定，税务机关对该食品公司出借账户行为给予罚款 3 000 元的处理。

**启示：**账户借用通常是某些人为了偷逃税款，借用别的公司的账户进行资金周转，这种行为导致发票管理混乱和国家税款的流失，是一种违法行为，将面临税务部门的处罚，甚至追究刑事责任。作为公司的经营者和财会部门的负责人，不可轻易将公司的账户出借给他人使用。

177

### 任务四 办理税务登记

新创企业领取由工商行政管理部门核发的一个加载了法人和其他组织统一社会信用代码的营业执照（即常说的"多证合一"）后，虽然无须再次进行税务登记，办理税务登记证，但仍需要前往税务机关办理相应的后续事项，才能进行正常缴税。

需特别注意的是，新创企业在办完首次涉税业务后，在之后的经营中要特别注意按时、按期、持续申报税费，以免因延误纳税而影响企业的正常经营。

**知识拓展**

　　各项税收的缴纳时间不同，增值税、消费税的纳税期限分别为 1 日、3 日、5 日、10 日、15 日或者 1 个月；企业所得税按年计算，分月或分季预缴。企业应在月份或季度终了后 10 日内申报并预缴税款，年度终了后 45 日内申报，5 个月内汇算清缴。有疑问的创业者可拨打 12366 纳税服务热线或登录国家税务总局 12366 纳税服务平台进行咨询。

## 课堂活动

### 模拟企业设立

　　**活动方法：** 选出几名同学分别担任政务中心工作人员、刻章工作人员和银行工作人员；分小组活动，各小组分别准备相关材料，办理企业设立手续。

　　**活动人数：** 每组 4~8 人为宜。

　　**活动场地及道具：** 活动场地为教室，道具有各种文件打印件、表格以及印章等，其余材料需要各小组自行准备。

　　**活动规则：** 各小组即为一个新创企业，自行准备相关材料，按照设立企业的流程在政务中心工作人员、刻章工作人员和银行工作人员处办理相关的手续，完成企业的设立。

　　**注意事项：**

　　（1）扮演各种工作人员的同学要严格履行自身职责，审核相关材料；

　　（2）企业的各项材料由各小组自行准备，其内容与格式需正确。

## 项目三

## // 新创企业的管理 //

　　创业者是企业的管理者，为了促进企业管理水平的提高，增强企业的竞争力和发展力，创业者应掌握企业管理的基本原理、方法以及其他的管理知识，并能够运用这些管理知识和方法来解决企业管理中的实际问题。

### 任务一　新创企业管理的原理与方法

　　管理是一门深奥而复杂的学问，对新创企业来说，由于从零开始建立与发展，因此更需要在管理上下功夫。创业者应该了解并运用合理的、科学的管理原理和方法，结合实际情况对企业进行管理。

#### 1. 企业管理的基本职能

　　管理是管理者通过计划、组织、领导、控制等职能来有效协调人力、物力和财力等资源，以便更好地完成组织目标的过程。在这一过程中，管理将会发挥以下职能。

- **计划。** 计划是指管理者根据生产经营的需要，为企业的各个部门、环节和人员在时间与空间上规定其具体任务。计划先于其他管理工作，是决定生产经营系统能否有秩序、有效率地进行活动的首要条件，包括确定或指定目标、措施、工作程序和各种标准等工作。企业的计划管理，除须保证按期、按量、按质地生产商品，还应突出经济效益和社会需要。因此，管理者要重视对市场的调查和预测，使计划建立在可靠的基础上。

- **组织。** 组织是指管理者根据企业的总目标和管理的要求，将生产经营的各个要素，在劳动分工、协作和人员配备等方面，用各种结构形式，合理、紧密、高效地加以组合与协调，以形成一个有机的整体。有效的管理组织系统，应该明确各级管理机构和人员的职责范围，迅速准确地传递各种信息。组织是达到目标、完成计划的保证。

- **领导**。领导是指管理者利用职权和威信施展影响，指导和激励企业员工努力实现目标的过程。领导工作包括激励下属、指导下属行动、选择最有效的沟通途径或解决组织成员间的纷争等。领导工作的核心和难点是调动组织成员的积极性，它需要管理者运用科学的激励理论和合适的领导方式。

- **控制**。控制是指管理者对一切工作加以分析和检查，判断其是否背离原定的计划和目标，找出弱点和错误，及时分析原因，并予以纠正，使企业资源有效运用于企业的各方面。企业应尽可能做到预先控制，并建立标准，加强信息反馈。

## 2. 企业管理的基本原理

企业管理的基本原理是经营和管理企业必须遵循的一系列基本的管理理念和规则，也是实现企业有效管理的基础，是管理理论的核心，每个创业者都应该准确掌握。企业管理的基本原理主要有以下 6 点。

- **人本原理**。人本原理是指一切管理活动应以调动人的积极性，挖掘人的潜能为根本。人既是管理的主体，又是管理的客体，是管理活动中最活跃、最核心的因素，因此，现代企业管理强调以人为中心。

- **系统原理**。系统原理是指在管理活动中必须运用系统理论、系统思路、系统工程、系统方法来进行系统管理。企业是一个由各子系统及要素构成的系统，而外部环境又是一个大系统。创业者要正确掌握整体、局部及内外彼此之间的关系和相互作用，使企业整体效益最优。

- **整分合原理**。整分合原理是指运用管理手段使企业在整体的规划下进行明确的分工，并在分工的基础上，又进行有效的结合。"整"是集权、统一，"分"是分权、分工，二者要妥善结合、互相协调，才能实现管理的高效率和高效益。

- **反馈原理**。反馈原理是指管理者为了确保及时、准确、高效地完成既定计划，达成组织目标，必须快速准确掌握组织内部和环境的变化情况，及时将系统的运行状态和输出结果与原计划和目标进行比较，以便在出现偏差时立即采取行动加以纠正或修改，保证组织目标的实现。

- **能级原理**。能级是指组织成员在一定条件下，能对实现组织目标起作用的各种能力之和的差别。能级原理就是指管理的组织结构与组织成员的能级结构必须相互适应和协调，这样才能做到人尽其用，提高管理效率，实现组织目标。

- **弹性原理**。弹性原理是指管理必须保持充分的弹性，并留有余地，以适应客观事物可能发生的变化，有效地实行动态管理。企业应随时保持应变能力，以信息方式运用弹性原理，并适当地掌握物质动力和精神动力，作为一切工作的推进力。

阅读材料

### 薪水的困惑

　　王骁和刘成两个同龄的年轻人，同时在一家店铺工作，领着相同的薪水。一段时间后，王骁的薪资不断提高，而刘成的薪资却还停留在原地。刘成很不满意这种不公正待遇，并跑到老板那儿发牢骚，老板一边耐心地听他抱怨，一边在心里盘算怎么向他解释。等到刘成说完后，老板开口说："刘成，你现在去集市上看看，今天早上有什么卖的？"听到老板的话，刘成去了集市。

刘成从集市上回来后向老板汇报："今天早上集市上只有一个农民拉了一车土豆。"老板又问："有多少？"刘成赶紧戴上帽子又跑到集市上，回来后告诉老板："一共有40袋土豆。"老板继续问："价格是多少？"刘成又跑到集市上问价格。听完刘成的汇报，老板不慌不忙地对他说："好吧，现在请你坐在这把椅子上一句话也不要说，看看王骁是怎么做的。"

于是老板叫来了王骁，让他也去集市上看看有什么卖的。王骁很快从集市上回来并向老板汇报："集市上只有一个农民在卖土豆，共有40袋。"接着，他介绍了土豆的价格和土豆的质量。由于昨天他们铺子的西红柿卖得很快，库存已经不多，而这个农民1小时后还会卖西红柿，据他了解价格非常公道，他想这么便宜的西红柿老板肯定会买一些，所以他不仅带回了一个西红柿做样品，而且还把那个农民带了回来，现在那个农民正在外面等回话。

此时，老板转向了刘成，说："现在你肯定知道为什么王骁的薪水比你高了吧？"。

**启示**：管理的对象是人，而人是有差别的，因此，在管理上需要以人为本、因人而异，老板通过一个简单的实验点拨了刘成，让刘成明白了自己的不足，刘成在今后的工作中就能够弥补自己的缺点，这就是成功的管理。

### 3. 企业管理的基本方法

企业的管理方法是管理者在管理活动中为实现管理目标、保证管理活动顺利进行所采取的工作方法，在人们长期的管理实践中，总结出来无数可行的管理方法，而基本方法是从各种具体方法中概括出的，具有普适性的方法，主要有以下4种。

- PDCA 循环。PDCA 循环由美国统计学家戴明提出，该理论认为管理的过程就是计划（Plan，P）、执行（Do，D）、检查（Check，C）、处理（Act，A）（即 PDCA）的循环过程。其中 P（计划）指根据企业目标，制订计划；D（执行）指按照计划，制订措施，组织执行；C（检查）指对照目标，检查效果，发现问题；A（处理）指总结经验，把成功的经验予以肯定并纳入标准，把遗留的和新产生的问题转入下一循环，然后制订新的目标，继续循环解决问题。问题随着 PDCA 循环的转动不断得到解决，企业的经营管理水平也不断提高。

- 目标管理。目标管理是指管理者以企业总目标为依据，从最高领导开始，各级主管与下属协同制订本部门和每个人的目标，以及达到目标的计划和实施进度。通过事先制订目标并适时根据目标完成情况进行评定与奖惩来激发员工潜力，以求达到在制订时间内完成目标。

- **满负荷工作法**。满负荷工作法是指管理者先对企业的各项工作提出较为先进的目标，然后把目标分成几个阶段逐步实现，而后层层落实，形成保证体系，并与个人报酬挂钩。满负荷工作法的主要内容有9项，即质量指标、经营指标、设备运转、物资使用、资金周转、能源利用、费用降低、人员工作量、8小时利用率，以求通过对高标准的追求取得最大的效益。

- **例外管理**。例外管理是指管理者将自己的工作分为常规工作和例外工作，常规工作可以授权给经过训练或有经验的下属，使其在规定范围内按章执行，定期汇报；例外工作必须自己亲自处理。例外管理的优点是主管可以集中精力处理重要事务，能充分发挥下属的能力。但是如果工作分配不当就可能导致重要工作分配到下属手里，造成工作失误。

## 任务二　新创企业的基础管理策略

基础管理是企业开展专业和综合管理活动的最基础的工具和方法，是维持企业日常运转的必要工作，是管理工作的主要组成部分。企业要搞好经营管理，必须先做好基础管理工作，主要包括以下 6 个方面。

- **规章制度**。规章制度是维持企业日常运转的规则。企业必须贯彻执行国家的法令、条例和政策，根据实际需要制定必要的企业规章、守则，还要建立严格的制度，使考勤、交接班、工艺操作、质量检验、财务出纳等环节都有章可循。且在制度建立时要民主，在制度执行时要严格，保证规章制度合理、可行、有威信。

- **原始记录**。原始记录是指对企业各项活动结果的记录，包括生产、销售、劳动、原材料（燃料、工具）、设备动力、财务成本、技术等内容，常以产品设计任务书、设计图纸、各类工艺卡片、工艺操作规程、图纸及工艺更改通知单、产品品质鉴定报告以及各种计划大纲和定额资料等来表现。原始记录是健全企业经营管理工作的重要内容，其信息必须准确，绝对不能主观估计，更不能凭空捏造。

- **计量监测工作**。计量监测工作是指通过各种手段收集所需数据的工作。企业应根据生产规模和实际工作的需要，设置专门的计量监测机构，配备必要的人员，购置必要的计量监测器具，建立标准，加强对器具的检验和维修，以保证其准确性。计量监测工作有利于保证产品质量、提高劳动效率、加强经济核算，以及统计材料、物资的收发和消耗。

- **统计工作**。统计工作是指应用统计方法及时对原始记录加以统计分析，而后才能开展决策、计划和定额等工作，并将其作为检查考核的依据。做好统计工作有利于各级管理人员处理问题，做出决策，进行检查、控制和指挥，因此，统计工作必须及时、全面、准确。

- **定额工作**。定额工作是指企业规定人、财、物消耗应当达到的定额标准，通常涉及生产、人工、物资消耗、机器设备、成本费用、财务资金等。良好的定额管理制度对企业的组织劳动、推动经济责任制度、贯彻按劳分配、提高劳动生产率、加强经济核算、降低产品成本都有重大作用。

- **员工培训**。企业应将员工培训作为一项基本建设来进行，而进行员工培训的第一步就是确定培训目标，确定培训目标必须结合企业的实际条件和决策目标。新企业根据一定标准招收员工后，员工要有一个熟悉业务、认同企业形象的过程，企业可以为员工讲授企业文化、企业历史、经营思想、管理技巧、行为科学、公共关系等内容。

## 任务三　新创企业的人力资源管理策略

创业企业通常规模较小，因而在人力资源管理上不必像大企业那样面面俱到，而是应该根据自身特点，充分发挥自身的优势。创业企业的人力资源管理工作包括以下 5 个方面。

- **突破任人唯亲的怪圈**。许多企业领导人把企业财产视同私有财产，在企业中担任要职的往往是家族成员或朋友，而对企业中没有关系的员工信任度低，在升迁、权利方面也偏向有关系的员工。这样无疑会制造员工对立，削弱企业的凝聚力，不利于企业的长期发展。

- **制定科学的管理标准**。管理标准是履行管理职能时必须遵循的权责标准、程序标准、法律标准、制度标准以及实施标准，起到约束和引导员工行为的作用。创业企业要站在管理法制化、科学化的高度来认识管理标准的重要性，建立并贯彻执行明确而具体的管理标准。

- **制定严密的管理制度**。企业的管理制度一经制定，就是企业至高无上的"法"，每个人必须依"法"办事，不得凌驾其上。管理制度在执行时必须具有时效性、可操作性、明晰性。

- **采用多样性、综合性的管理方法与手段。**管理方法与手段是随着社会和科技发展而不断丰富和发展的，管理方法与手段的应用直接影响管理效果。作为企业的管理者，应当善于管理，而善于管理就要善于综合运用各种管理方法和手段，不能只强调或偏重哪一种或哪几种手段的应用。

- **提升企业文化。**企业创业初期，对员工的吸引主要是靠人性化的管理和机会牵引，维系员工除了合理的薪酬激励和公平分配，还有企业文化的牵引，即企业必须提供共同奋斗的愿望、价值观念和文化氛围，激发员工目标与企业目标的趋同。

**阅读 材料**

### 创业企业的人力资源管理

杭州 YT 科技有限公司成立于 2017 年 6 月，是一家致力于移动互联网教育的科技公司。在短短几年里就取得了非常优异的成绩，成功拿到了 2 000 万元的 A 轮投资，成了新生代互联网公司的翘楚。

YT 公司的成功离不开其先进的管理体系。在人员招聘上，YT 公司奉行"简化流程，关注核心要素"的战略，将招聘流程简化为简历筛选、多维面试两大过程。首先由部门负责人负责专业知识领域的面试；其次由公司首席执行官负责应聘人员价值观面试，考核应聘者的抗压能力、团队协作能力，以及对自己的未来是否有规划，是否能为公司提供长远的价值等方面；最后由人力资源部门与应聘者确认薪酬福利等内容。

YT 公司用绩效考核作为基础的激励手段，将绩效考核指标分为了 5 大部分，分别是任务达成 60%、执行力 15%、职业素养及团队协作 15%、员工行为规范 10%，以此综合判断员工的工作情况。同时 YT 公司在创业初就建立了完善的薪酬福利制度，根据考核结果，实行动态工资调整。此外，公司岗位薪酬工资实行"一岗一薪""一岗多薪"，给予有能力者更多的发展空间，做到能者多劳、多劳多得的薪资制度，使员工的薪酬与个人贡献、个人能力提升速度以及个人所承担的责任挂钩。

就这样，YT 公司通过创新的、符合公司需要的人力资源管理手段，营造了良好的工作环境与氛围，取得了成功。

**启示：**YT 公司打破了传统企业的人力资源管理模式，根据自身发展需求在人才招聘方面做适度的精简，减少了一切不必要的中间环节，提高了人才招聘的效率。同时通过多维的绩效考核和完善的薪酬福利制度，充分激发了员工的工作动力，取得了成功。

### 任务四 新创企业的营销管理策略

对于新创企业来说，要想迅速地获得客户、开辟市场，就需要采取各种营销手段。但是新创企业在资金、知名度和营销手段上都较为薄弱，因此尤其需要施行科学的营销管理。加强营销管理工作的措施如下。

- **提高认识，完善营销管理过程。**新创企业要加强对员工营销管理知识的宣传和培训。只有全体员工了解营销管理对企业和自身发展的重要性，才能保证营销管理的顺利实施。同时要完善市场分析、市场定位、营销计划和营销行动的整个营销管理过程。

- **建立完整的销售管理体系。**完整的销售管理体系包括结果管理、销售管理和客户管理 3 个方面，结果管理是指注重营销过程中的业绩评价，关注产品的销售量和销售所得的收入，以便对营销管理工作进行优化；销售管理是指合理地分解销售过程，对每一个销售的环节分别进行严格的把控；客户管理是指通过各种手段留住客户，建立稳定的客户群。

- **善用营销管理工具**。使用营销报表、述职报告、营销看板和营销沙盘等，创业者可以实现对营销工作的全方位分析、管理、控制、协调、监督、指导和提升，有利于达成销售目标，有利于提高营销人员的工作技能，有利于获得对营销工作的更大掌控力。
- **构建核心品牌**。在营销管理中，品牌的管理是重中之重，新创企业在品牌培养方面没有基础，所以不能被动地等待品牌积累和演化，而应该通过包装和营销来尽快构建和推广核心品牌。

**课堂活动** ··············································

### 创新创业展报

**活动方法**：现在，全班要完成一期关于创新创业的展报，同学们需要相互配合，合理分工，贡献自己的力量，展报的最终呈现效果体现了全班同学的创新能力、组织能力、合作能力、管理能力。

**活动人数**：班级活动，10~40人为宜。

**活动场地及道具**：活动场地为教室，道具为展板、展布、各色笔、颜料、图片、别针、胶水等。

**活动规则**：全班开展会议，确定展报的主题、规模、分工等，然后相互合作，完成展报的整体制作。要求展报的主要内容为本书中的知识以及前面所有课堂活动的经历；要求每一位同学都要参与到展报的设计、制作工作中。

**活动提醒**：

（1）可以推选出一位组织者或领导者，有利于快速完成讨论；

（2）教师在该活动中不用提供任何帮助，但可以对展报进行评价；

（3）整个活动应该限时完成。

183

## 课后思考与练习

1. 什么是企业？企业的类型有哪些？

2. 根据本模块介绍的关于创业企业组织形式选择的相关知识，填写表10-1。

表10-1 各种企业组织形式的对比

| 企业组织形式 | 优势 | 缺点 |
|---|---|---|
| 个人独资企业 |  |  |
| 合伙企业 |  |  |
| 有限责任公司 |  |  |
| 股份有限公司 |  |  |
| 一人有限责任公司 |  |  |

3. 请简述工商注册的办证流程及所需材料。

4. 请判断在以下情境中公司应该使用什么印章。

（1）与原料供应商A公司签订一份原料供应合同。

（2）与银行签订一份抵押贷款合同。

（3）与新员工签订劳动合同。

（4）向客户B公司开具商品发票。

5. 假设你正在经营一家零售领域的企业，请试着编制一套员工守则。

# 模块十一

## 大学生创新创业大赛及案例分析

　　大学生创新创业大赛是指具有高度影响力、专业性和认知度的赛事。大学生通过在创新创业大赛上与各地的大学生创业者同台竞技可以对自身创业项目进行检验，锻炼自己的能力，同时还能结识各地的优秀创业者与投资者，是大学生创业者展示自己创业项目的最佳平台。在历届大学生创新创业大赛中，涌现出了众多优秀的创业项目与创业团队。本模块就将对常见的大学生创新创业大赛以及其中的优秀项目进行介绍与分析，帮助大学生在实例中进一步了解创新创业知识。

**学习目标**

- 了解各种大学生创新创业比赛的赛程赛制
- 了解相关案例的优缺点

### 案例导入

　　大三学生王昂松一直是个"不安分"的学生，在大一的时候就在大学里做生意，卖过电话卡、零食、奶茶甚至学习资料。他天性喜欢冒险，喜欢新奇的东西，不愿意过平淡的生活。他一直在寻找一个机会，一个创业的机会。

　　学院的一个就业指导老师李老师看中了王昂松的潜力。当时，同学院一个研究生师哥手上有一个半成品的创业项目，正想寻找一个合伙人，于是李老师便向他推荐了王昂松。王昂松和师哥谈了几个小时，欣然决定加入这个项目。

　　李老师还告诉他们今年的"互联网+"大学生创新创业大赛正在报名期间，参加这个比赛不仅可以锻炼能力，还能获得知名度，甚至直接被投资者看中。这样的好机会王昂松当然不会错过，于是他紧锣密鼓地准备起了参加本届"互联网+"大学生创新创业大赛的工作。王昂松通过登录"全国大学生创业服务网"进行了报名，在对大赛章程简单了解后，他意识到，组建团队是当前的首要任务。于是，王昂松又找了本学院的其他两位同学一起来参加比赛，几个人加班加点地完善项目并准备相关材料。

在紧张的准备后，高校初赛已经开始，团队商议让王昂松代表团队进行上台展示。王昂松不负众望，通过路演将项目重点向评委进行了充分的展示，并从背景分析、市场需要、竞争对手、财务预测、未来规划等方面对项目进行了详细阐述，得到了评委们的一致好评，项目也顺利进入了省级复赛阶段。成功晋级后，在指导老师的带领下，团队又开始对省级复赛做准备，并针对目前项目可能存在的问题做出改变，对《创业计划书》及PPT 也进行了完善。有了初赛时的经历，此次复赛王昂松团队显得更加自信，在答辩过程中，语言表达简明扼要，条理清晰。但由于项目本身具有投入大、盈利慢的特点，评委认为王昂松的项目可行性不够高，最终他们没能进入全国总决赛。

虽然遗憾止步省赛，没有达到预期的效果，但王昂松觉得这一次机会让自己极大地扩展了视野。经过比赛的历练，自己的一些管理能力、沟通能力、演说能力都有了很大的提升。同时，整个团队在几个月的紧张工作中变得更加成熟和紧密，项目本身也有了长足的进步，现在王昂松对创业的把握更大了。

**思考**

1. 参加创业比赛有什么作用？
2. 创业比赛会考察项目的哪些方面？

## 项目一

# 中国"互联网 +"大学生创新创业大赛案例分析

中国"互联网 +"大学生创新创业大赛首次举办于 2014 年，第一届到第四届大赛累计有490 万名大学生、119 万个团队参赛，而第五届则吸引了 457 万名大学生、109 万个团队报名参赛。中国"互联网 +"大学生创新创业大赛已经成为覆盖全国所有高校、面向全体高校学生、影响巨大的赛事活动之一。

### 任务一　大赛简介

第五届中国"互联网 +"大学生创新创业大赛于 2019 年 3 月正式启动，至 10 月 15 日结束，历时 200 多天，以"敢为人先放飞青春梦，勇立潮头建功新时代"为主题，由教育部与有关部委主办，浙江大学和杭州市人民政府承办。大赛旨在深入贯彻落实全国教育大会精神，加快培养创新创业人才，持续激发大学生创新创业热情，展示创新创业教育成果，搭建大学生创新创业项目与社会资源对接平台。

#### 1. 大赛目的

第五届中国"互联网 +"大学生创新创业大赛的举办目的主要体现在以下 3 个方面。

- **培养创新创业生力军。** 大赛旨在激发大学生的创造力，培养造就"大众创业、万众创新"的生力军。鼓励广大大学生扎根中国大地了解国情民情，在创新创业中增长智慧才干，在艰苦奋斗中锤炼意志品质，把激昂的青春梦融入伟大的中国梦，努力成长为德才兼备的有为人才。

- **探索素质教育新途径。**把大赛作为深化创新创业教育改革的重要抓手，引导各地、各高校主动服务国家战略和区域发展，开展课程体系、教学方法、教师能力、管理制度等方面的综合改革。以大赛为牵引，带动职业教育、基础教育深化教学改革，全面推进素质教育，切实提高大学生的创新精神、创业意识和创新创业能力。

- **搭建成果转化新平台。**推动赛事成果转化和产学研用的紧密结合，促进"互联网+"新业态形成，服务经济高质量发展。以创新引领创业、以创业带动就业，努力形成高校毕业生更高质量创业就业的新局面。

扫一扫

"互联网+"大学生创新创业大赛参赛指南

第五届中国"互联网+"大学生创新创业大赛将力争做到"5个更"的目标。

- **更全面。**做强高教版块、做优职教版块、做大国际版块、探索萌芽版块，探索形成各学段有机衔接的创新创业教育链条，实现区域、学校、学生类型全覆盖。

- **更国际。**拓展国际赛道，深化国际交流合作，深度融入全球创新创业浪潮。

- **更中国。**以大赛为载体，推出创新创业教育的中国经验、中国模式，提高我国高等教育的影响力、感召力和塑造力。

- **更教育。**促进创新创业教育与思想政治教育、专业教育、体育、美育、劳动教育紧密结合，构建德智体美劳"5育平台"，上好一堂最大的创新创业课；深入开展"青年红色筑梦之旅"活动，上好一堂最大的国情思政课。

- **更创新。**广泛开展大学生和中学生创新活动，助推科研成果转化应用，服务国家创新发展。

### 2. 比赛赛制

第五届中国"互联网+"大学生创新创业大赛的主体是"1+6"系列活动，"1"是主体赛事，包括高教主赛道、"青年红色筑梦之旅"赛道、职教赛道、国际赛道和萌芽版块；"6"是6项同期活动，包括"青年红色筑梦之旅"活动、大学生创客秀（大学生创新创业成果展）、大赛优秀项目对接巡展、对话2049未来科技系列活动、浙商文化体验活动、联合国教科文组织创业教育国际会议。

大赛将采用校级初赛、省级复赛、全国总决赛3级赛制（不含萌芽版块）。其中，校级初赛由各院校负责组织；省级复赛由各地负责组织；全国总决赛由各地按照大赛组委会确定的配额择优遴选推荐项目。大赛组委会将综合考虑各地报名团队数、参赛院校数和创新创业教育工作情况等因素分配全国总决赛的名额。

全国共产生1 200个项目入围全国总决赛（港澳台地区参赛名额单列），其中，高教主赛道600个、"青年红色筑梦之旅"赛道200个、职教赛道200个、萌芽版块200个。另外，国际赛道产生60个项目进入全国总决赛现场比赛。

**知识拓展**

高教主赛道中每所高校入选全国总决赛项目的总数不超过4个，"青年红色筑梦之旅"赛道、职教赛道、国际赛道（国内外双学籍类）、萌芽版块每所院校入选全国总决赛项目数各不超过2个。

### 3. 参赛项目组别及对象

第五届中国"互联网+"大学生创新创业大赛将所有参赛项目分为创意组、初创组、成长组、就业型创业组4种类型，4种类型对应不同的参赛条件。

- **创意组**。创意组的参赛项目应具有较好的创意和较为成型的产品原型或服务模式。参赛对象应在2018年5月31日（以下时间均包含当日）前尚未完成工商登记注册。参赛申报人须为团队负责人，须为普通高等学校在校生（可为本科生、专科生、研究生，不含在职生）。

- **初创组**。初创组的参赛项目工商登记注册未满3年（2015年3月1日后注册），且获机构或个人股权投资不超过一轮次。参赛申报人须为初创企业法人代表，须为普通高等学校在校生（可为本科生、专科生、研究生，不含在职生），或毕业5年以内的毕业生（2013年之后毕业的本科生、专科生、研究生，不含在职生）。

- **成长组**。成长组的参赛项目工商登记注册3年以上（2015年3月1日前注册）；或工商登记注册未满3年（2015年3月1日后注册），且获机构或个人股权投资两轮次以上。参赛申报人须为企业法人代表，须为普通高等学校在校生（可为本科生、专科生、研究生，不含在职生），或毕业5年以内的毕业生（2013年之后毕业的本科生、专科生、研究生，不含在职生）。

- **就业型创业组**。就业型创业组的参赛项目必须能有效提高大学生就业数量与就业质量。若参赛项目在2018年5月31日前尚未完成工商登记注册，参赛申报人须为团队负责人，须为普通高等学校在校生（可为本科生、专科生、研究生，不含在职生）。若参赛项目在2018年5月31日前已完成工商登记注册，参赛申报人须为企业法人代表，须为普通高等学校在校生（可为本科生、专科生、研究生，不含在职生），或毕业5年以内的毕业生（2013年之后毕业的本科生、专科生、研究生，不含在职生）。

### 4. 大赛结果

经历了200多天的角逐，大赛于10月15日在浙江大学顺利落下帷幕，本次大赛共产生金奖121项、银奖286项，其中高教主赛道金奖70项（港澳台6项金奖）、银奖140项，职教赛道金奖18项、银奖50项，"青年红色筑梦之旅"赛道金奖18项、银奖51项，国际赛道金奖15项、银奖45项。萌芽版块共产生创新潜力奖20项。

最终，清华大学的"交叉双旋翼复合推力尾桨无人直升机"项目摘得桂冠，浙江大学的"回车科技——未来全脑智能行业定义者"和"智网云联——无限共算全球算力交易平台"两个项目分列亚、季军。如清华大学的"交叉双旋翼复合推力尾桨无人直升机"团队，提出并研制的世界首架交叉双旋翼复合推力尾桨无人直升机，填补了国内空白。同时本次大赛还实现了多项超越。

- **科技创新项目数量超预期**。相较于前面几届大赛，这次大赛的项目呈现出了更高的科技水平，很多项目都已经进入行业发展的"无人区"，或者是行业领跑者。

- **高校对大赛的重视程度超预期**。本次大赛共吸引了4 093所院校，其中很多高校都是举全校之力参加，动员了很多院士、教授、杰出青年团队参赛，而且他们都是倾其毕生所研究的科技创新成果，进行产业化，引领行业升级。

- **高保密**。高保密保证了大赛结果的公平公正，让高质量的项目能够脱颖而出，进一步激励更多好项目参加以后的大赛。

- **高保障**。大赛组委会和承办高校浙江大学为赛事运行提供无微不至的保障，让参赛师生、

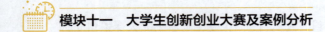

评委的工作和生活有条不紊。

- **高融资**。本次大赛投融资对接活动共有284个总决赛参赛项目提交融资意向，335名投资人参与对接，累计达成406个投资意向，共计金额超过17亿元，为历届之最。

在第五届中国"互联网＋"大学生创新创业大赛结束后，下一届大赛也已迈上征程，根据教育部印发的《教育部关于同意联合主办第六届中国"互联网＋"大学生创新创业大赛的函》显示，2020年第六届中国"互联网＋"大学生创新创业大赛由教育部和广东省人民政府联合主办，华南理工大学具体承办。

### 任务二　"果鲜行"项目案例分析

"果鲜行"项目在第四届山东省"互联网＋"大学生创新创业大赛的高教主赛道中获得铜奖，该项目不仅实现了技术突破，而且在产品服务、商业模式、市场营销等方面也有良好的发展，值得大学生认真学习揣摩。

#### 1. "果鲜行"项目简介

目前背景下，中国果蔬市场日益庞大，但同时，每年因果蔬变质腐损而产生的损失却高达800亿元人民币。果鲜行，位于沂蒙革命老区，是一个以广谱抗菌肽制备技术为核心，解决果蔬腐烂的保鲜项目。该项目通过采用抗菌肽保鲜技术大幅度降低果蔬腐烂率，延长保鲜时间，从而降低农户的经济损失，使老区的特色果蔬可以从偏远山区运到经济发达的城市，进而带动革命老区、贫困山区的经济发展。

团队的业务主要包含果蔬保鲜和降低运输成本两方面。公司目前的产品是"鲜果一号"。产品的优势在于生产过程中采用先进的基因重组广谱抗菌肽制备和酵母菌繁殖技术，使其在同行业产品中，具有价格低、产品效果好等特点。公司的营销方案根据消费者群体的不同制订，方案覆盖范围广，基本可以满足任何一类消费者。项目的推广分为"内""外"两个方面。"内"指的是提高产品质量、塑造企业文化，通过自身品牌进行宣传。"外"指的是通过互联网推广和线下广告进行宣传。

团队正在努力开拓临沂地区的果蔬市场，扩大市场份额。团队共有10名成员，由4个不同专业的成员组成，是一个多学科交叉的优秀团队。团队成员优势互补，有共同理想，愿为果蔬保鲜行业共同奋斗。

#### 2. "果鲜行"项目分析

下面将依据"果鲜行"的《创业计划书》，对"果鲜行"项目进行分析，分析内容包括项目、市场、产品、运营策略、竞争对手、商业模式、团队7个方面。

- **项目**。团队注意到了沂蒙革命老区特色果蔬从偏远山区运到经济发达城市的过程中容易出现果蔬变质这一现实问题，由此想出通过采用抗菌肽保鲜技术大幅度降低果蔬腐烂率，延长保鲜时间的办法，并作为创业项目，体现了充分利用自有资源解决实际问题的创业思路，如图11-1所示。
- **市场**。团队对市场进行了细致的调查，并对调查结果进行了严密的分析，对果蔬产量进行了详细的统计，如图11-2所示。同时团队认为基于人们生活水平的不断提高和对食品安全的关注，未来果蔬防腐保鲜技术会向无害化、健康化发展。
- **产品**。团队在《创业计划书》中全面客观地介绍和评价了产品的使用方法、技术和竞争优势、研发的创新点以及服务内容等，着重介绍了产品的优点，如图11-3所示。

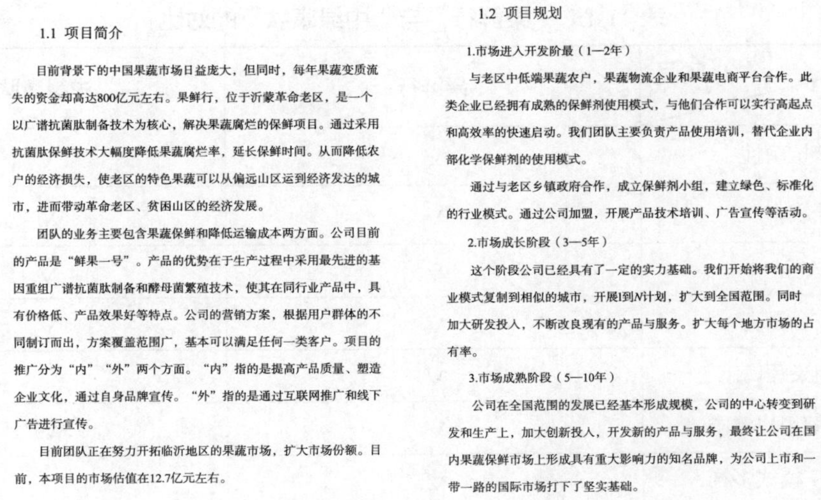

### 1.1 项目简介

目前背景下的中国果蔬市场日益庞大，但同时，每年果蔬变质流失的资金却高达800亿元左右。果鲜行，位于沂蒙革命老区，是一个以广谱抗菌肽制备技术为核心，解决果蔬腐烂的保鲜项目。通过采用抗菌肽保鲜技术大幅度降低果蔬腐烂率，延长保鲜时间。从而降低农户的经济损失，使老区的特色果蔬可以从偏远山区运到经济发达的城市，进而带动革命老区、贫困山区的经济发展。

团队的业务主要包含果蔬保鲜和降低运输成本两方面。公司目前的产品是"鲜果一号"。产品的优势在于生产过程中采用最先进的基因重组广谱抗菌肽制备和酵母菌繁殖技术，使其在同行业产品中，具有价格低、产品效果好等特点。公司的营销方案，根据用户群体的不同制订而出，方案覆盖范围广，基本可以满足任何一类客户。项目的推广分为"内""外"两个方面。"内"指的是提高产品质量、塑造企业文化，通过自身品牌宣传。"外"指的是通过互联网推广和线下广告进行宣传。

目前团队正在努力开拓临沂地区的果蔬市场，扩大市场份额。目前，本项目的市场估值在12.7亿元左右。

### 1.2 项目规划

**1. 市场进入开发阶段（1—2年）**

与老区中低端果蔬农户，果蔬物流企业和果蔬电商平台合作。此类企业已经拥有成熟的保鲜剂使用模式，与他们合作可以实行高起点和高效率的快速启动。我们团队主要负责产品使用培训，替代企业内部化学保鲜剂的使用模式。

通过与老区乡镇政府合作，成立保鲜剂小组，建立绿色、标准化的行业模式。通过公司加盟，开展产品技术培训、广告宣传等活动。

**2. 市场成长阶段（3—5年）**

这个阶段公司已经具有了一定的实力基础。我们开始将我们的商业模式复制到相似的城市，开展1到N计划，扩大到全国范围。同时加大研发投入，不改良现有的产品与服务。扩大每个地方市场的占有率。

**3. 市场成熟阶段（5—10年）**

公司在全国范围内的发展已经基本形成规模，公司的中心转变到研发和生产上，加大创新投入，开发新的产品与服务，最终让公司在国内果蔬保鲜市场上具有重大影响力的知名品牌，为公司上市和一带一路的国际市场打下了坚实基础。

**图 11-1　项目规划与项目简介**

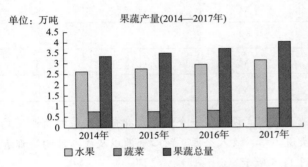

**图 11-2　果蔬产量统计数据**

本产品有以下优点。
- 无臭无味。
- 对环境无害。
- 安全性高。
- 成本低。
- 无细菌产生耐药性的危险。
- 可水洗处理。
- 降低坏果率，延长保鲜期。

**图 11-3　产品优点**

189

- **运营策略**。团队在《创业计划书》中对产品的营销策略和推广策略进行了准确的分析，并详细描述了销售方式、服务方式、推广策略和运营流程，并对不同类型的客户采取因人而异的运营策略和手段，如图 11-4 所示。

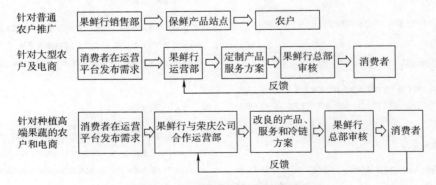

**图 11-4　针对不同用户的运营策略**

- **竞争对手**。团队不仅对比了"果鲜行"项目相较于传统保鲜剂的优势，还特别分析对比了本项目与目前市场仅有的类似项目"中绿康肽"，分析了二者的产品特性，在《创业计划书》中用表格的形式充分展示了自身与竞争对手之间的差异，如表 11-1 所示。

表 11-1　"果鲜行"与"中绿康肽"的对比

| 特性　＼　项目 | 果鲜行 | 中绿康肽 |
|---|---|---|
| 广谱抗菌性 | √ | √ |
| 低成本 | √ | √ |
| 安全 | √ | √ |
| 科技含量高 | √ | √ |
| 不影响果蔬口感 | √ | |
| 满足不同用户需求 | √ | √ |
| 营销推广模式多样 | √ | |
| 已进行实地测试 | √ | √ |
| 与传统物流结合 | √ | |
| 与冷链物流结合 | √ | |
| 与区域发展结合 | √ | |
| 合作对象广泛 | √ | |

- **商业模式**。团队利用精益创业画布模式设计了一个适合自身企业发展的商业模式，将自身的价值主张、客户细分、渠道通路、收入来源、核心资源以及成本结构等都清晰地展示在《创业计划书》中，如图 11-5 所示。

7.1　价值主张

果鲜行致力于提供安全、有效的保鲜产品，亦可帮助客户降低运输中的果蔬成本。

7.2　客户细分

目标客户为中小型果蔬农户和果蔬电商(根据每个地区水果生产规划来定义)。

7.3　渠道通路

果鲜行通过建立线下实体店为客户提供产品及服务，且通过与大型果蔬机构开展合作、建立网上线上平台为客户提供多元的产品购买方式。

7.4　收入来源

果鲜行的收入来源是产品销售收入、合同签订收入、加盟收入和授权合作收入以及其他收入。果鲜行诞生后将经历两个阶段，第一阶段为"推广普识"，以此为基础。第二阶段其盈利来源，60%左右依靠签订合同收入和销售收入，还有来自沉淀资金的利息收入。

7.5　核心资源

果鲜行团队目前拥有的核心资源包括：基因重组抗菌肽技术和实际运输的相关性分析方案，个性化配方研发制备平台，拥有的品牌、专利和版权及生产设施，团队成员、临沂大学校友的人力资源以及政府政策支持。

7.6　成本结构

果鲜行的成本主要来源于基因重组抗菌肽产品成本、营销费用。果鲜行的目标是建设成为临沂保鲜行业较为先进、成熟的保鲜公司，所以公司实体店房租和装修费、基础设施购置是不容忽视的成本。

图 11-5　商业模式

- **团队**。在《创业计划书》中，还着重对团队成员进行了介绍，团队由 4 个不同专业的大学生组成，成员无论在专业知识还是在软件技能上都有很强的互补性，是一个具有强大战斗力的团队。更重要的是团队成员都有共同的理想，都为了互联网背景下的果蔬保鲜改革事业而共同奋斗。

**● 课堂活动** ∙∙∙∙∙∙∙∙∙∙∙∙∙∙∙∙∙∙∙∙∙∙∙∙∙∙∙∙∙∙∙∙∙∙∙∙∙∙∙∙∙∙∙∙∙∙∙∙∙∙∙∙∙∙

### 报名中国"互联网+"大学生创新创业大赛

**活动方法:** 通过"互联网+"大学生创新创业大赛官网,查询报名的相关信息,自行完成报名的相关工作。

**活动人数:** 个人活动。

**活动场地及道具:** 自行活动。

**活动过程:** 登录"互联网+"大学生创新创业大赛官网,查看相关通知;登录全国大学生创业服务网,按照网页提示完成注册;按照提示创建创业项目,选择相应参赛类别。

**活动提醒:** 通常选择高校主赛道。

## 项目二
## "创青春"全国大学生创业大赛案例分析

"创青春"全国大学生创业大赛(以下简称"创青春"大赛)自2014年开办,每两年一届,其宗旨是培养创新意识、启迪创意思维、提升创造能力、造就创业人才。下面对"创青春"大赛的赛制以及案例进行介绍。

### 任务一 大赛简介

"创青春"大赛是一项具有导向性、示范性和群众性的创业竞赛活动。"创青春"大赛每一届的主要比赛形式和内容基本相同,但大赛组别、大赛主题、奖项设置有所差异,下面将以2018年"创青春"大赛为例,来介绍该赛事的相关内容。

**1. "创青春"大赛主体赛事**

"创青春"大赛下设立了大学生创业计划竞赛(即"挑战杯"中国大学生创业计划竞赛)、创业实践挑战赛、公益创业赛3项主体赛事。

- **大学生创业计划竞赛。** 大学生创业计划竞赛面向高等学校在校学生,以《创业计划书》、现场答辩等作为参赛项目的主要评价内容。

- **创业实践挑战赛。** 创业实践挑战赛面向高等学校在校学生或毕业未满5年且已投入实际创业3个月以上的高校毕业生,以经营状况、发展前景等作为参赛项目的主要评价内容。

- **公益创业赛。** 公益创业赛面向高等学校在校学生,以创办非营利性质社会组织的计划和实践等作为参赛项目的主要评价内容。

扫一扫

"创青春"全国大学生创业大赛参赛要求

大赛的全国组织委员将设立大学生创业基金,加强与金融机构、风险投资机构和创业投资机构等方面的合作,为高校学生通过参与大赛实现创业提供支持。除此之外,在每次大赛举办期间,全国组织委员还将联合地方人民政府、园区及风险投资机构举办项目对接和孵化活动,对大赛中涌现出的优秀项目优先转化。

**2. "创青春"大赛安排**

大赛总体上分为校赛、省赛、国赛3个层面以及预赛、复赛、决赛3个阶段来开展。其中,校赛、省赛的时间和具体形式由各高校各地区结合自身实际组织开展。在比赛年的4月至5月,由各省(自治区、直辖市)针对大赛下设的3项主体赛事组织本地预赛或评审;在7月至8月举办全国复赛;9月至10月举办全国决赛。

191

全国评审委员会对各省（自治区、直辖市）报送的 3 项主体赛事的参赛项目进行复审，分别评出参赛项目的 90% 左右进入决赛。3 项主体赛事的奖项统一设置为金奖、银奖、铜奖，分别约占进入决赛项目总数的 10%、20% 和 70%。

### 3. "创青春"大赛赛道选择

"创青春"大赛所设立的 3 项主体赛事分别对应了不同阶段的创业项目，参赛者只有选对了赛道才能够取得好成绩。

- 大学生创业计划竞赛。大学生创业计划竞赛适合那些有创业的想法，且该想法现实可行、具有一定的发展前景，适合于落地转化或者投入生产，能够解决相应的市场痛点的参赛者。
- 创业实践挑战赛。创业实践挑战赛适合那些有一些已注册或运营中的企业，且该类企业具有一定的发展前景、科技含量的参赛者。
- 公益创业赛。公益创业赛适合那些已有公益项目，并且该公益项目运行良好，在公益中有一些盈利措施并持续盈利的参赛者。

### 4. "创青春"大赛获奖作品

截至 2019 年，"创青春"大赛已经举办了 3 届，每一届都有许多优秀的作品，现将 2018 年"创青春"大赛部分金奖项目的信息进行汇总，如表 11-2 所示。

表 11-2　2018 年"创青春"大赛部分金奖汇总

| 赛事名称 | 获奖项目 | 学校 |
|---|---|---|
| "挑战杯"中国大学生创业计划竞赛 | 福建贝洋渔业科技工作室（农林、畜牧、食品及相关产业组） | 福建农林大学 |
| | "鹰眼计划"——广州斯凯沃克科技有限公司（农林、畜牧、食品及相关产业组） | 华南师范大学 |
| | 南京渔管家物联网科技有限公司（农林、畜牧、食品及相关产业组） | 南京农业大学 |
| | 全球糖尿病诊疗革新者（生物医药组） | 华东师范大学 |
| | 脑控智能护理床（生物医药组） | 华南理工大学 |
| | "隽"——基于菌群的皮肤护理品牌（生物医药组） | 南京大学 |
| | 蓝天清洁能源有限公司（化工技术和环境科学组） | 常州大学 |
| | 砼创未来：废旧混凝土高效循环利用（化工技术和环境科学组） | 华南理工大学 |
| | 肽易德——我们让多肽合成更容易（化工技术和环境科学组） | 江西师范大学 |
| | 基于 C2F 全链路运营的品牌家居跨境出口商（信息技术和电子商务组） | 杭州师范大学 |
| | 码上科技——为优质环保鲜果配送保驾护航（信息技术和电子商务组） | 嘉兴学院 |

| 赛事名称 | 获奖项目 | 学校 |
|---|---|---|
| "挑战杯"中国大学生创业计划竞赛 | 南京州游网络科技有限公司（信息技术和电子商务组） | 南京邮电大学 |
| | 吸力奇迹（北京）科技有限公司（材料组） | 北京航空航天大学 |
| | 曜明缓冲包装材料云制造（材料组） | 华南理工大学 |
| | 多功能电位水供应系统（材料组） | 吉林大学 |
| 创业实践挑战赛 | 北京零创众成科技有限公司 | 北京航空航天大学 |
| | 南京达斯琪数字科技有限公司 | 东南大学 |
| | 广州聚匠文化传播有限公司 | 广东工业大学 |
| 公益创业赛 | 青雁未成年人关护中心 | 南京理工大学 |
| | 米公益：让天下没有难做的公益 | 清华大学 |
| | 归雁·文化遗产推广工具包 | 同济大学 |

### 任务二 "快递驿家"项目案例分析

"创青春"大赛是中国共产主义青年团中央委员会重点打造的一项赛事，被誉为大学生创新创业比赛中的"奥林匹克"。每届大赛都会吸引数十万名大学生热情参与，得到社会各界尤其是企业界和风险投资机构的广泛关注。

"快递驿家"项目在 2018"创青春"·海尔山东省大学生创业大赛中的创业实践挑战赛中获得银奖，该赛事重点考察参赛项目的运营业绩和参赛选手的创业能力。"快递驿家"项目在项目的实战性和社会性方面进行了充分的展示和说明，并通过数据方式说明了该项目的可行性和盈利性。下面将对"快递驿家"项目进行分析。

**1. "快递驿家"项目简介**

随着电子商务的发展，消费者对快递配送服务要求也逐渐提高，快递业面临巨大的压力。尤其是快递到消费者手里的最后一站——城市社区和高校的快递配送，急需找到一条既能降低配送成本，又能为用户提供优质服务的道路。

"快递驿家"项目正是在这样的条件下出现的，该项目是菜鸟网络授权的城市服务商，通过在高校自建直营和社区内加盟的方式设立驿站，搭建快递"最后一千米"和"最后一百米"的第四方服务平台，让快递包裹能够快速、安全地送到消费者手中。在 2019 年，"快递驿家"项目已与申通、中通、圆通、百世、韵达、天天等多家快递公司达成合作关系，设立校园驿站4 家，社区驿站 200 余家，城区服务覆盖率达到 70%，已初步完成了临沂市区的布点工作。项目计划在未来继续开拓临沂周边城市的末端配送市场，深耕社区服务市场，最终在更多城市、更多高校实现驿站的普及。

**2. "快递驿家"项目分析**

下面将依据"快递驿家"团队的《创业计划书》，着重针对"快递驿家"项目的项目优势、市场痛点、竞争对手产品、运营策略、风险、数据预测以及融资计划 7 个方面进行分析。

- **项目优势。**"快递驿家"项目目标人群清晰，且在市区的布点工作已初步完成，大量的

193

驿站既能减少消费者末端配送资源的浪费，又能提高快递员的投递成功率。同时，创业团队的专业知识过硬，实践经验丰富，团队成员来自物流管理、物流工程、会计等不同专业，既有物流管理的专业知识，又有电商的实战技能，更有财务的详细准确预算。项目总体优势明显。

- **市场痛点**。据团队调查分析，当下的市场痛点主要包括末端配送危机、服务危机、资源整合危机、就业危机和安全与时间危机 5 个方面，如图 11-6 所示。市场痛点明确具体，可见该项目拥有充裕的市场空间。

**一、末端配送危机**

快递的末端配送，因业务量巨大而利润微薄且成本持续上升，成为制约快递业发展的瓶颈和提升民生服务业质量的阻碍。当前，快递末端配送的顽疾亟待解决。快递本应为"间到间"的服务方式，但在实际末端配送中，由于各种限制条件，在最后的末端配送环节达不到"门到门"的服务标准，这就是快递末端配送的难题。

据统计，2017年我国快递行业已经进入了"后300亿"时代，第二季度开始，单日快递亿件已经成为了常态。但就目前整个快递行业来看，随着末端配送成本不断增高，在末端配送方面已经形成了"最后一千米瓶颈"。

**二、服务危机**

快递业属于服务行业，服务态度决定了顾客对企业的认可度。据研究数据显示，有68.5%的顾客表示快递人员的态度一般，5.4¥的顾客认为其冷漠，还有0.5%的顾客表示其态度恶劣，只有25.3%的顾客觉得快递人员态度是热情友好的。调查显示，用户对于快递业的服务总体满意度略有下降，公众满意度保持保守态度。2017年快递服务总体满意度得分为75.7分，较2016年下降0.1分；其中，公众满意度得分为80.8分，仅上升0.3分，快递服务的公众评价相对良好；时效满意度得分为70.7分，下降了0.4分，快递时效水平4年来首次下降。

图2-4　快递行业服务态度

冷漠5.4%　态度恶劣0.8%　热情25.3%　一般68.5%

1.时效要求不合理，催高虚假签收率

快递跟电商是密不可分的。除了低廉的价格，还被套上了时效的要求。其一味简单要求快，并没有具体问题具体分析，没有地域和时段的区分。例如城市交通方便、设施齐全、有驿站、有代收点，农村却舒适都没有。一旦延迟就面临罚款，这直接催高的就是虚假签收率。据统计，农村网点的虚假签收率高达80%!

**2.违规揽件，派送担责**

有些网点疏于管理，只看效益，什么货都收，假药、假货、假保健品泛监，有些落后地区，一些老人是这些商品的使用者，送件人往往还要代收货款。发现物品是假的后，客户找不到发货人，找不到收件网点，去找送件人麻烦，怨气发到了快递员身上，快递成了违规事件的责任人和受害者。

**3.以罚代管，别无作为**

靠着加盟，迅速起家的快递企业目前没有找到更科学合理的管理方式，总部没有更好的管理措施，只能以罚代管，导致快递企业不愿再多做末端配送服务。

**三、资源整合危机**

原先一片区域内，所有的包裹可能需要几个快递员才能配送完成，会出现一天内不同快递公司的快递员结同一人送包裹，明明可以一次收完的包裹却要多次花时间等待。项目就在线下布局社区驿站，在社区内部的超市等设施内设置站点，整合多家快递公司包裹，直接与快递公司对接，由站点驿站人员进行统一配送。

这种模式不仅提高了消费者购物体验，更重要的是降低了快递公司末端配送的人力成本投入。

**四、就业危机**

根据快递的工作需求来看，工作岗位中的很大部分是末端配送所产生的。随着劳动力减少，人工成本正在不断提高，快递公司缺人成为普遍情况。这种劳动力缺失，一方面是肯干快递的劳动力跟不上行业点展，甚至在不断减少；一方面是快递员岗位流动性大，工作量不确定，更多的快递员甚至转行送外套；另一方面是年轻人的观念正在改变，他们不再愿意长久地固定于一个岗位，而且快递员的工作社会地位低、没有安全保障。

**五、安全与时间危机**

众多无序的快递运营商进入社区，给社区的环境、秩序、安全带来一定的隐患。

一方面，快递员上下班时间与社区居住人员时间不匹配，会造成投递成功率降低，包裹滞留。另一方面淡季养不起人，旺季招不到人，例如三月份，天气好，时间也好，交通也好，但是业务少；等到了年底旺季，人手招不够，赶鸭子上架，临时工错误百出，然而总部却不管这一点，一年到头考核标准是一样的，开的罚单往往数额巨大。

图 11-6　市场痛点分析

- **竞争对手产品**。针对用户体验，"快递驿家"项目团队选择了 4 个目前市面上较为流行的竞争对手产品进行了分析比对，分析结果如表 11-3 所示。

表 11-3　竞争对手产品分析

| 产品 | 产品定位 | 缺点 | 商业模式 | 特点 |
|---|---|---|---|---|
| 丰巢 | 主打智能快递柜，面向所有快递公司、电商物流的 24 小时自助开放平台，提供平台化快递收寄交互业务 | 社区"丰巢"安装率低；扫码操作较为烦琐；应对突发情况的能力差，较易受快递柜规格限制的影响 | 由 5 家物流公司共同投资，但丰巢的实际操控者一直都是顺丰，其他物流公司基本没有话语权 | 新型智能快递柜服务市场。产品覆盖物流快递、社区服务、广告媒介等领域，并通过移动终端实现自助操作和安全保障。统一标准的设施和营运方式可以迅速复制和众包管理 |

续表

| 产品 | 产品定位 | 缺点 | 商业模式 | 特点 |
|---|---|---|---|---|
| 百城当日达 | 将目光放在同城配送上，由品胜电子推出的一种双向线上到线下（Online To Offline，O2O）的送货模式，涵盖"百城当日达""向日葵随身服务""线上线下同价"3大服务体系 | 送货模式具有针对性，更偏向于内部快递的高效性，服务对象较为单一；在特色加急服务上只能设定服务范围为广州市内老城区，服务范围十分局限 | 通过品胜O2O加盟店拓展业务，且免费送商家网上订单，但其模式难以在其他行业复制 | 基于品胜当日达网站建设，以全城调度系统、分拣中心、客服中心来保证快件及物品送达。开通了同城限时加急服务，广州市内老城区2～4小时送达 |
| 熊猫快收 | 作为社区末端物流服务商向用户提供快递代收、电商代购、代退货服务，第三方O2O生活服务落地体验，以及票务缴费等便民服务 | 过于强调其带动作用而忽略了作为末端配送的本质服务目的，忽视了用户体验 | 通过向社区小店输出包裹管理软件和相关业务，为用户提供快递代收服务，由代收服务的用户沉淀衍生出社区后续多元化服务，并结合用户场景对社区的数据价值做深度挖掘 | 多将快递代收点设在便利店、特产店等场所，同时带动所在店铺的增值服务量，以增加店铺获利 |
| 中邮速递易 | 24小时智慧城市便民服务系统，为广大电商和快递公司提供集中式、高效率快递投放服务，为广大业主提供全天候快递代收及临时寄存服务 | 用户满意度难以满足，且目前实行保管超过24小时即收费的规定，大大降低了用户体验 | 通过不断创新物流两端，推出聚焦寄件端、发力逆向物流的小黄筒和边柜；携手中国邮政，推出智能信包箱服务，发力基础邮政设施 | 通过自助快递箱让业主从"等快递"变为到就近速递易自助中心"取快递" |

195

- **运营策略**。运营策略分析包括运营模式、盈利模式和营销模式3个方面。首先是运营模式——最后一千米服务模式，"快递驿家"与多家快递公司达成合作，当快递通过分拣工作到达社区的上级分拨中心时，由驿站的自配新能源车辆到上级的快递分拨中心自行取件，然后在派送时进行最优路线选择，做到高效便捷；项目的盈利模式主要包括站点销售收入、驿站广告收入和精准推广3个方面，项目设立站点以后，每个驿站的设备、系统都是有偿提供的，另外，驿站还可以进行广告推广，即在货架或者墙体上进行广告摊位的招商，项目按照时间或面积进行相应的收费，所获利润项目与驿站按比例分成；营销模式主要是从服务、媒体宣传和树立公司品牌等多个方面展开，比如，在当地媒体定期做广告宣传，扩大影响，吸引客源，增加业务量，让更多的消费者体验驿站的便捷，为更多的快递公司解决"最后一千米"和"最后一百米"的配送服务难题。在这种模式下，项目解决了各大物流公司在末端配送的难题，各大物流公司不必再花费大量的人力、财力来搭建末端配送平台，大大减少了成本费用。
- **风险**。团队在《创业计划书》中围绕授权资格风险、经营管理风险、技术人才风险、产品市场开拓风险和政策风险5个方面展开，同时还对各个风险的规避策略进行了详细描述，如图 11-7 所示。但是遗憾的是忽略了对财务风险的分析，使整个《创业计划书》稍有失色。

### 风险分析

#### 5.1 授权资格风险及其规避

项目作为菜鸟网络的服务商，在享受菜鸟网络的便捷之处的同时，也将面临受制于其管制的困境，甚至是撤销授权资格。

针对这种情况，项目将在运营期间，立足于站点，不断纵向深化业务，拓展自身的服务渠道，实现自身的品牌效应。做到即使菜鸟撤销授权资格也应继续运营和盈利。

#### 5.2 经营管理风险及其规避

加盟管理弱化。截至目前，项目已基本完成对临沂市的布点，且数量仍在不断增加。在此基础上的管理体系却不够完善，对于个别驿站的审核不够充分，由于项目处于飞速发展阶段，且布点的数量增加，无形中使各个站点的质量参差不齐，进而使管理问题突出，公司承受的负面影响可能会不断增大。

加强驿站加盟管理。首先，项目制定统一的布点标准，包括现有资质、服务人员标准、未来的发展性等，提高审批流程的科学性，对于满足条件的站点直接通过必要的测试来审核站点的能力，服务态度是否适合开设驿站，并要求其自己编制或遵循项目制定的异常处理预案。

通过多次的科学评审与现场调查，保证布点工作的顺利开展。其次，根据项目的发展战略和预期发展目标，为驿站制订科学的管理计划，如驿站出现违约、不服从管理制度的情况，则应取消其资格，使项目的管理制度日趋科学。最后，响目害不定期对各个驿站的服务工作进行抽查或者普查，作为服务行业，用户满意度直接体现驿站的服务质量，项目通过多种方式了解消费者的满意程度，并根据调查结果，对驿站的系统和服务模式进行相应改善。

#### 5.3 技术人才风险及其规避

对核心敏感技术进行保密，与相关技术人员签订保密协议，并通过薪酬制度与福利制度的改善留住核心人才，避免核心技术外泄。

坚持不断创新，提高服务水平，通过提高技术水准来降低成本及提高产品应变能力，从而增强产品的综合竞争力。

数据库加密及防火墙技术，对于私密技术和用户信息进行数据库存储，并定期进行备份存档，对服务器进行防火墙保护，防止软件攻击和恶意的网络攻击。

聘请专业的律师，依法维护知识产权，用法律武器保护项目的利益不受侵犯。

#### 5.4 产品市场开拓风险及其规避

随着电子商务的迅速崛起，社区经济逐渐成为拉动经济增长的重要拉动力。结合前期调查分析，针对不同社区的具体特征，提供同城配送、广告招商、快递上楼等一系列社区特色服务。

然而由于资历尚浅，我们的项目服务还没有被广泛传播接受。所以在进入市场前期，必然会出现产品的销售风险。组织方式的多样化，以及被其他公司模仿的可能性存在，因而产品同样面临客户流失的风险。

市场风险规避：项目通过准确的目标市场定位，与社区各种快递签署台作协议，并与社区物业进行对接，使社区活动更加真实可靠，降低经营风险；驿站内部采用积分制，增强趣味性、实用性，提高客户黏性，维系客观的固定使用人群；通过不断更新优化各项服务，提高产品内在价值，吸引更多的客户，扩大市场。

#### 5.5 政策风险及其规避

政治环境是一个国家社会秩序稳定和经济发展的必要条件。一个国家为本国经济发展而制定的经济政策是企业从事市场营销活动的基本准则。国家的方针政策及重大政治经济措施，不仅直接影响企业的行为规范，而且会影响消费需求甚至人们的观念和生活方式，从而间接影响企业的营销活动。网络营销作为一种新型交易手段和商业运作模式，它的成长不但取决于计算机和网络技术的发展特况和成熟程度，而且很大程度上取决于政府能否营造一种有利于网络营销的适宜环境。

**图 11-7　风险分析**

- **数据预测**。团队提供了项目未来 3 年站点数量及快递单量的数据预测情况，如图 11-8 所示。这些有说服力的业务增长预测可以在一定程度上打动风险投资者的心。

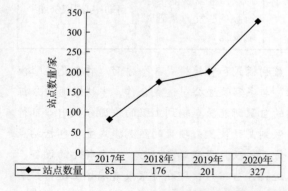

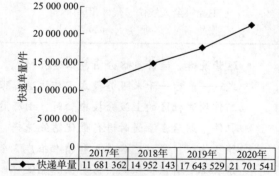

| | 2017年 | 2018年 | 2019年 | 2020年 |
|---|---|---|---|---|
| ◆ 站点数量 | 83 | 176 | 201 | 327 |

| | 2017年 | 2018年 | 2019年 | 2020年 |
|---|---|---|---|---|
| ◆ 快递单量 | 11 681 362 | 14 952 143 | 17 643 529 | 21 701 541 |

**图 11-8　站点数量(左)及快递单量(右)的数据预测情况**

- **融资计划**。"快递驿家"项目具有单位利润较低、布点过程大的特点，实施难度较大。从站点选择、资源整合、社会驿站的铺设到站点的正常运营，整个过程需要较长的时间和较大的资金投入。本项目已经在正常运行中，因此，团队制订了一个未来 3 年的融资计划。其中将融资金额、资金用途都进行了明确说明，但在《创业计划书》中没有制订相关的退出机制，这需要进一步完善。

······························

#### "创青春"大赛案例分析

**活动方法**：观看最新一届"创青春"大赛的全国总决赛，选择喜欢的项目，对其进行分析。

**活动人数**：个人活动。

**活动场地及道具**：自行选择。

**活动规则**：同学们自行观看最新一届"创青春"大赛全国总决赛的现场视频，在总决赛众多项目中选择一个自己喜欢的，分析该项目，指出该项目团队在项目展示时的优缺点。

**活动提醒**：案例分析的方式如本项目任务二内容。

## 项 目 三

## ——// 全国大学生电子商务"创新、创意及创业"挑战赛 //——

全国大学生电子商务"创新、创意及创业"挑战赛（以下简称"三创赛"）是由教育部高等学校电子商务专业教学指导委员会面向全国高校（含港澳台地区）举办的大学生竞赛项目，是中华人民共和国教育部、中华人民共和国财政部"高等学校本科教学质量与教学改革工程"重点支持项目。"三创赛"从 2009 年至 2019 年已经成功举办了 9 届。

### 任务一 大赛简介

"三创赛"是激发大学生兴趣与潜能，培养大学生创新意识、创意思维、创业能力以及团队协同实战精神的学科性竞赛。它是由中华人民共和国教育部主管，教育部高等学校电子商务类专业教学指导委员会主办，"三创赛"竞赛组织委员会、全国决赛承办单位、分省选拔赛承办单位和参赛学校组织实施的全国性竞赛。从 2009 年至 2019 年，"三创赛"总决赛在杭州、西安、成都、武汉、太原等地举办，参赛团队从第一届的 1 500 多个到第九届的 60 000 多个，影响力越来越强，规模越来越大。

#### 1. 参赛要求

"三创赛"有严格的参赛要求，具体到参赛队伍资格与参赛题目上都有考核，下面介绍第九届"三创赛"的参赛要求。

- **参赛选手资格**。参赛对象是经教育部批准设立的普通高等学校的在校大学生，参赛学生需经所在学校教务处等机构审核通过后方可参赛，具备参赛资格。

- **参赛队人数**。参赛选手每人每年只能参加一个题目的竞赛，参赛队伍人数最少为 3 人，最多为 5 人，其中一位为队长。参赛队伍分两种：第一种是学生队，要求队长和队员全部为全日制在校学生；另一种是师生混合队，要求队长必须为教师，队员中学生数量必须多于教师数量。

- **作品原创性**。本赛事强调所有参赛作品必须为参赛者未公开发表的原创作品并不得在本"三创赛"之前参加过其他公开比赛。对于继承（迭代）创新的作品，一定要有显著的内容创新，并在文案中明确说明哪些为自己的创新。

#### 2. 赛事安排

"三创赛"分校级赛、省级选拔赛和全国总决赛 3 个级别竞赛，参赛队必须在前一级竞赛中胜出才可获得下一级参赛资格，参赛选手不能跨级参赛。

- **校级赛**。各高校在大赛报名期内组建校内竞赛项目工作组并在官网进行学校注册。校级

197

赛工作组负责审核、管理参赛团队，并评出一到三等奖。

- **省级选拔赛。**省级选拔赛由省级选拔赛竞赛组织委员会负责组织管理，省级选拔赛的参赛团队数是以该省各高校的校级比赛中获得综合三等奖以上的团队数为基数，选拔进入省级选拔赛；每个学校参加"三创赛"省级选拔赛的参赛队伍不得超过15个。省级选拔赛同样评出一到三等奖。
- **全国总决赛。**全国总决赛由全国大赛组委会负责组织管理，参加全国总决赛的基数以各省级选拔赛现场赛团队数和校赛获得综合三等奖以上的团队数为基数；每个学校参加"三创赛"全国总决赛的参赛队伍不得超过5个。全国总决赛评选出特等到三等4级奖项，并设3项单项奖、指导老师奖与组织奖。

第九届"三创赛"在2018—2019学年举办。校级赛在2019年4月15日前完成，省级选拔赛在2019年6月15日前完成，全国总决赛在2019年8月举行。各级主办单位对获奖者发放电子证书。

### 3. "三创赛"获奖作品

第九届"三创赛"共有60 000多支队伍参加，经过激烈的角逐，最终有12支队伍斩获大赛特等奖，具体名单如表11-4所示。

表11-4　第九届"三创赛"特等奖名单

| 分赛区 | 项目名称 | 学校 |
|---|---|---|
| 辽宁 | 辽宁乡村行——高校智慧赋能第一书记 | 东北财经大学 |
| 四川 | 慧读慧写 | 西南交通大学 |
| 湖南 | 途拍–景区微信自拍相机 | 长沙学院 |
| 陕西 | 智能库位优化及无人机盘点系统设计 | 西安交通大学 |
| 福建 | 智慧水利与环境治理综合解决方案 | 福建师范大学 |
| 辽宁 | 音悦圈——一站式音乐教育资源整合与共享平台 | 东北财经大学 |
| 云南 | 千滋百蘸——核桃油便携式蘸水 | 云南工商学院 |
| 四川 | 易购 | 成都理工大学 |
| 山西 | 智慧矿山安全数字化教育与仿真 | 太原理工大学 |
| 江苏 | 常州星匠创意文化设计有限责任公司 | 常州工学院 |
| 河南 | 五四公社自媒体学习平台 | 郑州师范学院 |
| 辽宁 | 东软智能移动电销机器人 | 大连东软信息学院 |

### 任务二　"'心动365'特色礼品网站"项目案例分析

"心动365"特色礼品网站项目是第四届大学生电子商务"创新、创意及创业"挑战赛的优秀项目。参赛人员分析了我国市场空白，创造性地将礼品交易与电子商务相结合，开发出新的礼品交易模式，该项目具备开展商务经营的实际潜力。下面将对"'心动365'特色礼品网站"

项目进行简要分析。

### 1. "'心动365'特色礼品网站"项目简介

目前，我国的礼物市场正在日益扩大，顾客对于礼物的需求也呈现个性化、多样化的特点。但是市场上产品和服务日趋同质化，顾客没有足够的时间和专业性的眼光，因此很难挑选出真正合适作为礼品的商品。该项目计划建设名为"心动365"的网站，该网站集广告平台、店铺和公益于一身，致力于提供特色礼品及创意的平台，让顾客多方位、多层次的表达自己的意见，解决其"送礼难，送好礼更难"的问题，提供给顾客更为细致的关爱和周到体贴入微的服务。

### 2. "'心动365'特色礼品网站"项目分析

下面将结合项目《创业计划书》，从市场分析、竞争分析、财务分析、网站特色及风险分析与解决方案5个方面进行分析。

● **市场分析**。该项目团队对我国的礼物市场进行了严密的分析，首先，明确了我国礼品消费市场具有"规模大""增长快"的特点，有巨大的潜力；其次，将我国礼品消费市场细分为生日礼品市场、节日礼品市场和商务礼品市场，并对其分别进行了分析；最后指出我国的电子商务正在蓬勃发展，将礼品交易与电子商务相结合具备巨大的市场潜力。该项目的市场分析相对严密、全面，既有对历史数据的总结，也对未来的市场情况进行了展望，提出了相关问题，具备一定的参考性。

● **竞争分析**。该项目团队进行了详尽的竞争分析，主要包括SWOT模型分析、行业发展分析、竞争对手分析等，最终将自己的用户锁定为6类人群：需要一个平台可供挑选礼品的群体；需要一个平台记录重要纪念日的群体；需要得到恰当建议的群体；需要网站帮忙联系厂商进行礼品定制的群体；想省时省力或给对方一个惊喜，需要网站帮忙挑选并代购的群体；需网站帮您制作影集和视频的群体。详尽的竞争分析得出了明确的目标用户群体，使该项目可以避开竞争激烈的领域。

● **财务分析**。该项目的财务分析非常具体，包括资金来源、股本结构与规模、资金使用、投资权益与风险分析、主要财务报表等，财务分析具体且全面，说明了该团队对项目把握比较精准，有明确的创业计划，容易得到投资人的认可。

● **网站特色**。该项目的核心是"心动365"网站，因此项目团队在网站建设与规划上投入了很多精力。顾客在该网站上消费，可以使用4种方式：一是"任君挑选"，即由顾客自己挑选礼品，在网站中可以根据送礼品的对象与用途来进行选择，如图11-9所示；二是"如您所愿"，网站可以根据顾客的要求自动推荐相关的商品，该方式针对那些闲暇时间较少、对挑选礼物没有概念、不愿花时间和精力、想给对方一个惊喜或不好自己出面的人群；三是品牌推荐，该方式通过对众多的网店进行认真详细的筛选，按店铺动态评分高低进行排序，并对其中高于同行业的店铺和主打产品进行汇总，向顾客推荐；四是"新品上市"，该方式是对新上市礼品进行特别推广。该网站提供多样化的选购方式，保证了顾客的购物体验。

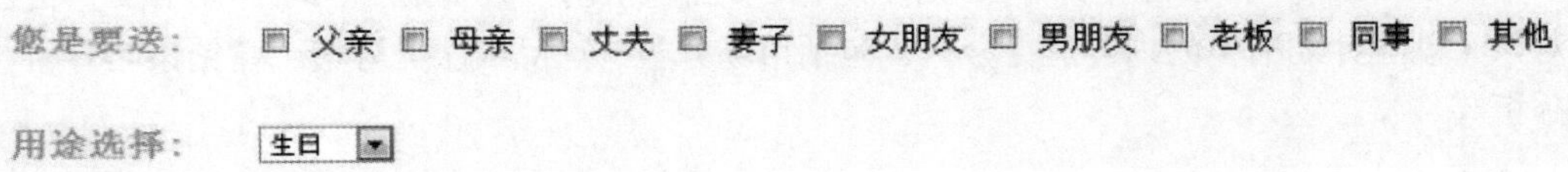

**图11-9 选择送礼品的对象与用途**

● **风险分析与解决方案**。该项目的风险主要包括技术风险、市场风险、财务风险和法律风险，项目团队对风险具有一定的认识，同时对于各种风险都制订了相应的应对方案。遇到突发事件和不可抗拒因素时可以启动紧急预案，保证公司的正常经营。

　　总体而言，该项目的两大基础——礼品消费市场与电子商务都是比较成熟的市场，将这二者结合起来，前景较为明确，风险较低，使得该项目具备很强的可行性。但是该项目的技术专业性不高、竞争壁垒极低，虽然暂时没有直接竞争对手，但是一旦取得初步成绩，可能会出现一大批同质化的网站，而项目团队并没有对此做好充分的准备。

### ● 课堂活动

#### 收集其他创业比赛的相关信息

　　**活动方法**：收集其他各种创业比赛的相关信息，看看还有哪些适合大学生创业者参加的创新创业比赛。

　　**活动人数**：个人活动。

　　**活动场地及道具**：自行选择。

　　**活动规则**：除了本模块介绍的各种比赛，我国各级人民政府、各高校、各社会组织还举办了很多各种类型、各种方式的大学生创新创业比赛，同学们可以收集相关比赛的信息，如比赛主题、比赛时间、比赛规模、比赛奖励等，看看还有哪些适合大学生创业者参加的比赛。

　　**活动提醒**：可以咨询本校就业办的老师。

## // 课后思考与练习 //

1. 大学生参加创新创业大赛，对自己、对社会有什么积极意义？
2. 根据本模块介绍的关于创新创业大赛的相关知识，填写表 11-5。

表 11-5　创新创业大赛详析

| 创新创业大赛 | 面向对象 | 参赛资格 | 赛事安排 |
| --- | --- | --- | --- |
| 中国"互联网＋"大学生创新创业大赛 | | | |
| "创青春"全国大学生创业大赛 | | | |
| 全国大学生电子商务"创新、创意及创业"挑战赛 | | | |

3. 假如你准备参加中国"互联网＋"大学生创新创业大赛，你应如何撰写《创业计划书》？
4. 能够赢得评委或投资者青睐的《创业计划书》通常包括哪些要点？
5. 在网上搜索一份参加中国"互联网＋"大学生创新创业大赛的《创业计划书》，自己尝试对该《创业计划书》的内容进行分析，包括市场分析、产品或服务分析、营销策略分析、团队分析等。